sociología y política

IZQUIERDAS E IZQUIERDISMO

DE LA PRIMERA INTERNACIONAL
A PORTO ALEGRE

por

OCTAVIO RODRÍGUEZ ARAUJO

siglo
veintiuno
editores

✕✕1

siglo veintiuno editores, s.a. de c.v.
CERRO DEL AGUA 248, DELEGACIÓN COYOACÁN, 04310, MÉXICO, D.F.

siglo xxi editores, argentina, s.a.
TUCUMÁN 1621, 7 N, C1050AAG, BUENOS AIRES, ARGENTINA

portada de marina garone
primera edición, 2002
© siglo xxi editores, s. a. de c. v.
isbn 968-23-2377-0

A Teresa,
por su amor, su estímulo
y su paciencia

ÍNDICE

[7]

INTRODUCCIÓN

En este libro no he pretendido hacer una historia de las izquierdas. No es una historia, aunque he tomado en cuenta la historia como marco en el que se han desenvuelto las izquierdas. Tampoco es un ensayo filosófico aunque algunas reflexiones puedan parecerlo. Mi intención fue más modesta. He tratado de seguirle la pista al desarrollo y a los cambios que han sufrido las izquierdas (con frecuencia por la presión del izquierdismo o del ultraizquierdismo) y los debates entre ellas, sin dejar de mencionar —en la medida de mis posibilidades— los resultados de esos debates y de esos cambios.

Mi punto de partida ha sido el presente (últimos diez años); en realidad, la honda preocupación que me ha provocado este relativo presente al percibir no sólo que mucho ha cambiado en los últimos 15 o 20 años sino que la izquierda en la que me formé no tiene nada que ver con los movimientos que ahora se dicen de izquierda o que sin decirlo son de izquierda por oponerse en sentido progresista a las derechas y al *statu quo*.

Cuando parecía que la izquierda socialista se había apagado, cuando los partidos socialistas (en sus diversas versiones) escogieron la vía electoral y, por lo mismo, el abandono de sus antiguas posiciones clasistas e ideológicas derivadas del marxismo (también en sus diversas interpretaciones), de pronto pudimos enterarnos que en un rincón apartado de México un grupo de indios mal pertrechados se levantaba en armas declarándole la guerra al gobierno nacional y demandando, además de soluciones económicas y sociales, libertad, justicia, democracia y, sobre todo, respeto a su dignidad como seres humanos. No pude evitar involucrarme en

ese movimiento (como intelectual comprometido que he querido
ser toda mi vida). Lo primero que hice fue intentar entender ese
levantamiento. Había razones estructurales que bien se pueden
resumir en una expresión: la miseria en que vive la mayor parte de
los indios de México; pero me pareció que no eran razón suficiente
pues muchos otros grupos sociales, incluso pueblos enteros viven
también en la miseria y no se levantan en armas. Pensé, como hipótesis válida, que dos de las razones por las que los indios se habían
rebelado eran: 1] porque, como comunidades indígenas que son,
no habían sido víctimas de la individualización de la sociedad
moderna (a mi juicio más individualizada que nunca) propiciada
por la larga crisis económica (el "sálvese quien pueda" de toda crisis), ni tampoco víctimas de las agresiones del capital en los centros
de trabajo y fuera de ellos a los trabajadores asalariados urbanos y
a sus organizaciones; y 2] porque comprendieron, quizá a partir de
la influencia religiosa (la iglesia de los pobres que encabezara en la
región el obispo Samuel Ruiz) y una débil pero perceptible formación marxista en algunos de sus líderes, que sin organización y sin
unidad no podrían emanciparse como personas ni como pueblos
indios explotados desde siempre.

La rebelión zapatista en Chiapas encendió de nuevo mi optimismo
de izquierda, como supongo que les ocurrió a muchos. Sin embargo,
también me contrarió en mis "creencias" políticas, pues como intelectual formado en el marxismo, los indios no jugaban ni podrían
jugar un papel revolucionario, pues no son una clase social sino un
conjunto de etnias, comunidades y pueblos que, en ocasiones, y más
que todo como individuos (trabajadores), quizá forman parte de una
clase social en las fincas cafetaleras, madereras y ganaderas de la
región (jornaleros). Pero ahí estaban, en un ejército popular y
arriesgando su vida, la de sus familias y la de sus pueblos.

Obviamente llamaron poderosamente mi atención algunos de sus
planteamientos y omisiones: que no quisieran tomar el poder (que
por cierto me parecía lógico pues no se veían muy bien armados
como para enfrentar a un ejército moderno) y que no mencionaran
el socialismo como aspiración. Pronto descubrí que el no querer
tomar el poder era, más que un asunto de realismo militar, parte de
sus convicciones basadas en experiencias de otros movimientos
revolucionarios y sus transformaciones una vez en el poder.

Cuando fui invitado por el *subcomandante insurgente Marcos* a participar en la Convención Nacional Democrática (agosto de 1994) tuve razonables dudas, pero asistí, y la verdad es que me sentí positivamente sorprendido cuando fui mencionado entre los cien para formar la presidencia colectiva de la Convención. El punto central de la Convención fue —para mí— que el Ejército Zapatista de Liberación Nacional (EZLN) no dejaría las armas pero sí se haría a un lado para que la "sociedad civil", con las armas de la razón, de la organización y de la lucha pacífica, pudiera sustituir a un ejército rebelde y conquistar para los indios y para todos los pobres de México su emancipación. Sentí, debo confesarlo, que ese movimiento me daba un segundo aire (pues ya no soy joven) y que, a la vez, significaba un reto para la coherencia que siempre he querido tener entre mis pensamientos y mis actos, además de una gran responsabilidad política por las tareas a cumplir.

Con el tiempo se me reveló (en la práctica y no sólo por mis lecturas) que muchos de los esquemas tradicionales de interpretación se estrellaban con la realidad del movimiento zapatista y (para mí algo muy importante como estudioso de los partidos políticos especialmente de izquierda) que las diferencias de estrategia entre los diversos grupos u organizaciones políticos dividían a las fuerzas de izquierda, en ocasiones de manera irreversible. Y entendí empíricamente que estas divisiones, lejos de favorecer a los interesados en cambios importantes en la sociedad, beneficiaban al enemigo, circunstancial o histórico —da lo mismo.[1] Asimismo, comprobé algo que ya había estudiado y vivido en menor escala, que la necedad (no digo la intransigencia) en las posiciones políticas o estratégicas, propia de mentalidades dogmáticas o de intereses creados casi siempre disfrazados con argumentos de principios teóricos o ideológicos, conduce al rompimiento de proyectos incluso revolucionarios. Y esta necedad, en política, suele estar asociada a posiciones maximalistas o *ultras*, que tratándose de la izquierda serían *ultraizquierdistas* y, por lo mismo, sectarias. De aquí llegué a la conclusión de que algunos ultraizquierdistas han sido (o son) intransigentes y otros necios (por

---

[1] Véase al final del capítulo 7 mi apreciación sobre el sectarismo en la Convención Nacional Democrática y mi explicación de su división.

ignorancia o dogmatismo, cuando no por representar el papel de provocadores), y que los necios suelen ser sectarios. Deduje también que, con excepción de los provocadores cuyo papel es romper movimientos, los *ultraizquierdistas* por intransigencia a veces servían o han servido de aceleradores de los movimientos sociales o para influir en ellos radicalizándolos (como fue —por ejemplo— el caso de Lenin con sus "tesis de abril" en 1917 y que explico en el capítulo 4 de este libro), mientras que los *ultraizquierdistas* por necedad (que preferiría llamar *ultras* o *sectarios*) son, han sido o pueden ser compañeros de lucha pero, igualmente, pueden desviar o frustrar determinados movimientos sociales.

Salta a la vista —por obvio— que la izquierda está obligada a pensar su estrategia de lucha a partir de las condiciones existentes (como cualquier estrategia, comenzando por la militar) y a tomar en cuenta las características de sus seguidores o de sus aliados en los distintos tramos de una lucha. De esto se sigue que la tolerancia y la apertura de criterios son fundamentales para cualquier movimiento social de izquierda, pues la sociedad jamás ha estado ni estará formada por iguales, ni siquiera en el "mundo feliz" de Huxley.

Ser tolerantes y abiertos de criterio significa tratar de entender, en el caso que estudiamos, a las izquierdas, sus cambios incluso de composición social y discernir hasta donde sea posible si todo movimiento de oposición al *statu quo* es realmente de izquierda por el simple hecho de que se opone. En mi opinión (y después de este estudio), movimiento que no tiene objetivos claros y alternativos a lo existente para mejorar en realidad la condición de vida de la mayoría de la población en cualquier universo social, no es de izquierda *en última instancia*. Las que he llamado y se han llamado nuevas izquierdas, tanto las de los años 60 del siglo pasado como las actuales, han sido (o son) de izquierda, más por los implícitos programáticos en sus *anti* que por sus propuestas a veces inexistentes o demasiado vagas cuando no filosófica e ideológicamente contradictorias. Es innegable que lo que ha quedado después de esas nuevas izquierdas en movimiento han sido cambios políticos importantes (a veces también sociales) y, más frecuentemente, la ruptura de "verdades absolutas" (dogmas y mitos) y la construcción de nuevas hipótesis de pensamiento y acción que podrían fortalecer a la izquierda aunque esto no haya sucedido siempre.

No sé qué tanto ha influido el EZLN en las nuevas izquierdas de fin de siglo (y principios de éste), pero no me cabe duda de su influencia, incluso en el lenguaje. Cuando *Marcos* les pidió a los asistentes a la formación de la CND que no convirtieran ese espacio en "un ajuste de cuentas, interno, estéril y castrante", sabía de lo que estaba hablando y era consciente —interpreto— de que la propuesta de su organización era novedosa, perteneciente en muchos sentidos a la lógica de las nuevas izquierdas (de las que todavía no hablábamos en esos momentos), y que lo que se intentaba construir era algo diferente en lo que no cabían ultraizquierdistas por necedad ni, obviamente, provocadores. Las cosas fallaron, pero no necesariamente por culpa del EZLN.

Otro extraño fenómeno que me invitó a la reflexión fue que tanto en Estados Unidos, Argentina y México, como en varios países de Europa (principalmente España, Italia, Francia y Alemania), se formaron comités de apoyo a los zapatistas y a los indios de Chiapas con diversas corrientes ideológicas de la izquierda, principalmente anarquistas, trotskistas y comunistas. No se trataba de un fenómeno común, ciertamente. Parecía, y quizá haya sido así, que el EZLN significaba una insólita argamasa que podía unir piezas que con ningún otro pegamento se hubieran mantenido juntas. Había discusiones fuertes entre esas corrientes, de hecho ninguna intentó siquiera perder su identidad, pero no pocas de esas diferencias fueron omitidas o pospuestas por la causa, por esta causa que hicieron suya y que 20 años antes no hubiera pasado de ser noticia en un periódico común. Yo mismo, de pronto, me vi marchando del brazo, en las grandes manifestaciones de apoyo, con personas con las que ni siquiera me hubiera tomado un café.

Sin embargo, observo un problema en las nuevas izquierdas, como me había quedado claro en las de los años 60 por mucho que haya entendido sus motivaciones y formas de acción. Nos dicen contra qué están, incluso se mueven por todo el mundo (con no pocos sacrificios personales) para manifestar su descontento, pero sobre todo los jóvenes no parecen ser tolerantes con quienes no piensan como ellos ni están interesados en precisar objetivos de sus luchas. De hecho, rechazan cualquier tipo de programa, como si pensaran que es suficiente expresar su descontento para que las cosas cambien. Tampoco parece importarles hacia dónde irían esos cambios en caso de darse,

lo cual no deja de ser preocupante, pues la derecha (especialmente
la ultraderecha) también ha combatido —por momentos— lo existente. No basta estar en contra del *statu quo*, sino saber hacia dónde
se dirige esta oposición. Una lucha sin objetivos puede llevar a
ningún lado o adonde no se quiere ir. Y aunque sea una cita muy
frecuente, no puedo evitarla:

> Alicia le preguntó al gato: "¿Me podrías indicar, por favor, hacia dónde
> tengo que ir desde aquí?"
> "Eso depende de adónde quieras llegar", contestó el gato.
> "A mí no me importa demasiado adónde...", empezó a explicar
> Alicia.
> "En ese caso, da igual hacia dónde vayas", interrumpió el gato.
> "... siempre que *llegue* a alguna parte", terminó Alicia a modo de
> explicación.
> "¡Oh! Siempre llegarás a alguna parte", dijo el gato, "si caminas lo
> bastante".[2]

El enigma de las nuevas izquierdas es hacia dónde van o quieren ir,
además del problema de su composición plural, demasiado diferenciada tanto socialmente como en ideologías o marcos de referencia. Apoyar al EZLN y la lucha de los pueblos indios de México
es equivalente, en otra escala, a oponerse al neoliberalismo y la globalización. Se trata, en este caso, de *comunidades de acción*, como se
explica en este libro (con base en Marx), pero no de *comunidades
teóricas* necesarias para acciones conjuntas y disciplinadas con objetivos determinados y aceptables para todos.

La izquierda tradicional, acertadamente o no, ha intentado alcanzar un objetivo, incluso de parte de los anarquistas del siglo XIX y
principios del XX y, en general, se ha organizado como *comunidad
teórica* y, como tal, ha participado con otras corrientes en *comunidades
de acción* en coyunturas concretas y para luchar por metas específicas.
El mismo Ejército Zapatista, que a mi juicio ha dado elementos po-
sitivos a las nuevas izquierdas, ha tenido objetivos precisos e implí-

---

[2] Lewis Carroll, *Alicia en el país de las maravillas*, Madrid, Alianza editorial, 1972, p.
110.

citos que lo mantienen unido y en pie de lucha a pesar de todas las adversidades que ha tenido que vivir.

Es por todo esto que, para intentar la explicación del presente (y perspectivas) de las izquierdas y del izquierdismo, ofrezco una visita, con escalas en diferentes hitos y discusiones, a partir de la Primera Internacional. Se notará que las grandes corrientes ideológico-políticas y sus diferencias y semejanzas en la estrategia de sus luchas, han sido los cimientos y los primeros pisos del gran edificio de la izquierda y que, a pesar de las crisis que ésta ha vivido, los siguientes pisos están construidos fundamentalmente con los mismos materiales de los anteriores y con otros que se han venido desarrollando en el laboratorio de la historia.

1. IZQUIERDAS E IZQUIERDISMO

Los conceptos políticos con frecuencia quieren decir muchas cosas y cambian con el contexto que se analiza o con la historia y el momento en que fueron pronunciados, analizados o definidos. En ocasiones las palabras y su significado tienen que ver también con quién las dice: no es extraño que haya alguien que califique a unos de izquierda y a otros de derecha sin más autoridad que la otorgada por sus seguidores o simpatizantes o, no pocas veces, por la sanción del poder (de cualquier tipo) y sus intelectuales en un momento dado. En este caso estaríamos en presencia de un uso sesgado, parcial o subjetivo del concepto o de la calificación.

Hay un acuerdo general, más o menos aceptado, de que la izquierda es una corriente avanzada o progresista respecto de la derecha, que suele ser conservadora. De aquí se advierte que izquierda y derecha son conceptos relativos y que cada uno de ellos hace referencia al otro, especialmente el primero puesto que la esencia de la derecha, para decirlo con Kolakowski, es la afirmación de las condiciones existentes —un hecho y no una utopía— cuando no el deseo de volver a un estado que ya fue realizado, a un hecho ya cumplido.[1] Sin embargo, en la medida en que quisiéramos precisar más, las dificultades de caracterización se acrecientan. Si vivimos, por ejem-

---

[1] Leszek Kolakowski, "The concept of the left", Carl Oglesby (ed.), *The New Left Reader*, Nueva York, Grove Press Inc., 1969, p. 149. En este texto, si bien Kolakowski está de acuerdo en que "izquierda" es un concepto relativo a la "derecha", él define a la izquierda no sólo por negación de lo existente sino también por la dirección de esta negación, por la naturaleza de su utopía, pues obviamente no todo movimiento

plo, bajo una dictadura militar, una organización defensora de los derechos humanos (la Iglesia católica, digamos) sería de izquierda, pero si esa misma organización es contraria al aborto por decisión extrema de una mujer o de ésta con su pareja, entonces sería de derecha. De manera semejante, si en una región los empresarios se niegan a que los trabajadores formen sindicatos y un sector de obreros lucha por organizarse, éste será de izquierda, pero si luego el sindicato es usado por su dirección para manipular a los trabajadores y para obligarlos a aceptar las condiciones del empresario, sería de derecha. O el viejo ejemplo de Bismarck en la Alemania de finales del siglo XIX: era un reformador social, impulsó la modernización de su país en el marco de un supuesto "socialismo de Estado"[2] pero al mismo tiempo dictó leyes antisocialistas y combatió con dureza a los socialdemócratas; para unos, para las fuerzas más atrasadas sobre todo del medio rural, Bismarck era de izquierda, para otros, los socialdemócratas, obviamente era de derecha. Para los simpatizantes de la revolución como vía hacia el socialismo, los reformistas y los revisionistas estarían más cerca de la derecha que de la izquierda, pero los seguidores del socialismo libertario (antiautoritario), también partidarios de la revolución, serían ultraizquierdistas para los marxistas, por ejemplo. En México, Francisco I. Madero era de izquierda, en comparación con el dictador Porfirio Díaz; pero Madero, en comparación con Emiliano Zapata, quien además de estar en contra de la dictadura tenía una propuesta social, era de derecha. Pero ambos, en relación con la dictadura, eran de izquierda y los movimientos que encabezaron fueron revolucionarios.

En la actualidad hay quienes nos proponen que la división de corrientes ideológicas, organizaciones o movimientos en "izquierda" y "derecha" no tiene ningún sentido. No estoy de acuerdo en que no valga la pena hablar de izquierdas y derechas o de que sea inútil o intrascendente. Quienes así piensan quieren convencer, en una supuesta nueva ideología que no reconocen como tal, que los proyectos

---

que niegue lo existente es de izquierda, como no lo fue el hitlerismo respecto de la república de Weimar (p. 146). Por "utopía" este autor entiende "un estado de conciencia social, un equivalente mental al esfuerzo de un movimiento social por un cambio radical en el mundo".

[2] En realidad se trataba de una estratagema del canciller para obtener el apoyo de los obreros en contra de los liberales que pedían reformas constitucionales.

de la izquierda (y por contraparte los de la derecha), su misma existencia como corriente política, son productos de una determinada época que ha terminado con los grandes cambios económicos de los últimos años y con lo que se ha dado en llamar "posmodernismo". Sin embargo, es perfectamente posible establecer las posiciones políticas de personas, corrientes ideológicas, organizaciones o movimientos aunque siempre sea conveniente (en aras de una cierta objetividad) contextualizar las caracterizaciones y las referencias a partir de las cuales decimos que alguien es de izquierda o de derecha o, como está de moda, de centro o centro-izquierda o centro-derecha.

Convengo en que con frecuencia se abusa de los términos, sobre todo para descalificar "al otro", y que a diferencia de lo que argumentaba la iglesia católica en la Edad Media (y también después), en el sentido de que la izquierda era maldad y a veces "cosa del diablo" mientras la derecha era lo bueno, lo santo y el lugar a aspirar cerca de Dios (a la diestra del Señor), la izquierda ha sido en general positiva y con frecuencia generosa y humanitaria con sus semejantes y particularmente con los menos favorecidos socialmente. Hay países —como México— en los que, por muchos años, decirle a alguien o a una organización política que es de derecha es casi un insulto, la mayoría de personas y organizaciones preferirían ser calificadas como de centro o incluso como de centro-derecha, pero no de derecha. En Francia, en cambio, no existen estos prejuicios y, por ejemplo, los resultados oficiales de las elecciones se han presentado por partidos de derecha, de centro y de izquierda, y nadie se siente ofendido con la clasificación.

Por varios decenios, especialmente a partir del triunfo de la revolución rusa de 1917, la izquierda estuvo asociada al marxismo o a las personas, grupos u organizaciones que luchaban por el socialismo. Todavía a mediados de los años 60 del siglo XX, Mario Monteforte Toledo definía a la izquierda latinoamericana como "el sector político categorizado por su posición y su actuación antiburguesa, antimperialista y partidario de la implantación del socialismo en la sociedad a la que pertenece", y para él sólo eran de izquierda quienes sostenían "programas marxistas".[3] La derecha, por otra parte, era

---

[3] Francisco Villagrán Kramer y Mario Monteforte Toledo, *Izquierdas y derechas en Latinoamérica. Sus conflictos internos*, Buenos Aires, Pleamar, 1968, p. 17.

definida por Villagrán Kramer, también para América Latina, como "el sector político caracterizado por sostener un sistema de economía y mercado libres, basado en la propiedad y la iniciativa privada, dentro de la estabilidad política, y en asociación ya sea con el clero, el militarismo o el imperialismo".[4] Desde otra latitud, Barry Carr señalaba, muchos años después, que "la izquierda sólo se puede entender en términos de los objetivos, las personas involucradas y las estructuras del medio económico y político en que actúa",[5] es decir, en cada sociedad nacional o lo que es lo mismo, y como dijera Monteforte, en la sociedad a la que se pertenece (hoy en día quizá tendríamos que pensar a la izquierda menos nacionalmente). Vale decir que para Carr la izquierda no está referida exclusivamente al marxismo, pero bien señala que fue esta corriente la principal y, por cierto, no sólo representada por el Partido Comunista, especialmente a partir de los años 60 y todavía más diversificada desde finales del decenio de los 80 hasta la actualidad. Arturo Anguiano escribía en 1997 que "la mayoría de la izquierda [mexicana] [...] se había aliado al cardenismo [en 1988] y al poco tiempo se eclipsó, abandonando sus concepciones y logros, *el proyecto socialista* y su historia...",[6] es decir, según interpreto, que ese sector de la izquierda que tenía un proyecto socialista, dejó de tenerlo o lo cambió por otro, el del nuevo cardenismo mexicano que habría de materializarse, en principio, en el Partido de la Revolución Democrática. Quizá algo semejante debería decirse de otros sectores marxistas y por lo mismo socialistas que se disolvieron como corriente al hacer suyos los planteamientos del Ejército Zapatista de Liberación Nacional, también en México. Muy lejos de México, en Inglaterra, David Miliband señalaba que en el siglo xx se ha asociado el concepto de izquierda a "los movimientos comunista, socialista y socialdemócrata" y que si en la actualidad (mediados de los años 90, en ese momento) hay quienes dicen que el término "izquierda" (o "derecha") no significa nada es precisamente porque, sobre todo el comunismo, ha deformado en la prác-

---

[4] *Ídem,* p. 74.
[5] Barry Carr, *La izquierda mexicana a través del siglo xx,* México, Era, 1996, p. 20.
[6] Arturo Anguiano, *Entre el pasado y el futuro. La izquierda en México, 1969-1995,* México, UAM-Xochimilco, 1997, p. 11. (Las cursivas son mías.)

tica los valores que ha dicho sostener.[7] Pero independientemente de si significa algo o no el concepto de "izquierda", para Miliband ésta ha estado identificada con el socialismo y en buena medida también con el marxismo, aun en su vertiente socialdemócrata. Sin embargo, como ya se ha sugerido, la izquierda no ha sido ni es sólo socialista, o comunista o socialdemócrata. Hay otras corrientes de izquierda que con frecuencia han sido desdeñadas (o criticadas) por los socialistas, especialmente por los socialistas de tradición marxista, y también otras corrientes que si bien han partido del marxismo o de lo que han llamado el marxismo del "joven Marx" han querido ir más allá de sus análisis y propuestas. Entre las primeras han destacado las que en general se conocen como anarquistas, entre las segundas las que en los años 60 del siglo pasado fueron identificadas como "nueva izquierda".

A principios de 1960 apareció el primer número de la ahora famosa publicación inglesa New Left Review. Entonces se planteaba en el editorial de la revista, como si fuera de ahora (año 2002), que la política ha sido una de las principales causas de la declinación del socialismo en Inglaterra y una de las razones del descontento, principalmente de los jóvenes, con las ideas del socialismo. Y más adelante se decía que lo que se necesitaba era un nuevo lenguaje suficientemente cercano a la vida en todos sus aspectos para manifestar el descontento con el orden prevaleciente.[8] Desde luego, no se descartaba que la revista mantendría el socialismo como meta y como contraparte y alternativa del capitalismo. Con el nombre de "nueva izquierda" también se hizo famosa la corriente de varios neomarxistas que, además de sostener que Marx había sido distorsionado por Engels y por el llamado marxismo-leninismo, incorporaron en su discurso teórico a Freud y Wilhelm Reich, a algunos existencialistas y situacionistas y a la práctica de nuevos movimientos sociales, especialmente de Estados Unidos y los países más avanzados de Europa occidental. Entre sus representantes más influyentes estaba Herbert

---

[7] David Miliband (ed.), Reinventing the left, Cambridge, Polity Press, 1995, introducción.
[8] New Left Review, núm. 1, Stuart Hall (ed.), Londres, enero-febrero, 1960, editorial.

Marcuse, quien pusiera el acento en su crítica a la burocracia, tanto capitalista como del supuesto socialismo, por opresiva y enajenante, y en la humanización del hombre por la vía de la transformación de la conciencia más que por su liberación en términos económicos o de clase. Fue en esos momentos, particularmente reflejados en el movimiento estudiantil francés de 1968, cuando fuertes ingredientes del anarquismo se mezclaron con el marxismo en la lucha por un nuevo socialismo, por un socialismo no autoritario como lo planteara Bakunin en contra del defendido y propuesto por Marx, calificado de autoritario. Pero también fue un momento en que entraron en el salón de la fama de la nueva izquierda Trotski, *Che* Guevara, Hó Chi Minh y en menor medida, por ser identificado con el stalinismo, Mao Tsé-Tung. Empero, la nueva izquierda (europea) sustancialmente se planteaba la lucha por el socialismo, se identificaba no con el llamado socialismo de la Unión Soviética, China, etc., sino con el socialismo como objetivo y todavía no alcanzado, como una sociedad mejor, humanista y democrática en la que se garantizaran la libertad y la justicia social.

El anarquismo en general, con la obvia excepción de algunos defensores del anarquismo individualista representado por William Godwin, Max Stirner, Josiah Warren o Henry David Thoreau, propugnaba por el socialismo. Proudhon, Bakunin, Kropotkin y otros, incluso algunos anarquistas individualistas de Estados Unidos, proponían como condición para una sociedad de iguales una suerte de socialismo, o si se prefiere un socialismo diferente al propuesto por Marx y sus seguidores. Sin embargo, los anarquistas favorables al socialismo, no aceptaban ser llamados socialistas, o comunistas o socialdemócratas, sino anarquistas socialistas o, como Bakunin llamaba a su corriente: socialismo revolucionario.

En síntesis, la izquierda desde mediados del siglo XIX hasta hace unos cuantos años, ha sido asociada principalmente al socialismo en sus diferentes concepciones, pero no podemos decir que su matriz ideológica haya sido sólo el marxismo y derivados. El concepto, entonces, es muy amplio, abarca diversas corrientes ideológicas y políticas y la única manera en que se me ocurre que puede ser definido (aunque no simpatizo con las definiciones) es también de manera muy general, como solemos ver su significado en los diccionarios que tanto criticamos: "conjunto de grupos y partidos —se lee en el *Pequeño Larousse ilustrado*— que profesan opiniones avanzadas, por oposición a la derecha, conservadora".[9]

Ahora que el socialismo sólo parece estar todavía de moda entre grupos intelectuales y algunos (muy pocos) partidos, la izquierda no puede definirse (si fuera el caso) desde el punto de vista de su orientación socialista exclusivamente ni sólo en función de "las estructuras del medio económico y político en que actúa" que antes se entendían en términos nacionales. Más que definirla, interesaría entenderla, caracterizarla históricamente, ubicarla tanto en su entramado ideológico y consistencia como en sus posibilades como corriente frente al nuevo capitalismo que vivimos. Los mitos y las falacias del pasado en relación con la izquierda no deben repetirse, pero tampoco parece responsable una actitud acrítica ante las nuevas izquierdas por el simple expediente de que son lo que son y lo que hay.

Si hemos entendido a la izquierda como una corriente política que ha luchado por el socialismo, y en este marco el marxismo ha jugado un papel importante, esto no se debe a que hayamos sido víctimas de un "credo secular" como ha dicho Ludolfo Paramio,[10] sino a la fuerza teórica de muchos marxistas que, al margen de las interpretaciones oficiales, le han impreso con sus debates, y a la repercusión que esas teorías han tenido en los miles y miles de movimientos sociales (y políticos) a lo largo de los últimos 150 años, movimientos que, a su vez, han enriquecido o reorientado las teorías. Pero también, es preciso señalarlo, se debe a la incapacidad del capitalismo como sistema económico dominante (y ahora casi total) para darle a la población mundial una vida digna, siquiera comparable a la de los trabajadores

---

[9] La cita del *Larousse* es de su edición de 1999. Es interesante ver el significado que ofrecía en su edición de 1969: "conjunto de grupos políticos partidarios del *cambio*, en oposición a los conservadores, hostiles a toda innovación" (las cursivas son mías para destacar que sólo se hablaba de cambio, lo cual era muy impreciso, al igual que su concepción de la derecha). Asimismo, y como demostración de lo que hemos venido diciendo sobre la concepción de la izquierda hasta por lo menos los años 60 del siglo pasado, el diccionario de inglés de Oxford decía, en 1963, que *"The left wing"* significaba *"more radical group(s), party, or parties (e.g. socialists, communists)"*, esto es, no incluía otras corrientes.

[10] Ludolfo Paramio, *Tras el diluvio. La izquierda ante el fin de siglo*, México, Siglo XXI editores, 1989.

con empleo en los países más desarrollados. La inconformidad con
las consecuencias del sistema capitalista, inocultables incluso para el
Banco Mundial, llevó a pensar en un sistema alternativo, el socialismo en sus múltiples interpretaciones. Si éste ha dejado de ser un
objetivo o una alternativa al capitalismo para muchos, no es por las
diversas teorías que le han servido de base, sino precisamente por la
deformación que sufrieron esas teorías en la práctica concreta de
la Unión Soviética y el resto de los países que se autodenominaron
socialistas de una u otra forma. Quizá tenía razón E. H. Carr cuando
dijo —cito de memoria— que las izquierdas, una vez en el poder,
tienden a evolucionar hacia la derecha, aunque mantengan un lenguaje socialista. Pero esto es igualmente válido para las teorías liberales: en muy poco o en nada se parecen a la realidad en los países
capitalistas, ni siquiera durante gobiernos como el de Reagan en
Estados Unidos, quien llevó a cabo el primer punto de los manda-
mientos liberales: la reducción masiva de los impuestos, pero se cui-
dó de aplicar el segundo: la reducción del gasto público, para sólo
mencionar un ejemplo de desprendimiento del liberalismo en los
hechos, independientemente del discurso enfáticamente liberal.

Al liberalismo deformado en los hechos se le ha querido sustituir
por lo que ahora llamamos *neoliberalismo*, concepto que si somos
rigurosos tampoco es tal en la realidad, pues incluso el libre mercado
es una falacia. Pero después del fracaso de lo que mucha gente creyó
como socialismo, no se ha inventado un *neosocialismo*, por más que
Gavin Kitching escribiera, quizá antes de tiempo, su *Rethinking
socialism. A theory for a better practice* (*Repensando el socialismo. Una teoría
para una mejor práctica*).[11] La famosa frase "*There is no alternative*",
atribuida a Margaret Thatcher y que más que frase se le considera un
modelo (modelo TINA), está basada más que en el "triunfo" del capitalismo, en la crisis contemporánea del socialismo, en la ausencia de
opciones al capitalismo, por mucho que a muy pocos (a sus bene-

---

[11] Publicado en 1983 por la editorial Methuen de Londres y Nueva York. Ese
mismo año, razón por la cual dije que el libro de Kitching quizá salía antes de tiempo,
se comenzaba a usar el término *globalización* económica por Théodore Lewit en "The
globalization of markets", *Harvard Business Review*, según el ecuatoriano Pablo Dávalos
(de ICCI), en un artículo titulado "La globalización: génesis de un discurso", *Rebelión*
<Internet> [4 de agosto, 2001].

ficiarios) convenza de sus supuestas bondades. Esta ausencia de opciones (todavía), después de que pensamos a la izquierda como socialista por más de un siglo, tiene repercusiones en los partidos políticos que antes, aunque fuera en el discurso, eran socialistas, y ahora casi ninguno lo es, y en los movimientos sociales cuya posición, según la hemos observado en los últimos años, es *anti* y muy poco propositiva, especialmente entre los jóvenes —una vez más.

En la actualidad, la izquierda, desde el punto de vista de organización política y de sectores sociales no organizados aunque sí comunicados mediante redes facilitadas por Internet, se podría dividir en izquierda partidaria, crecientemente desacreditada (sobre todo entre los jóvenes), y en izquierda social en buena medida antipartidos, antigobiernos y contraria a la *globalización neoliberal*, como se ha dado en llamar a la fase actual del capitalismo.

La izquierda partidaria se ha alejado, en general, del socialismo en sus varias vertientes y, obviamente, del marxismo también en sus diversas interpretaciones. La izquierda social, a diferencia de la nueva izquierda de los años 60 del siglo pasado, no se refiere (en general) al socialismo, suele rechazar el marxismo y sus categorías analíticas sobresalientes, y se acerca más a las posiciones anarquistas que a otras de la larga historia de la izquierda.[12] A esta izquierda social la llamaría "nueva izquierda", por ciertas similitudes que guarda con la anterior *nueva izquierda* de hace 40 años, pero también la podría ubicar en la categoría utilizada por Lenin en 1920, conocida como *izquierdismo*,[13] expresión que en los años recientes se ha convertido, por el uso o porque quizá resulta más elocuente, en *ultraizquierdismo*, aunque en su interior amorfo (si es que se puede hablar de interior) participan otras corrientes, incluso moderadas.

---

[12] No es casual que buena parte de esta izquierda social tenga cercanía con las posiciones anarquistas del pasado. Muchos de quienes componen esta izquierda social son *lumpen-proletariat*, pequeñoburgueses desposeídos y desesperados y campesinos pobres, y como bien señalaban Novack y Frankel, éstos eran los sectores sociales entre lo cuales "Bakunin buscaba la base social para su movimiento revolucionario". Véase George Novack y David Frankel, *Las tres primeras internacionales*, Barcelona, Fontamara, 1978, p. 49.

[13] Me refiero al folleto de V. I. Lenin, *La enfermedad infantil del "izquierdismo" en el comunismo*, escrito en abril y mayo de 1920, *Obras escogidas*, tomo 3, Moscú, Progreso, 1966, pp. 353-440.

Al parecer, Lenin fue quien primero usó la expresión "izquierdismo". En un primer momento (1908) contra los *otzovistas* y los *ultimatistas*[14] que se negaban a participar en el parlamento y en las organizaciones obreras legales, y en un segundo momento, a partir de los acuerdos para la paz de Brest-Litovsk, de 1918, ante los cuales un grupo de comunistas dentro del partido ruso estimaba que significaban un compromiso con los imperialistas y que, por lo mismo, eran inaceptables tanto desde el punto de vista de principios como organizativos para un partido del proletariado revolucionario.

Izquierdismo, en el sentido que le dio Lenin, es "extremismo", que fuera también la expresión usada por Engels para calificar a los seguidores de Blanqui y a los de Bakunin, aunque no fueran iguales; pero es también "sectarismo" en el sentido en que usara Marx la expresión para referirse a Bakunin y sus seguidores en el seno de la Asociación Internacional de los Trabajadores (AIT) también conocida como Primera Internacional. Y aunque los lassalleanos no participaron en la AIT, a ellos Marx también los consideraba una secta.

"Las sectas —señalaba Lelio Basso— son los movimientos inspirados y dirigidos por teóricos que elaboraron su propia teoría personal ('pensadores individuales') y proponen recetas o 'soluciones fantásticas', 'artificiosas' o, en otras palabras, utópicas."[15]

Izquierdismo, extremismo y sectarismo, en el ámbito de la izquierda, es dogmatismo y voluntarismo, es decir, lo contrario a la ciencia y a la teoría científica, pues las apreciaciones políticas y estratégicas que se derivaban, respectivamente, del dogmatismo y del voluntarismo no tenían nada que ver con la realidad, según opinaban Marx (contra Proudhon y Bakunin, por ejemplo), Engels (contra Blanqui, entre otros) y Lenin (contra Bogdánov, Bujarin y demás "comunistas

---

[14] Los *otzovistas* se negaban a participar en la Duma (asamblea legislativa), a trabajar con los sindicatos y otras organizaciones legales de masas y eran partidarios de encerrarse en el marco de las organizaciones ilegales, lo cual ponía al partido al margen de las masas y como una organización sectaria. Lenin los llamó "liquidadores de nuevo tipo". Los *ultimatistas* eran parecidos a los *otzovistas*. Nota de la editorial Progreso a *La enfermedad...* El principal inspirador de los *otzovistas* fue Bogdánov, expulsado de las filas bolcheviques.

[15] Lelio Basso, *Socialismo y revolución*, México, Siglo XXI editores, 1983, p. 254, citado por Rhina Roux, *Marx y el problema del Estado (1864-1875)*, Tesis de maestría en ciencia política, México, UNAM, 1991, pp. 47-48.

de izquierda").[16] En tiempos más actuales a este conjunto de calificativos se les ha englobado en el concepto *ultraizquierdismo* y a veces, sobre todo entre quienes no son precisamente de izquierda, también se les conoce como *radicalismo* en el sentido de quienes proponen formas *drásticas* para cambiar un estado de cosas, independientemente de su orientación.[17]

Sin embargo, debe insistirse en que el izquierdismo, como tantos otros calificativos comunes entre la izquierda, es un concepto relativo, dependiente de la coyuntura y de quién lo utilice. No es extraño encontrar en la literatura marxista, y en el mismo Marx, descalificaciones no siempre demostradas y hasta insolentes o desmesuradas. Por lo tanto, si tanto Marx como Lenin, para poner dos ejemplos sobresalientes, asociaban el dogmatismo a las sectas políticas (además, obviamente, de las religiosas), y ese sectarismo sería calificado de izquierdismo (por Lenin y otros posteriormente), sería inadmisible caer en el dogmatismo de la palabra de *San Marx*, de *San Lenin* o cualesquiera otros santos del socialismo para calificar a alguien fuera de contexto o sólo por mera analogía como izquierdista o ultraizquierdista. El mismo Lenin decía —cito de memoria— que repetir una palabra usada en el pasado no nos regresa a las condiciones de ese pasado, a las condiciones que le dieron carta de naturalización o le dieron sentido en ese momento. La historia del pensamiento y la acción socialistas, o así entendidos, está plagada de calificativos (léase descalificaciones), y fue frecuente que tras el calificativo se diera el juicio y a nombre de éste alguna forma de exclusión o de represión. El stalinismo (durante y después de Stalin) sería el ejemplo más ilustrativo de los muy lamentables hechos que siguieron a la descalificación. Aun así, el izquierdismo como el ultraizquierdismo, usados como categorías de análisis, igual que los

---

[16] No deja de ser interesante lo que señalaba Karl Mannheim sobre este particular cuando decía que las mentalidades utópicas suelen volverse "contra el resto de las demás creencias, exigiéndoles que se ajusten a la realidad y, en cada caso, una forma de existencia diferentemente constituida se presenta al adversario como 'realidad' ". (*Ideología y utopía. Introducción a la sociología del conocimiento*, Madrid, Aguilar, 1966, p. 316.)

[17] Para los socialistas el *radicalismo* no se entiende por la estrategia o la táctica de una acción; es decir, si las formas para cambiar algo son drásticas o no, sino la intención de lo que se quiere cambiar: de raíz o sólo superficialmente.

conceptos "izquierda" y "derecha", son útiles para describir y analizar un determinado fenómeno. El lenguaje necesita de los adjetivos, aunque no sean precisos: no es igualmente preciso decir "el cielo azul", que "el cielo grisáceo", pero en ninguno de los dos casos tendremos dudas sobre el color del cielo. El lenguaje político también tiene sus adjetivos y éstos con frecuencia se convierten, para el análisis, en categorías (entendidas éstas en uno de sus significados más antiguos: como nociones que sirven para investigar y comprender la realidad).

2. LAS IZQUIERDAS EN LA PRIMERA INTERNACIONAL Y EN LA COMUNA DE PARÍS. LA PUGNA MARX-BAKUNIN Y EL REFORMISMO EN ALEMANIA E INGLATERRA

El primer gran intento de organización internacional de los trabajadores fue la Asociación Internacional de los Trabajadores fundada en Londres, en 1864.[1] Se sobrentiende que todas las corrientes participantes eran de izquierda, de una u otra forma partidarias del socialismo y, curiosamente, casi todas seguidoras de un pensador que las identificaba. Estas corrientes eran, principalmente, las siguientes: proudhonianas, bakuninistas, lassalleanas, mazzinianos y Marx, quien en los primeros años de la Internacional no era precisamente representativo.[2] Sin embargo, Marx representó un papel fundamental en la AIT, tanto en su Consejo General como en la elaboración de sus estatutos y, por supuesto, en la redacción del manifiesto inaugural. En poco tiempo se desarrolló la corriente marxista, a pesar de Marx que no simpatizaba con el término.

---

[1] Sólo como curiosidad: la AIT se llamaba, en inglés, *International Working Men's Association*, cuando que muchos de los trabajadores de fábricas eran en realidad trabajadoras y, por cierto, peor pagadas que los hombres; las niñas y los niños, empleados en fábricas textiles y como deshollinadores, con frecuencia no recibían salario, pues eran tratados como "aprendices" y por lo mismo sólo se les alimentaba y se les daba habitación, de acuerdo con los usos de entonces —hasta 1875, en el caso de Inglaterra.

[2] El representante de Alemania era Johann G. Eccarius, entre otros de la Liga Comunista de ese país. En realidad, Marx había interrumpido su trabajo científico para dedicarse a la AIT, "pues se trata de un asunto que puede tener importancia", citaba Franz Mehring en *Carlos Marx y los primeros tiempos de la Internacional* (México, Grijalbo, 1968, p. 20).

Si la Internacional había sido pensada para coordinar la cooperación de las organizaciones obreras, en su mayoría de Europa, fue
también un ámbito de enfrentamientos entre el marxismo, el
mutualismo, el anarquismo y el reformismo, principalmente, que
eran corrientes de influencia real en el movimiento obrero. *Este problema de heterogeneidad no fue exclusivo en la Internacional, es un problema
que se ha repetido hasta el presente (137 años después).* ¿Cómo incorporar
a grupos sociales (obreros y artesanos, por ejemplo) e ideologías
diferentes en una sola organización? Ésta fue una de las principales
preocupaciones de Marx, razón por la cual, a pesar de las fuertes
pugnas políticas y estratégicas, defendió por varios años la autonomía
de las secciones de la AIT respecto del Consejo General,[3] hasta que
ya no fue posible. En el Congreso de La Haya, en 1872, se agudizaron
las diferencias entre Marx y Bakunin, poniéndose en riesgo la vida de
la AIT como fue concebida. Para evitar que los anarquistas se apoderaran de la Internacional, Marx dedujo que era mejor trasladar el
Consejo General a Estados Unidos aunque este cambio significara
el fin de la organización —como en realidad ocurrió cuatro años
después en la Conferencia de Filadelfia donde se aprobó la disolución del Consejo General.

Para el tema que nos ocupa, me interesa resaltar el interés de Marx
por la toma del poder por parte de la clase obrera. Consecuente con
esta idea, explícitamente planteada en el *Manifiesto del Partido Comunista*,[4] en el manifiesto inaugural de la AIT Marx repetirá el punto:
"La conquista del Poder político ha venido a ser, por lo tanto, el gran
deber de la clase obrera." ¿Y qué requería la clase obrera para con-

---

[3] Una de las funciones principales del Consejo General era, precisamente, establecer y facilitar las relaciones entre las diferentes asociaciones de obreros de tal forma
que los trabajadores de cada país (secciones o federaciones nacionales) estuvieran
informados y al corriente de los movimientos de su clase en otros países. Cf. artículo
6 de los estatutos generales de la Asociación Internacional de los Trabajadores, apro-
bados en la Conferencia de Londres de la AIT, en 1871, y basados en los provisionales
que redactó Marx para la fundación de la Internacional.

[4] Carlos Marx y Federico Engels, *Manifiesto del Partido Comunista* (*Obras Escogidas en
dos tomos*, tomo I, Moscú, Ediciones en lenguas extranjeras, s.f., p. 35), donde los
autores dicen: "El objetivo inmediato de los comunistas es el mismo que el de todos
los demás partidos proletarios: constitución de los proletarios en clase,
derrocamiento de la dominación burguesa, conquista del Poder político por el proletariado." (La mayúscula en Poder es del original.)

quistar el poder político? Un partido político. Y aunque todavía en ese momento su referencia a los partidos no tenía la connotación posterior, como organización disciplinada con dirigentes profesionales, ya había indicios de lo que serían los partidos 10 o 15 años más tarde; al referirse, en 1864, a la reorganización política del partido de los obreros: "La clase obrera —decía Marx— posee un elemento de triunfo: el número. Pero el número no pesa en la balanza si no está unido por la asociación y *guiado por el saber*."[5]

Estos tres elementos destacados: la conquista del poder político, la idea del partido político y la de una instancia que guíe al partido por el saber, desde el principio de la AIT, tuvieron oponentes importantes; entre éstos los proudhonianos, sobre todo de Francia y más adelante, los bakuninistas.

Independientemente de lo que Marx pensaba de Proudhon,[6] era evidente la influencia de éste entre los trabajadores franceses. Todavía para 1866 (Congreso de Ginebra de la AIT) la delegación francesa en pleno, dirigida por Tolain (Proudhon ya había muerto en 1865), era proudhoniana. Al año siguiente, esta influencia comenzó a menguar.[7] Proudhon estaba en contra de todos los que a su juicio deificaban al Estado: republicanos, socialistas, liberales. Por extensión, en contra de quienes coincidían con la idea de un gobierno y de cualquier forma de organización en la que hubiera disciplina y jerarquías.

Proudhon no objetaba la propiedad privada como tal aunque la considerara "un robo", sino más bien sostenía que un mínimo de

---

[5] El "pero" en la cita es una obvia crítica a Lassalle, Louis Blanc y algunos líderes cartistas quienes estaban convencidos de que el proletariado podría lograr una mayor democracia simplemente por su número. He usado cursivas en la cita para destacar algo que Marx y Engels ya decían en el *Manifiesto*, en 1848, que los comunistas eran "el sector más resuelto de los partidos obreros de todos los países, el sector que siempre impulsa adelante a los demás; teóricamente tienen sobre el resto del proletariado la ventaja de *su clara visión* de las condiciones, de la marcha y de los resultados generales del movimiento proletario"; es decir, lo que Lenin llamaría la vanguardia de la clase obrera. (Las cursivas son mías.)

[6] Una síntesis de lo que pensaba Marx de Proudhon, en su carta a J. B. Schweitzer del 24 de enero de 1865 (C. Marx y F. Engels, *Correspondencia*, Buenos Aires, Cartago, 1973, pp. 145 y ss.)

[7] Véase al respecto a Annie Kriegel, *Las internacionales obreras*, Barcelona, Martínez Roca, 1968, p. 21.

propiedad era necesario y suficiente para mantener la libertad y la independencia (en realidad defendía la propiedad campesina). Más de ese mínimo le daría a un hombre poder sobre otros, razón por la cual se oponía al capitalismo. Su idea era un mundo de pequeños e independientes productores asociados con otros para obtener beneficios mutuos (mutualidades). Por lo tanto, estaba en contra de la industrialización. Combinaba contradictoriamente el individualismo con el colectivismo, y una sociedad de iguales asociados libremente en comunas independientes hacía prescindible el gobierno, el gobierno que censura, que controla, que espía, que dirige y que legisla, compuesto, además, por gente sin virtudes, sin conocimiento y sin derecho para hacer lo que en todo gobierno se hace.

No se necesita siquiera ser economista para saber, sobre todo a 150 años, que la sociedad que planteaba Proudhon era, más que una utopía, un imposible en la lógica del capitalismo,[8] para ya no hablar de su sentido de igualdad y de solidaridad entre los seres humanos que ni los liberales se creían. Recuérdese que James Madison, un liberal representativo, decía que "si los hombres fueran ángeles, ningún gobierno sería necesario".[9] Respecto de los liberales, Proudhon no estaba de acuerdo con su idea de democracia, y menos de la democracia parlamentaria. En realidad estaba en contra de la política (y por lo mismo de las elecciones), de manera similar que Saint-Simon y Fourier, y todavía más en contra del Estado y de cualquier forma de autoridad. Sin embargo, Proudhon ciertamente tenía simpatizantes, no sólo en los primeros años de la AIT, sino también en el breve periodo de la Comuna de París (1871). Sobre el proudhonismo y la Comuna, Lenin consideraba, en 1901, que el primero, como parte de la corriente anarquista, había sido un completo *fiasco* de las experiencias del movimiento revolucionario en la segunda.[10] En síntesis, Proudhon podría ser considerado de izquierda, incluso

---

[8] No es casual que con el desarrollo de la industria (la revolución industrial), es decir, con la disminución progresiva del artesanado, la influencia de Proudhon menguara considerablemente, más que por la creciente influencia del marxismo. Cf. Jean Touchard, *Historia de las ideas políticas*, Madrid, Tecnós, 1961, p. 438.

[9] *The Federalist Papers* <Internet>.

[10] V. I. Lenin, "Anarquismo y socialismo", *Obras completas*, tomo v, Argentina, Cartago, 1969, p. 384. De Bakunin no tenía una idea muy diferente. En esta muy breve nota (dos páginas), Lenin expone sus cinco tesis sobre el tema.

por Marx, si hubiera usado el término, pero éste lo tachaba de ser un *"falso hermano"* del que el comunismo debe librarse, aunque esté "ahora de moda en Francia",[11] pues su planteamiento era contradictorio y confuso como lo demostrara ampliamente en *La miseria de la filosofía.* Varios años después de la declinación del proudhonismo (y del lassalleanismo) Bakunin ganó posiciones entre los anarquistas de la Primera Internacional. Es en ésta en donde se plantea una verdadera lucha política entre lo que genéricamente podríamos llamar marxismo y el anarquismo —éste como un primer ejemplo, de *izquierdismo* en el sentido que le dio Lenin en *La enfermedad infantil del "izquierdismo" en el comunismo.*

En 1870 estalló la guerra franco-prusiana. En medio de ésta, Napoleón III (Luis Napoleón) se vio precisado a capitular y en Francia se restauraría una nueva república. Thiers, el nuevo gobernante de la nueva república, firmó el armisticio con los prusianos y Francia perdió Alsacia y Lorena. Los parisinos, que desde octubre de 1870 sufrían grandes privaciones, que obviamente estaban disgustados por la entrada del ejército alemán a una parte de su ciudad y por los términos de paz aceptados por la Asamblea Nacional (rechazados por Louis Blanc, Gambetta y otros), optaron por la insurrección. Parte de las tropas se negaron a disparar contra el pueblo y muchos de los soldados se retiraron dejando la ciudad en manos de los insurrectos. El pueblo ganó París y, como resultado de una elección, se formó un concejo municipal: la Comuna, que incluyó republicanos moderados, seguidores de la tradición jacobina de la revolución, proudhonianos y blanquistas y muy pocos socialistas de la Primera Internacional. Un cuerpo colectivo con tales diferencias, así de heterogéneo como fue, no pudo llegar a un programa coherente y claro, fuera socialista o republicano. El mismo Lissagaray mencionaba que algunos de los miembros electos eran "irreconciliables" entre sí.[12] La Comuna, en realidad, representó mucho por los cambios que impuso, pero estos cambios no obedecían a un plan

---

[11] Carta de Marx a Weydemeyer, Londres, 1 de febrero de 1859. (C. Marx y F. Engels, *Correspondencia*, p. 105.)

[12] H. P. O. Lissagaray, *Historia de la Comuna de 1871*, Madrid, Artiach, 1970, p. 193.

armónico: las propuestas de los proudhonianos, por ejemplo, hacían cortocircuito con las de los blanquistas partidarios de un gobierno de minorías esclarecidas. A pesar de lo que se quiso hacer y se hizo, en el terreno político no fue otra cosa que la elección democrática de un gobierno municipal por un pueblo que apenas pudo escuchar, en un intervalo de la Marsellesa, a Ranvier (uno de los concejales electos) proclamar formalmente la Comuna, porque, como escribiera Lissagaray, "no quieren más discurso que ése": el himno de Francia, que doscientas mil personas reunidas ante el *Hôtel de Ville* entonaron una y varias veces. Fue un pueblo heroico, sí, pero sin dirección política. La Guardia Nacional, formada por los trabajadores armados al calor de la guerra, no fue una dirección política, sino una instancia que condujo a la Comuna mediante elecciones. Y la Comuna, como ya se ha señalado, tampoco era una dirección política que tuviera claridad de objetivos y, al menos, una cierta comunión teórica entre sus miembros.

Quizá si la Comuna no hubiera sido derrotada a dos meses de haberse instalado hubiera podido extenderse a otras ciudades de Francia, como ocurrió en Rusia con la elección de noviembre de 1917, en Petersburgo (Petrogrado), de la Duma municipal, una comuna de alguna manera. Pero los acontecimientos fueron distintos. Y si en Rusia había un grupo dirigente más o menos homogéneo (en ese momento): los bolcheviques, en Francia no, ni siquiera en París. En Lyon se reunieron 800 delegados de la Guardia Nacional. La multitud implantó la Comuna. La Guardia Nacional no supo qué hacer y dada la ausencia de jefes, el pueblo tampoco. Al día siguiente, la Comuna había desaparecido. En Saint Etienne el pueblo entusiasmado le pidió al alcalde que implantara la Comuna. Éste se negó. Las disputas internas entre los partidarios de la Comuna, más la presencia de las fuerzas represivas llevó al fracaso, en cuatro días, el intento. Marsella también quedó en manos del pueblo pero a partir de este hecho surgieron las disputas. Al día siguiente no supieron qué hacer. Los obreros volvieron al trabajo y la comisión que se había creado tampoco hizo nada. Hubo una fuerte represión y la Guardia Nacional fue desarmada. En Toulouse ocurrió lo mismo, salvo que el pueblo le pidió al alcalde, contra el que supuestamente estaba, que presidiera la Comuna. Para el 4 de abril ya no había nada. En Le Creusot proclamaron la Comuna y se cruzaron de brazos como para

esperar algo. Lo único que ocurrió fue que llegaron las tropas y todo
volvió a la calma. En Narbona, el pueblo desarmó a las tropas. Las
más beligerantes, por cierto, fueron las mujeres. Cuando aparecieron
refuerzos de las tropas, la orden para el pueblo atrincherado era no
disparar si no eran agredidos. La división entre los comuneros condujo al caos. Varios grupos intentaron negociar con el poder. La
desmoralización llevó a la rendición. Otro fracaso. En Limoges, además de gritar "¡Viva París!", no pasó nada. Y así por el estilo en otros
sitios. La desorganización de los trabajadores y del pueblo en general, además de la falta de dirección y coordinación, tanto en París
como en otras ciudades de Francia, fueron sin duda las causas del
fracaso de la Comuna. Por estas razones la Comuna no fue capaz de
hacer frente a las fuerzas de Thiers, pese a que el pueblo, organizado
como Guardia Nacional, estaba armado.

La Comuna fue derrotada muy pronto y quizá tenía razón Marx,
a pesar de su entusiasmo por ella en *La guerra civil en Francia* (escrita
el 30 de mayo de 1871), cuando desde septiembre del año anterior
prevenía a los obreros contra toda tentativa de una revolución prema-
tura. El 6 de abril de 1871, Marx le escribió una carta a Liebknecht
donde le decía: "Es evidente que los parisienses están derrotados.
Ellos mismos tienen la culpa, pero una culpa provocada realmente
por demasiada *honnêteté*."[13] Más adelante, más optimista, de hecho
entusiasmado, Marx le escribía a Kugelmann (12 de abril de 1871):
"nuestros heroicos camaradas de París" están intentando destruir el
aparato burocrático-militar y no sólo pasarlo de unas manos a otras.
Y añadía que ésa era "la condición previa para toda verdadera
revolución popular en el continente". Sin embargo, a Kugelmann le
decía, después de expresar su admiración por los comuneros, "si son
derrotados, sólo habrá que culpar a su 'magnanimidad' [...] Dejaron
pasar el momento oportuno por escrúpulos de conciencia. No quisieron *desatar la guerra civil...*"[14] Es evidente que una cosa le escribía a
Kugelmann ("si son derrotados", 12 de abril) y otra a Liebknecht
("están derrotados", 6 de abril). También es claro que a Kugelmann
le decía que los parisinos no quisieron desatar la guerra civil y que el

---

13 C. Marx y F. Engels, *Correspondencia*, p. 253. (El francés es del original.)
14 *Ídem*, p. 255. (Las cursivas son del original).

manifiesto del Consejo General de la AIT, escrito por Marx, fue precisamente referido a "la guerra civil en Francia en 1871". Por lo demás, el partido político de la clase obrera, al que se refiriera Marx en el manifiesto inaugural de la Primera Internacional como necesidad para la toma del poder, fue soslayado en muchos de los análisis de la Comuna. Trotski, en cambio, lo hace notar en *Las lecciones de la Comuna*,[15] y escribió:

> La Comuna nos mostró el heroísmo de las masas obreras, su capacidad para unirse como un bloque, su virtud para sacrificarse por el futuro... Pero al mismo tiempo puso de manifiesto la incapacidad de las masas para encontrar su camino, su indecisión para dirigir el movimiento, su fatal inclinación a detenerse tras los primeros éxitos permitiendo de este modo que el enemigo se recupere y retome sus posiciones.
>
> Estos seis meses fueron una pérdida irreparable. Si en septiembre de 1870, se hubiera encontrado a la cabeza del proletariado francés el partido centralizado de la acción revolucionaria, toda la historia de Francia, y con ella toda la historia de la humanidad, hubiera tomado otra dirección.

La derrota de la Comuna enfrentó a las secciones francesas de la AIT provocando su dispersión y debilidad, los proudhonianos perdieron peso; otras secciones, en cambio, fueron debilitadas por la represión gubernamental contra los internacionalistas no sólo en Francia sino también en otros países de Europa donde tenían vida activa. Pero también se puso en evidencia que el proletariado, para triunfar, requería organización y dirección política, tenía que trascender el poder en la capital de una nación y, no menos importante, quedó claro que no era suficiente la toma del poder, mediante la cual su aparato burocrático-militar cambia de manos, sino la destrucción del Estado, de ese poder del Estado, que, desde el punto de vista de Engels, no es otra cosa que "la organización que se han dado las clases dominantes para proteger sus prerrogativas sociales".[16]

---

[15] León Trotsky, *Las lecciones de la Comuna*, febrero de 1921, Archivo francés del <Marxists Internet Archive> [2001].

[16] Carta de Engels a Theodor Cuno, 24 de enero de 1872. (C. Marx y F. Engels, *Correspondencia*, p. 263.)

¿Qué tanto influyó en el fracaso de la AIT la caída de la Comuna? ¿En qué medida este fracaso no se debió al riesgo, previsto por Marx, de que Bakunin se apoderara de ella? Quizá ambas preguntas se respondan afirmativamente, aunque sin duda también debe haber influido la profunda depresión económica de 1873 que, como toda depresión, pone a los trabajadores a la defensiva y, por lo mismo, su espíritu de lucha disminuye por todo lo que puede perder.

Dos años y unos meses antes de la revolución parisina, la Alianza Internacional de la Democracia Socialista, dirigida por Bakunin, se incorporó a la AIT. Fue la oposición más importante a Marx en el seno de la Internacional. Una pretendida *Internacional dentro de la Internacional*, diría el mismo Marx en referencia a la alianza de inspiración anarquista. Bien tenía razón Marx al afirmar que la AIT provocaría una ruptura entre Bakunin y él (entonces su amigo). Era obvia esa ruptura: el anarquismo no era compatible con la AIT o con la idea que de ésta tenía Marx. Y Bakunin, pese a su simplificado discurso, o quizá por esto, habría de convertirse en un adversario importante, pues más tarde tendría una influencia considerable entre ciertos sectores de trabajadores y artesanos en Europa y, como sabemos ahora, también en muchos de los movimientos sociales que registra la historia del siglo XX aunque no de manera continua.

El "anarquismo radical", señala Mannheim, es una nueva forma del sentido de la indeterminación histórica implicado en el quiliaísmo, a la vez que "la ceguera para las fuerzas determinantes de la historia, que va tan bien con el sentido de la indeterminación de la 'idea' liberal".[17] El quiliaísmo es la creencia en que el ser humano puede renovarse radicalmente y llegar a un estado de perfección definitivo, condición que los anarquistas, y no sólo los radicales —según escribiera Mannheim—, le atribuyen al género humano. Es decir, personas buenas intrínsecamente que si no caen bajo la influencia del *diablo* (el gobierno, para los anarquistas), no tendrían por qué cambiar en su paso por la Tierra y en su relación social. Esta abstracción de la historia y de sus determinaciones es uno de los aspectos fundamentales del pensamiento anarquista que "postula al individuo como única realidad, que, por lo tanto, debe ser absolutamente libre,

---

[17] Karl Mannheim, *op. cit.*, p. 318.

de modo que toda constricción ejercida sobre él es ilegítima", incluyendo al Estado.[18] De este modo, el anarquismo ha sido un quiliaísmo en el que el género humano está compuesto por individuos libres que, para Proudhon y Bakunin, trabajan sin constricciones y en asociación voluntaria en donde nadie domina sobre los demás. Por esta razón la industrialización, que terminó con el sistema doméstico de producción de ciertas manufacturas, habría de militar en contra de sus seguidores, tanto en Francia, en el caso de los proudhonianos, como en Suiza (con los relojeros bakuninistas de la Federación del Jura) y más adelante en Italia y otros países. "Esta desintegración de la utopía extática anarquista, nos dice Mannheim, fue abrupta y brutal, pero determinada, con necesidad fatal, por el proceso histórico mismo." No parece casual que a finales del siglo xx y principios del xxi, el liberalismo y el anarquismo cobren de nuevo importancia. Ambas corrientes de pensamiento se basan en el indeterminismo, en el individualismo y en la libertad del individuo, en el *fin de la historia* y también, sobre todo para los pensadores que se dicen *posmodernos*, en el fin de las utopías y hasta de las ideologías. "La mentalidad socialista [en cambio] representa, en un sentido mucho más fundamental que la idea liberal, una redefinición de la utopía en términos de realidad", nos recuerda Mannheim. Y yo añadiría que esta redefinición de la utopía en términos de realidad es la que hace falta si queremos encontrar una verdadera alternativa al mundo en que vivimos y más si, como se ha demostrado, los llamados países socialistas no fueron tales. Pero Mannheim, en los años 30 del siglo pasado, cuando escribió el libro citado, daba por hecho que la Unión Soviética era socialista, como lo evidencia el siguiente párrafo: "Es únicamente al fin del proceso donde la idea [socialista] permanece proféticamente indeterminada e indefinida, pero el camino que lleva desde las cosas tal como son a la realización de la idea [socialista] está ya claramente jalonado histórica y socialmente." Sin embargo, su creencia no invalida que la idea socialista partiera y tienda a partir de la realidad y de sus determinaciones

---

[18] Tanto el concepto de quiliaísmo como el de anarquismo aquí enunciado pueden verse en Nicola Abbagnano, *Diccionario de filosofía*, México, Fondo de Cultura Económica, 1980. El uso de quiliaísmo (Mannheim) en Abbagnano es quiliasmo.

históricas, aunque luego, en la práctica, la realidad se alejara de la *utopía concreta* en el sentido que le diera al concepto Ernst Bloch.

Como ya se ha señalado arriba, el anarquismo de Bakunin (y el de Kropotkin) no era el mismo que el preconizado por Godwin, Stirner, Warren o Thoreau, que repudiaban el socialismo en cualquiera de sus formas. Si bien los anarquistas socialistas insistieron en la libertad individual, contemplaban a la sociedad como una red de comunidades formadas por individuos trabajando juntos por su propio bienestar. Aunque Mijaíl Bakunin tuvo influencia de Proudhon y de otros pensadores como Saint-Simon, su énfasis en el individuo era mucho menor, de tal forma que los derechos de propiedad no deberían pertenecer a los individuos sino a las comunidades. Y si bien los individuos deberían ser libres, sólo podrían florecer como seres humanos en sociedad, es decir, en las comunidades de iguales. Bakunin, entonces, era más colectivista que individualista.

Una de sus primeras diferencias con Marx fue en torno de la cuestión eslava en 1848. Sin embargo, a partir de la rebelión popular de Dresde, en la que obviamente participaría Bakunin (pues tenía una gran vocación por participar en todas las rebeliones posibles), Marx escribiría un artículo elogioso diciendo que "en el refugiado ruso Mijaíl Bakunin [los obreros] encontraron a un líder capaz y con sangre fría".[19] Bakunin, por cierto, fue apresado, torturado y deportado a Rusia para ser confinado en Siberia. Sin embargo, en 1861 se fugó y después de un largo periplo por Sajalín, Japón y Estados Unidos, llegó a Londres al año siguiente. Según Salvador Hernández, fue a invitación de Marx que Bakunin ingresó en la AIT [en 1869], como miembro de la sección de Ginebra[20] (ciudad adonde se trasladó después de haber fundado la Alianza Internacional de la Democracia Socialista). Interesa hacer notar que a su llegada a Londres, Bakunin había participado en la Liga de la Paz y la Libertad y que, estando en minoría en su II Congreso de 1868, él y sus correligionarios provocaron una escisión para constituir la alianza

---

19 Artículo de Marx (*Daily Tribune*, Nueva York, 2 de octubre de 1852) citado por Salvador Hernández , "Notas sobre Bakunin", Gino Cerrito *et al.*, *Antología anarquista*, México, El caballito, 1980, pp. 97-98.
20 *Ídem*, pp. 99-100.

mencionada. Conviene decir, asimismo, que con base en una carta de
Marx a Engels (5 de marzo de 1869), y tomando en cuenta los estatutos de la AIT, todo parece indicar que fue la alianza bakuninista
la que solicitó su ingreso a la Internacional y no al revés. Por la
importancia de esta carta y los puntos que trata, que serán fundamentales para entender las diferencias entre el marxismo y el anarquismo
(diferencias que se presentarán de manera explícita en el Congreso
de Basilea de la AIT), reproduzco a continuación el texto casi en su
totalidad:

> El pequeño documento que acompaño (del Comité Central de la alian-
> za bakuninista en el que solicita ser afiliada a la AIT), llegó ayer...
> En realidad para nosotros sería mucho más agradable que se guardaran
> sus "innumerables legiones" en Francia, España e Italia.
>
> Bakunin piensa para sus adentros: si aprobamos su "programa avan-
> zado" podrá meter mucho ruido y comprometernos *tant soit peu* [un
> poquito]. Si nos declaramos en contra nos denunciarán como con-
> trarrevolucionarios. Más aún: si admitimos a la "alianza", Bakunin pro-
> curará que en el Congreso de Basilea lo apoyen algunos canallas. Creo
> que hay que responder de la siguiente manera:
>
> De acuerdo con el parágrafo I de los estatutos será admitida toda
> asociación obrera "que tenga la misma finalidad, esto es, la defensa, el
> desarrollo y la *completa emancipación de la clase trabajadora*".
>
> Como el grado de desarrollo alcanzado por diferentes capas obreras
> de un mismo país y por la clase obrera en distintos países, es muy
> diverso, el movimiento actual se expresa necesariamente en formas
> teóricas muy distintas.
>
> La comunidad de acción que hizo nacer a la Asociación Internacional
> de los Trabajadores, el intercambio de ideas mediante los diferentes
> organismos de las secciones en todos los países y, finalmente, las discusio-
> nes directas en los congresos generales, también crearán gradualmente
> el programa teórico común del movimiento obrero general.
>
> Con respecto al programa de la "alianza", por lo tanto, no es ne-
> cesario que el Consejo General lo someta a un examen crítico. El con-
> sejo no tiene que examinar si es una expresión adecuada, científica, del
> movimiento de la clase obrera. Sólo tiene que esclarecer si la *tendencia
> general* del programa está en oposición a la tendencia general de la
> [AIT], o sea, la completa emancipación de la clase trabajadora.

Este reproche únicamente podría aplicarse a una frase del programa, parágrafo 2: "por sobre todas las cosas la 'alianza' desea la igualación política, económica y social de *las clases*". "La igualación de las clases", literalmente interpretada, no es sino otra forma de expresión de la "armonía del capital y el trabajo" predicada por los socialistas burgueses. El objetivo final de la [AIT] no es la "igualación de las clases", lógicamente imposible, sino la "supresión de las clases" históricamente necesaria...(Las cursivas son del original.)

Del texto anterior se desprende con claridad que Bakunin era visto por Marx como una dificultad, un motivo de conflicto, aun antes de que estuviera en la AIT, y que este peligro se haría patente en el Congreso de Basilea próximo a realizarse. También se ratifica la heterogeneidad no de la sociedad, que siempre ha sido heterogénea, sino de los mismos sectores obreros en un mismo país y en distintos países, y que estas diferencias repercuten en formas teóricas diferentes. Simplificando, podría decirse que a obreros más avanzados teorías más avanzadas también. Un ejemplo —ya mencionado—, sería el caso de cómo los proudhonianos, pertenecientes ideológicamente al artesanado, fueron rebasados, hasta prácticamente su desaparición, conforme la industrialización hacía obsoletos los pequeños talleres y formaba en los hechos una nueva clase obrera. De aquí que un factor de *unidad* en la heterogeneidad se haya visto en la teoría, en la organización y en la dirección política a partir del conocimiento científico de la realidad y de un programa teórico común. En este sentido se hablaba de los comunistas, es decir, de quienes luchaban por el comunismo independientemente de la clase social de donde provinieran. En esta lógica, aunque con sentido diferente, y quizá porque él provenía de la aristocracia rusa, Bakunin, al referirse a la organización social y al poder de las masas trabajadoras de las ciudades y los pueblos, incluía "a todos los que, a pesar de pertenecer por nacimiento a las clases altas, han roto voluntariamente con su pasado y se han unido abiertamente al proletariado aceptando su programa".[21]

---

[21] M. Bakunin, "Socialismo sin Estado: anarquismo", *Anarchist Archives; Marxists Internet Archive* (MIA), 1999. En español, MIA, 2001.

En la carta citada también se destaca un aspecto que habría de ser una permanente diferencia entre marxistas y anarquistas: el problema de la igualación de las clases. Para el marxismo esto es imposible, para Bakunin no sólo la igualdad es posible en términos políticos (como teóricamente en el liberalismo: los *ciudadanos* son iguales en la política), sino que hablaba de igualación económica y social como un deseo de la alianza que él dirigía, como algo a alcanzar. Esto es, una utopía extática en el sentido que le dio Mannheim en su crítica del anarquismo. Para Marx el objetivo era la supresión de las clases sociales, supresión que él identificaba con el socialismo, con todo lo que esto implica en función de la propiedad de los medios de producción, de la explotación del trabajo y del Estado (tanto en su concepción anterior a la experiencia de la Comuna, como después de ésta).

Para Bakunin, como para los anarquistas en general, el Estado tiene una especie de vida propia, no sólo ha creado al capital sino que tiene intereses y moral propios. "El Estado es la negación de la humanidad", "el Estado no reconoce otra [virtud], todo lo que le sirve es bueno, todo lo que es contrario a sus intereses es declarado criminal; tal es la moral de los Estados. Es por eso que la moral política ha sido en todo tiempo, no sólo extraña, sino absolutamente contraria a la moral humana."[22]

Si el Estado ha creado al capital, la herencia es la institución burguesa por excelencia: si se suprime la herencia dejará de existir la propiedad privada en general. Fue éste el centro de la discusión en el Congreso de Basilea de la AIT (1869). El planteamiento era abolir ambos, el Estado y la herencia. Para Bakunin el derecho de herencia debía suprimirse "ya que mientras exista perdurará la desigualdad económica hereditaria, no la desigualdad natural de los individuos…". La idea es que cada cual y lo que posea sea resultado de sus propios esfuerzos.[23] Marx planteó que el derecho de herencia era un falso dilema: para limitarlo bastaba aumentar los impuestos. Lo que debía hacerse era eliminar la propiedad privada a favor de la colectiva, de tal suerte que nadie pudiera heredar lo que en vida no

[22] M. Bakunin, "El principio del Estado", *Anarchist Archives*, MIA, 2000.
[23] M. Bakunin, "Socialismo sin…", *op. cit.*

tuviera. Las posiciones de Bakunin y de Marx no fueron aprobadas en el congreso. El punto quedó en el aire y en realidad no volvería a tratarse como aspecto fundamental. En cambio, el tema del Estado y el de la fase transitoria hacia el socialismo: la dictadura del proletariado, sí serían puntos de debates de gran importancia. Para Marx, aunque no desarrolló una teorización explícita sobre el Estado, el tema era fundamental, de ahí que su controversia con los anarquistas, especialmente con Bakunin, fuera tan áspera. Bakunin, por su lado, no sólo expresaba su total rechazo a cualquier tipo de Estado sino que incluso estaba en contra del "comunismo estatista o del socialismo estatista". El Estado, decía Bakunin, debería disolverse en una sociedad libremente organizada de acuerdo con los principios de justicia (punto de llegada con el que Marx estaría de acuerdo, el problema era el cómo, como se verá adelante). Para él, el socialismo es justicia, y decía: "hablamos de aquella justicia *que está basada únicamente sobre la conciencia humana*, la justicia que ha de ser encontrada en el conocimiento de cada hombre —hasta en los niños— y que puede ser expresada en una sola palabra: *equidad*".[24] Como puede notarse, su idea de socialismo y de justicia partía de su noción ahistórica del ser humano: quiliaísmo, diría Mannheim, es decir, la creencia en que el ser humano puede renovarse radicalmente y llegar a un estado de perfección definitivo, así nada más porque sí. Vale decir que esta creencia ha estado presente, de alguna manera, primero en Roberto Owen a principios del siglo XIX[25] y, con posterioridad, también en Marx y sus seguidores, con la salvedad de que para éstos, valga el esquema, primero hay que eliminar la propiedad privada de los medios de producción que en el capitalismo permite relaciones de explotación y de dominación del capital sobre el trabajo, y transformar el Estado en una instancia, primero de los trabajadores, del poder de los trabajadores sobre las antiguas clases dominantes, y luego, paulatinamente y con la desaparición de las clases, para que sólo sirva para administrar las cosas y no a las perso-

---

[24] *Ídem.* (Las cursivas son mías.)
[25] Owen creía que el carácter del hombre depende absolutamente del medio. Si éste se cambia, como lo intentó en New-Lanark, en Escocia, el ser humano también cambiará. Véase, para mayor extensión, Max Beer, *Historia general del socialismo y de las luchas sociales*, tomo II, México, A. P. Márquez (ed.), 1940, pp. 101 y ss.

nas (el ideal en el comunismo, nunca preciso entre los marxistas). En la apariencia se percibe una gran confianza en los trabajadores por el solo hecho de ser tales, gente noble sin mezquindades ni egoísmos. Sin embargo, hay suficientes razones para pensar que su confianza no era incondicional, y que la transformación de la sociedad sería gradual y a partir del cumplimiento de ciertas condiciones. Quizá por esta razón Marx y los marxistas pensaron en el gobierno y en el Estado, en un gobierno de trabajadores y en un Estado diferente del capitalista, como fórmula de transición entre el capitalismo y el socialismo y no, de golpe, la autogestión obrera y popular más allá de la producción, en los asuntos políticos y de Estado.[26] De aquí que no fuera lo mismo la abolición del Estado, así en abstracto, como sostenía Bakunin, que la construcción de un Estado de la clase obrera como transición hacia la desaparición del Estado. Para Marx se trataba, en principio, de la destrucción del Estado capitalista, y su sustitución por otro.

La transición del capitalismo al socialismo es permeable a la presencia de la producción mercantil y la economía monetaria, así como a la división social del trabajo en un marco mundial y, dependiendo del grado de desarrollo de un país dado, no puede pasarse por alto, por lo mismo, el grado de desarrollo de las fuerzas productivas. Para Bakunin no había transición necesaria. Todo el problema se reducía a la destrucción del Estado (sin sustituciones de ninguna especie), la asociación libre de productores en comunas y, de aquí, una suerte de federación de comunas, obviamente descentralizada y desconcentrada y, por definición, formada de abajo hacia arriba. Para Marx y los marxistas el problema era mucho más complejo y la idea de Bakunin, aunque no la calificaran así, era voluntarismo y ausencia de realidad.

Pero Bakunin no estaba en un error al suponer que una dictadura del proletariado terminaría por ser una dictadura contra el mismo proletariado. "Mientras [...] el poder político exista —escribía—, habrá gobernantes y gobernados, amos y esclavos, explotadores y

---

[26] Respecto a la diferencia entre el concepto de autogestión de los anarquistas y el de los marxistas, puede consultarse a Ernest Mandel, *Alienación y emancipación del proletariado*, Barcelona, Fontamara, 1978, precisamente el capítulo sobre la autogestión socialista.

explotados. Una vez suprimido, el poder político debería ser sustituido por la organización de las fuerzas productivas y el servicio económico."[27] La fuerza de su primera afirmación se confirma con la existencia de la Unión Soviética y de otros países en los que, a nombre de la dictadura del proletariado, el gobierno de éste fue sustituido por el gobierno de un partido no democrático, y más que de un partido, por su dirección (todavía menos democrática). Pero la fuerza de esa primera afirmación se debilita al decir que el poder político debe ser sustituido por la organización de las fuerzas productivas y el servicio económico, sin gobierno alguno. Una vez más, interesa destacar en el discurso anarquista la presencia de la idea de que los seres humanos, incluso los consagrados trabajadores como sujetos históricos de la revolución socialista, sean capaces de renovarse radicalmente o de llegar a ser como los han imaginado: personas confiables, no mezquinas ni codiciosas y capaces de organizarse en comunidades autogestionarias y libres, siempre y cuando no exista el gobierno, el poder político, el Estado.

A este respecto Ernest Mandel introdujo un elemento (alienación-desalienación), tomado de Marx, que resulta muy interesante desarrollar mínimamente, pues no sólo es una crítica a los apologistas de la Unión de Repúblicas Socialistas Soviéticas (URSS) como supuesta dictadura del proletariado, sino —indirectamente— a quienes han tenido reservas sobre su conveniencia o necesidad en la transición del capitalismo al socialismo y también a quienes han querido ver en los seres humanos, incluso en los trabajadores, seres despojados de egoísmos, mezquindades e intereses propios, como es el caso de los anarquistas. Hablar de alienación es rebatir la idea de que una vez suprimido el poder político el ser humano (el trabajador) tendrá las condiciones y la libertad necesarias para su emancipación y realización personal y colectiva como si no existieran a su derredor (nacional o internacionalmente) las relaciones de mercado y las normas de distribución burguesas. Pero es también rebatir la idea de que, con la mera supresión de la propiedad privada mediante una revolución proletaria, se pudiera evitar que un poder extraño domine sobre los hombres, en este caso el Estado, que en la URSS y

---

[27] M. Bakunin, "Socialismo sin…", *op.cit.*

sus similares estaba dominado por los dirigentes del partido, la burocracia del partido.

Para Mandel[28] la fase de transición del capitalismo al socialismo
tendría que basarse en la *desalienación progresiva*. La alienación del
trabajador existirá *inevitablemente* en el periodo de transición del capitalismo al socialismo "en la medida en que subsisten la producción
mercantil, el cambio de la fuerza de trabajo por un salario estrictamente limitado y calculado, la *obligación económica* de este cambio, la
división del trabajo[...] Y en una sociedad de transición buro-
cráticamente deformada o degenerada —añadía Mandel en referencia a los llamados países socialistas—, estos fenómenos amenazan
con cobrar cada vez mayor amplitud."[29] Haciéndose eco (en este
aspecto) de Henri Lefebvre, Mandel señalaba que Marx nunca limitó
la esfera de la alienación al capitalismo. Para Marx, añadía, el fenómeno de la alienación es anterior al capitalismo. "Está ligado al desarrollo insuficiente de las fuerzas productivas, a la economía
mercantil, a la economía monetaria y a la división social del trabajo",
"fuentes esenciales de alienación en Marx".[30] En otras palabras,
mientras existan las condiciones para que los trabajadores no puedan
desalienarse, éstos no gozarán de la libertad por más que el poder
político desaparezca: el trabajador aliena su actividad que lo distingue como tal, alienándose él mismo, por lo que la desalienación
progresiva significa la abolición de sus fuentes. Bakunin, desde luego,
no tomó en cuenta estos elementos. Su esquema era más simple.

> La contradicción entre el modo de producción socializado y las normas
> de distribución burguesas, señalaba Mandel, [es la] contradicción prin-
> cipal de la época de transición [e] introduce factores de alienación en
> las relaciones de producción. Los trabajadores siguen sufriendo, aun-
> que sea parcialmente, el efecto de una evolución social objetiva y espon-
> tánea que no controlan (supervivencia de las "leyes del mercado" en el
> dominio de los bienes de consumo; supervivencia de una "selección

[28] Ernest Mandel, *La formación del pensamiento económico de Marx. De 1843 a la redacción de El capital: estudio genético*, México, Siglo XXI editores, 1968, capítulo XI. Otra versión de este capítulo, precedido de uno sobre las causas de la enajenación, Ernest Mandel, *Alienación y...*, *op. cit.*
[29] *Ídem*, pp. 217-219. (Las cursivas son del original.)
[30] *Ídem*, pp. 220 y 222n.

profesional" que no desarrolla enteramente todas las aptitudes de todos los individuos, etcétera).[31]

Y como si estuviera respondiendo a las objeciones de Bakunin a la dictadura del proletariado planteada por Marx, que era su manera de concebir la transición del capitalismo al socialismo, Mandel agregaba, a continuación de la cita precedente:

> Cuando a esto se añade la hipertrofia de la burocracia, la falta de democracia socialista en el plano político, la falta de autogestión obrera en el plano económico, la falta de libertad de creación en el plano cultural, *factores específicos de alienación* resultantes de la deformación o de la degeneración burocráticas, se añaden a los factores inevitables que acabamos de mencionar. La burocratización de la sociedad de transición tiende a agravar la contradicción entre el modo de producción socializado y las normas de distribución burguesas, sobre todo por la acentuación de la desigualdad social. La generalización de la economía monetaria avanza en el mismo sentido.

Porque, recordemos, Bakunin rechazaba "cualquier tentativa de organización social que no admita la libertad más amplia tanto de los individuos como de las organizaciones, o que requiera la instauración de cualquier régimen de poder", y en obvia respuesta a la propuesta marxista de la dictadura del proletariado escribió:

> La abolición del Estado y de la Iglesia debe ser la condición primera e indispensable para la emancipación efectiva de la sociedad. Sólo después la sociedad podrá y deberá empezar su propia reorganización que, sin embargo, no debe efectuarse de arriba abajo, ni de acuerdo con algún plan ideal proyectado por unos pocos sabios o filósofos, ni mediante decretos promulgados por algún poder dictatorial, o incluso por una Asamblea Nacional elegida por sufragio universal.

Y como si profetizara de algún modo lo que ocurriría en la URSS 50 años después, escribió: "Tal sistema, como ya se ha dicho, llevaría inevitablemente a la formación de una aristocracia gubernamental,

---

[31] *Ídem.*, p. 225.

es decir, a una clase de personas que nada tiene en común con las masas del pueblo; y esta clase volvería con toda certeza a explotar y someter a las masas bajo el pretexto del bienestar común o de la salvación del Estado."[32] Para Bakunin, la diferencia principal entre los anarquistas y los marxistas la enunció en un apartado específico de su escrito que hemos venido citando:

La diferencia entre los revolucionarios autoritarios y libertarios. Este punto separa fundamentalmente a los colectivistas o socialistas revolucionarios de los comunistas autoritarios, partidarios de la absoluta iniciativa del Estado. La meta de ambos partidos es idéntica: ambos partidos desean la creación de un nuevo orden social basado exclusivamente sobre el trabajo colectivo en condiciones económicas iguales para todos —es decir, en condiciones de propiedad colectiva de los medios de producción.

Pero los comunistas imaginan que esto puede lograrse mediante el desarrollo y la organización del poder político de las clases trabajadoras, encabezadas por el proletariado de la ciudad con ayuda del radicalismo burgués; mientras los socialistas revolucionarios, enemigos de toda alianza ambigua, creen que este objetivo común no puede lograrse a través de la organización política sino mediante la organización social (y, por tanto, antipolítica) y el poder de las masas trabajadoras de las ciudades y los pueblos, incluyendo además a todos los que, a pesar de pertenecer por nacimiento a las clases altas, han roto voluntariamente con su pasado y se han unido abiertamente al proletariado aceptando su programa.

Los métodos de los comunistas y los anarquistas. De ahí la existencia de dos métodos diferentes. Los comunistas creen que es necesario organizar las fuerzas de los trabajadores para tomar posesión del poder político estatal. Los socialistas revolucionarios las organizan con vistas a destruir, o si preferís una expresión más refinada, a liquidar el Estado. Los comunistas son partidarios del principio y la práctica de la autoridad, mientras los socialistas revolucionarios sólo ponen su fe en la libertad. Ambos son partidarios por igual de la ciencia, que debe destruir la superstición y

---

[32] M. Bakunin, "Socialismo sin…", *op. cit.*

ocupar el lugar de la fe; pero los primeros quieren imponer la ciencia al pueblo, en tanto que los colectivistas revolucionarios intentan difundir la ciencia y el conocimiento entre el pueblo, para que los diversos grupos de la sociedad humana, una vez convencidos por la propaganda, puedan organizarse y combinarse, espontáneamente, en federaciones, de acuerdo con sus tendencias naturales y sus intereses reales, pero nunca de acuerdo con un plan trazado previamente e impuesto a las masas ignorantes por algunas inteligencias "superiores".

Los socialistas revolucionarios creen que existe mucha más razón práctica e inteligencia en las aspiraciones instintivas y las necesidades reales de las masas populares que en las profundas inteligencias de todos esos instruidos doctores y tutores autodesignados de la humanidad, quienes teniendo ante sus ojos los ejemplos lamentables de tantos intentos abortados de hacer feliz a la humanidad, intentan todavía seguir trabajando en la misma dirección. Pero los socialistas revolucionarios creen, al contrario, que la humanidad se ha dejado gobernar durante largo tiempo, demasiado largo, y que la raíz de sus desgracias no reside en esta o en aquella forma de gobierno, sino en el principio y en la misma existencia del gobierno, sea cual fuere su naturaleza.

La expresión clave en este largo texto, que tiene mucho que ver con algunas posiciones de las nuevas izquierdas del inicio del siglo XXI (como veremos al final de este escrito), es la creencia de los anarquistas de que en las aspiraciones *instintivas* y las necesidades *reales* de las masas populares hay más razón *práctica* e inteligencia, que en las profundas inteligencias de todos esos instruidos doctores y tutores autodesignados de la humanidad. Se entiende bien qué quiere decir "aspiraciones instintivas" de las masas, pues es evidente que el instinto, peor aún, el instinto colectivo era para Bakunin más importante que el razonamiento basado en el conocimiento. No sorprende, por lo mismo, que las masas, y principalmente sus líderes o dirigentes, cuando son incultos, sean antintelectuales y defensores fervientes de la espontaneidad de los movimientos, siempre y cuando esas masas no sean otras y sus líderes o dirigentes sean ellos mismos y sigan influyendo en ellas. Bakunin demostró en el seno de la AIT que era líder e influía en ciertos sectores de los trabajadores afiliados a la Internacional, principalmente entre los artesanos que, a diferencia de los obreros de la industria moderna entonces, como fue el caso de los ingleses agrupados en las *trade unions*, eran propietarios de pequeños talleres, individualistas y, por lo tanto, de una mentalidad muy diferente a la de quienes se identificaban entre sí por el trabajo en la fábrica. No parece casual que cuando Bakunin se hallaba en Italia expresara su entusiasmo por los trabajadores rurales y urbanos de más baja calificación como fuerza revolucionaria, a diferencia de los de otros países donde los obreros tenían cultura. "No debemos ilustrar al pueblo, escribió, sino conducirle a la revuelta."[33] Bakunin, a diferencia de Marx, tenía confianza en el *lumpen-proletariat*, aunque sus principales ligas fueran con los artesanos. Por lo que se refiere a las llamadas necesidades reales de las masas populares, la discusión puede reducirse a una pregunta: ¿En qué grado la alienación de los trabajadores no enmascara sus necesidades reales y las sustituye por las más visibles e inmediatas, permitiéndoles ver —para usar un lugar común— los árboles pero no el bosque?

Por otro lado, al criticar a Marx y seguidores, a quienes llamaba comunistas autoritarios, Bakunin decía que éstos eran "partidarios de la absoluta iniciativa del Estado". ¡Error! En primer lugar, deberá recordarse que para Bakunin el Estado tenía vida propia, tenía intereses y moral propios; en tanto que para Marx, el Estado era una relación social[34] (no una máquina autónoma), y como relación social dependía de ésta, es decir, de las formas de dominación de una clase sobre otras y de las razones objetivas de esa dominación. Por lo tanto, para destruir al Estado, el Estado en el capitalismo, había que minar primero la relación social que le daba existencia.[35] Esto no fue comprendido por Bakunin. Para él, el Estado era el mal: destruido el

---

[33] Véase James Joll, *Los anarquistas*, Barcelona, Grijalbo, 1968, pp. 81-83.

[34] Rhina Roux, *op. cit.*, p. 85.

[35] Engels, en 1874, decía, en el *Almanacco republicano*, que "los antiautoritarios [en referencia a los bakuninistas] exigen que el Estado político autoritario sea abolido de un plumazo, aun antes de haber sido destruidas las condiciones sociales que lo hicieron nacer. Exigen que el primer acto de la revolución social sea la abolición de la autoridad. ¿No han visto nunca una revolución estos señores? Una revolución es, indudablemente, la cosa más autoritaria que existe; es el acto por medio del cual una parte de la población impone su voluntad a la otra parte por medio de fusiles, bayonetas y cañones, medios autoritarios sí los hay; y el partido victorioso, si no quiere haber luchado en vano, tiene que mantener este dominio por el terror que sus armas inspiran a los reaccionarios." (C. Marx y F. Engels, *Obras escogidas*, tomo I, *op. cit.*, p. 671.

Estado, entonces, acabarían los males que impedían que las masas pudieran ser libres y vivir en armonía. ¿Y cómo se destruye el Estado sin destruir antes las condiciones sociales que lo hacen posible? Para Bakunin, la respuesta sería simple: como es una entidad con vida propia, y por añadidura la que creó el capital, pues sencillamente destruyéndolo mediante la acción instintiva y espontánea de las masas, como si se tratara de destruir un edificio, una mina o una fábrica con dinamita, picos y palas en manos de las masas avivadas por unos cuantos "voluntariosos jóvenes".[36] Preobrazhenski presentaría esta simpleza casi caricaturizándola, ya que él tenía la experiencia de los primeros años de la construcción de la Unión Soviética y de las enormes dificultades por las que atravesaba el poder soviético: "Los teóricos del anarquismo se representaban el paso del Estado explotador a la sociedad sin Estado de una forma muy simplista: Comienza la revolución social, el Estado burgués es destruido, y surge el reinado de la libertad anárquica."[37]

Para Marx, sobre todo después de la experiencia de la Comuna, su concepción de la dictadura del proletariado y del Estado cambió. Respecto de la primera (dictadura del proletariado), la expresión "dictadura" no se entendía linealmente como lo opuesto a democracia ni como forma de gobierno, sino más bien como el poder social de una clase mayoritaria sobre la minoritaria que antes ejercía el poder. Por lo que la dictadura del proletariado, expresión asociada al concepto de Estado, ya no era la del *Manifiesto*: una suerte de centralización del poder en un aparato, sino la palanca de la que se servirían los trabajadores "para extirpar los cimientos económicos sobre los que descansa la existencia de las clases y, por consiguiente, la dominación de clase [...] transformando los medios de producción en instrumentos simples de trabajo libre y asociado".[38] Es decir,

---

[36] La idea de los "voluntariosos jóvenes" avivando a las masas y su poder revolucionario instintivamente socialista, está tomada de una cita en Joll, *op. cit.*, p. 98.

[37] Evgueni Preobrazhenski, *Anarquismo y comunismo*, Barcelona, Fontamara, 1976, p. 78. (Originalmente escrito en 1921.) Vale decir que Preobrazhenski era un optimista sobre este aspecto y que, al parecer, no se dio cuenta de cómo se eliminaban de los soviets a todos los que no fueran bolcheviques, de tal forma que los soviets terminaron siendo instrumento de aquéllos hasta convertirse en otra cosa. Pero éste es otro problema que se tratará más adelante.

[38] De *La guerra civil en Francia*, citado por Roux, *op. cit.*, p. 92.

una forma estatal transitoria, híbrida y en proceso de cambio, en la interpretación de Roux. Si al Estado y las formas políticas en general, Marx los entendía en función de relaciones sociales, resultaría claro que al cambiar éstas tendrían que sufrir cambios tanto el Estado como las formas políticas en general. Si, como destacara Mandel, en la transición del capitalismo al socialismo no se eliminan del todo la producción mercantil, el cambio de la fuerza de trabajo por un salario estrictamente limitado y calculado, la *obligación económica* de este cambio y la división del trabajo, entre otros factores, resulta lógico pensar que el Estado de la transición no sea ni capitalista ni socialista, sino un híbrido diferenciado que habrá de resolverse por la situación dominante precedente o por aquella a la que se aspira a partir de una revolución social. Ya vimos, empíricamente, que esa situación transitoria, que los publicistas de la URSS daban por acabada,[39] terminó por resolverse por la vuelta al capitalismo y que el Estado fue adecuado a esta nueva circunstancia sin mayores complicaciones.

A diferencia de los bakuninistas que no cambiaron su discurso como consecuencia de la Comuna de París, Marx tomó muy en cuenta esta experiencia para replantearse problemas relacionados con la estrategia revolucionaria, que implicaban el tema del Estado, la transición del capitalismo al socialismo y el papel del partido político. No creo equivocarme si afirmo que, a diferencia de los anarquistas, que se mueven con base en esquemas simplificados de la realidad y mediante acciones más subjetivas que objetivas (voluntaristas, de hecho), los marxistas, en ese momento Marx y Engels principalmente, buscaban explicar el capitalismo de su época, debatir con sus adversarios, analizar las experiencias históricas de la lucha de clases, diferenciar al movimiento obrero de Europa continental con el de Inglaterra y, finalmente, rectificar tanto la teoría como la estrategia para la praxis consecuente con esa teoría. Aclaro que en mi apreciación no se pretende ocultar que hubiera errores también entre los marxistas, pero tampoco sería posible pasar por alto que las condiciones objetivas de Europa occidental (Inglaterra incluida) y Estados

---

[39] Al respecto puede verse el libro de E. Chejarin, *El sistema político soviético en la etapa del socialismo desarrollado*, Moscú, Progreso, 1975, cuyo título mismo, alrededor de nueve años antes de la *perestroika* de Gorbachov, nos revela qué tan lejos estaban los publicistas soviéticos de su propia realidad.

Unidos, más que el marxismo militante, derrotarían —por decirlo así— al anarquismo por muchos años, curiosamente hasta que la clase obrera, como tal, comenzó a declinar como fuerza social decisiva económicamente a finales del siglo xx. La industrialización creciente en Inglaterra, en Francia, en Alemania, en Bélgica y en otros países europeos, así como en Estados Unidos, llevaron a los obreros a abrazar más las corrientes socialistas que las anarquistas —más atractivas éstas para los artesanos, pequeños propietarios urbanos y miembros de lo que ahora llamaríamos clase media de las ciudades y, desde luego, para el *lumpen-proletariat*.

Fue esta industrialización, que produjo un renacimiento de la clase obrera, la que llevó a muchos trabajadores europeos a dejar el anarquismo que había crecido en número de simpatizantes a raíz del traslado del Consejo General de la AIT a Nueva York y de la expulsión de Bakunin de esta Internacional. Para 1876, año en que murió Bakunin, las fuerzas anarquistas europeas agrupadas en la llamada Internacional antiautoritaria, se habían debilitado, y la gran mayoría de los obreros que había simpatizado con aquélla se incorporó a las organizaciones socialistas. El anarquismo, señala Annie Kriegel, continuaría en otras formas, "pero la época de los partidos socialistas, políticos y nacionales, ya [había] comenzado".[40] En Francia, donde Proudhon y Bakunin habían tenido una fuerte influencia, los obreros fueron inclinándose cada vez más hacia el socialismo. En 1879, en Marsella, habría de formarse la Federación del Partido de los Trabajadores Socialistas de Francia. Se trató de un partido obrero, el primero en Francia de este tipo, y no una asociación corporativa, una mutualidad o un sindicato, como se organizaban los obreros todavía en los tiempos de la AIT. Sin embargo, sus corrientes internas pronto se manifestaron en escisiones: las primeras fueron, obviamente, las de los mutualistas y los anarquistas.[41]

En Alemania y en Inglaterra el anarquismo no tuvo influencia significativa, sí, en cambio, una suerte de gradualismo no precisamente opositor al Estado, que en la primera fue representado por los lassalleanos, que incluso lograron influir en el "programa de Gotha"

---

[40] Annie Kriegel, *op. cit.*, p. 33.
[41] Sobre el origen de los partidos socialistas en Francia, véase a Jacques Kergoat, *Le parti socialiste (De la Commune à nos jours)*, París, Le Sycomore, 1983.

(1875) que daría pie al poderoso Partido Socialdemócrata Alemán. En la segunda, en Inglaterra, a partir del reformismo radical de los cartistas (por *The People's Charter*, en los años 30 y 40 del siglo XIX), las ideas del socialismo fueron evolucionando lentamente, pero en general se plantearon en términos de intervencionismo estatal, ampliación de la democracia (en especial del derecho al sufragio), una suerte de "socialismo de Estado" al estilo de Lassalle, como meta o, mejor, de un "Estado de bienestar" como se llamaría después.

En Alemania, durante el Segundo Imperio (de Guillermo I y su canciller Bismarck) y debido al crecimiento y a la fuerza del proletariado, en un país en que la clase media si bien perceptible no era de gran influencia por sí sola, las ideas socialistas, precedidas por las de Weitling y Lassalle se extendieron en el seno del movimiento obrero, formándose la Asociación General de Trabajadores Alemanes, de la cual se apoderó Schweitzer después de la muerte de Lassalle, y el Partido Popular Sajón, en el que participaron destacadamente August Bebel y Wilhelm Liebknecht. Del Congreso de unidad de Eisenach (1869) éstos y otros socialistas fundarían el Partido Socialista Obrero (*Sozialistische Arbeiterpartei*). Muchos obreros que participaban en el partido progresista de la pequeña burguesía habrían de separarse de ésta al identificarse crecientemente como una clase distinta, y engrosarían poco a poco las filas del partido socialista. Más adelante, en otro congreso de unidad, en el de Gotha (1875), surgiría de la fusión de los partidos socialistas existentes en el Partido Socialista Obrero de Alemania (*Sozialistische Arbeiterpartei Deutschlands*), mismo que a partir de 1890, cuando el nuevo emperador Guillermo II abrogó las leyes de excepción contra los socialistas, se llamaría, según la información de Braunthal,[42] Partido Socialdemócrata Alemán (SPD, por sus siglas en alemán). Ese año los socialistas ganaron 35 curules en el *Reichstag* (cámara de diputados) y unas semanas después Bismarck se vio obligado a dimitir, no sólo por esta derrota para sus apoyos del partido conservador y del liberal, sino por las diferencias entre él y el nuevo emperador.[43] Vale decir que para

---

[42] Gerard Braunthal, *Parties and politics in modern Germany*, EUA, Westview Press, 1996, pp. 22-23.

[43] Antonio Ramos-Oliveira, *Historia social y política de Alemania*, tomo I, 2ª. ed. México, Fondo de Cultura Económica, 1964, pp. 258-272.

entonces y desde principios del decenio de los 60, la burguesía ya tenía sus partidos: "el liberal, que representaba mayormente a la gran burguesía industrial; y el progresista, expresión en la política de la clase media y la pequeña burguesía. El partido conservador agrupaba a los terratenientes [*Junkers*] "[44] y el progresista, sobre todo al principio, también a muchos obreros que, como ya se dijo antes, se irían poco a poco hacia el socialismo como su partido de clase.

La importancia de Lassalle estuvo, más que otra cosa, en haber sido el primer líder importante de Prusia en esa época (los años 60 del siglo XIX) que planteara el apoyo del Estado (subvenciones públicas) al movimiento obrero en su lucha por el socialismo. Parecería curioso que un líder socialista le pidiera al Estado capitalista y a un gobierno antisocialista, como era el de Bismarck, que subvencionara a los obreros para que se organizaran en función de sus intereses de clase.[45] Recuérdese que en esa época (1863) Lassalle, en su *Carta abierta*, había convocado a los obreros a deslindarse de la clase media y de la pequeña burguesía representadas en el partido progresista. Fundó ese año la Asociación General de Trabajadores Alemanes, organización que nunca perteneció a la AIT. Sin embargo, más adelante, en algunos casos muchos años después, hemos podido conocer partidos de izquierda de orientación socialista, incluso que se han dicho revolucionarios, que no han tenido empacho en demandar al Estado subvenciones (directas o indirectas) para mantener su existencia. En México, este fenómeno es bien conocido desde los tiempos del *lombardismo*[46] y más claramente a partir de la reforma política de 1977, en lo que se refiere al financiamiento público de los partidos políticos, incluidos los marxistas.

Rhina Roux señala acertadamente que "en Alemania, Lassalle era exponente [...] del socialismo de Estado". Y añade que había dos aspectos que caracterizaban esta corriente:

44 *Ídem*, p. 227.

45 Ramos-Oliveira señala que Lassalle no tuvo escrúpulos "en aliarse con el canciller, y aprovechó la coyuntura para pedirle el sufragio universal y ayuda económica para la fundación de cooperativas en Prusia", *op. cit.*, p. 233.

46 El *lombardismo* se refiere a Vicente Lombardo Toledano (1894-1968), dirigente de organizaciones obreras y partidarias cuya "oposición de izquierda" casi siempre contó con el visto bueno del gobierno mexicano.

...en primer lugar, sus defensores se asumen como socialistas, pero entienden el socialismo como un problema de distribución justa de bienes. Los socialistas de Estado aspiran a una redistribución de la riqueza social, a la justicia distributiva. El Estado ocupa un lugar central en su estrategia política ya que lo consideran como la palanca para impulsar el tránsito al socialismo. Según su visión el Estado puede jugar este papel si los representantes de izquierda ocupan puestos gubernamentales desde los cuales impulsen medidas sociales, o presionando al Estado para que cambie la orientación de sus políticas en un sentido favorable a los trabajadores. En cualquiera de los dos casos se parte de la idea […] de que el Estado —tal como existe— puede convertirse en la palanca de transformaciones sociales.[47]

Vale señalar que, para Lassalle, la naturaleza de clase del Estado habría de perderse gracias al sufragio universal, con lo que queda clara su concepción implícita sobre el Estado: una máquina cuya orientación dependerá de quienes la manejen, independientemente de las relaciones sociales que le dan origen y sustancia. De aquí que no pocas de las corrientes que desde entonces han planteado la nacionalización de bienes y servicios, comenzando por Irlanda e Inglaterra, hayan confundido la propiedad estatal con el socialismo, pasando por alto el origen y la naturaleza del Estado en un país capitalista.

En relación con los problemas estratégicos planteados por Lassalle, había una suerte de sectarismo al afirmar que sólo los obreros eran revolucionarios, por lo que no era permisible alianza alguna con los representantes del liberalismo radical ni mucho menos con la pequeña burguesía del partido progresista (contra el cual parecía tener antipatía personal). Posteriormente, Kautsky y Lenin retomarían, aunque con sentido revolucionario, la idea de Lassalle del partido obrero y del socialismo de Estado como supuesto equivalente de la transición del capitalismo al socialismo. El extremo de la adopción lassalleana del Estado se dio bajo el stalinismo.

La idea de que los representantes socialistas de los obreros, al ocupar puestos gubernamentales, pueden impulsar medidas sociales

---

[47] Rhina Roux, *op. cit*, pp. 134-135.

y presionar al Estado para que cambie la orientación de sus políticas en un sentido favorable a los trabajadores, no fue exclusiva de Lassalle. En ciertos sectores ingleses, principalmente en la Sociedad Fabiana, a finales del siglo XIX, se sostuvieron posiciones semejantes que habrían de penetrar a la *American Federation of Labor* (Estados Unidos) y de ahí a la Confederación Regional Obrera Mexicana (CROM) y al Partido Laborista (PLM), también de México en los años 20 del siglo XX, y al *lombardismo* posteriormente.

Marx y Engels no se detuvieron mucho en criticar a Lassalle, a diferencia de la atención que pusieron, sobre todo el primero, a las doctrinas de Proudhon y Bakunin. Parece significativo el reducido número de cartas de Marx a Lassalle, y más los temas tratados con éste: sobre el duelo y sobre el darwinismo. Sin embargo, en carta de Marx a Kugelmann (23 de febrero de 1865), lo acusa de plagio de sus escritos y de plantear un "disparate" al pensar que el Estado prusiano podría llevar a cabo una acción socialista directa. Igualmente, hace mención a la traición de Lassalle al partido al haber establecido compromisos secretos (que después se demostraron) con Bismarck, a cambio del ofrecimiento de éste del sufragio universal.

En otra carta, ahora a Schweitzer (13 de octubre de 1868), Marx decía que Lassalle había retomado

...la consigna que Buchez, el líder del socialismo *católico* francés, había lanzado en 1843 y en los años siguientes contra el auténtico movimiento obrero francés [...] Combinó la consigna de Buchez sobre la ayuda del Estado a las asociaciones[48] con la consigna cartista del sufragio universal. Pasó por alto el hecho de que las condiciones existentes en Alemania y en Inglaterra eran diferentes [...] Además, como cualquier fundador de una secta, negaba toda conexión natural con el movimiento obrero anterior, *tanto en Alemania como en el extranjero.* Incurrió en el mismo error que Proudhon, y en lugar de buscar la base real de su agitación entre los elementos auténticos del movimiento de clase, intentó orientar el curso de éste siguiendo determinada receta dogmática. (Las cursivas son del original.)

---

[48] Se contraponía la ayuda del Estado a las organizaciones de trabajadores con la autoayuda de éstas y entre éstas, lo que haría después Lassalle.

En síntesis, Lassalle era calificado por Marx como un *Realpolitiker* que, en el contexto quería decir, más que político realista, oportunista y pragmático. Pero Schweitzer resultó igual de oportunista, como se demostró después ante la guerra de Prusia contra Francia y luego ante la anexión de Alsacia y Lorena. Liebknecht y los *eisenachianos*, en cambio, se opusieron, tanto a la guerra como a la anexión de territorio francés. A partir de entonces se vio, con más claridad que antes, que había dos partidos socialistas en Alemania, uno el lassalleano, que había estado cercano al poder representado por Bismarck hasta 1871, y el otro influido por Marx y Engels, representado por Liebknecht y Bebel. Ambos, después de la Comuna de París, fueron rechazados y perseguidos por Bismarck, lo cual habría de propiciar la idea de unificación para sumar fuerzas, como bien sugiere Cole. De esta idea de unificación surgió, en 1875, el Congreso de Unificación de Gotha, en el cual el grupo de Liebknecht tenía la dirección a pesar de ser minoritario.[49]

La principal crítica de Marx y Engels a Lassalle y sus seguidores fue indirecta, al hacer su crítica al "programa de Gotha" por los ingredientes lassalleanos que contenía. Uno de los puntos del programa que Marx rechazó enfáticamente es el referido a liberación del trabajo. La 4ª cláusula del proyecto del programa decía: "La emancipación del trabajo tiene que ser obra de la clase obrera, frente a la cual todas las demás clases no forman más que *una masa reaccionaria*."[50] Esto, para Marx, no sólo era un galimatías, sino una copia tergiversada tanto del *Manifiesto Comunista* como del preámbulo de los estatutos de la Internacional,[51] además de una posición sectaria ante otros posibles aliados del proletariado en circunstancias específicas. Y de mayor importancia por su vigencia en el siglo XXI, fue la crítica de Marx a la cláusula 5ª: "La clase obrera procura, en primer término, su emancipación *dentro del marco del Estado nacional de hoy*, consciente de que el resultado necesario de sus aspiraciones, comu-

---

[49] G. D. H. Cole, *Historia del pensamiento socialista*, tomo II, 2ª ed., México, Fondo de Cultura Económica, 1963, pp. 230-231.

[50] C. Marx, *Crítica del programa de Gotha* (C. Marx y F. Engels, *Obras escogidas...*, tomo II, *op. cit.*, p. 18). (Las cursivas son del original.)

[51] El preámbulo de los estatutos de la AIT puede consultarse en Jacques Droz, *Historia del socialismo (el socialismo democrático)*, Barcelona, Laia, 1977, pp. 30-31.

nes a los obreros de todos los países civilizados, será la fraternización internacional de los pueblos." Y Marx escribió al respecto:

> Naturalmente, la clase obrera, para poder luchar, tiene que organizarse como *clase* en su propio país, ya que éste es la palestra inmediata de sus luchas. En este sentido, su lucha de clase es nacional, no por su contenido, sino, como dice el *Manifiesto Comunista*, "por su forma". Pero "el marco del Estado nacional de hoy", por ejemplo, del imperio alemán, se halla a su vez, económicamente, "dentro del marco" del mercado mundial, y políticamente, "dentro del marco" de un sistema de Estados. Cualquier comerciante sabe que el comercio alemán es, al mismo tiempo, comercio exterior, y el señor Bismarck debe su grandeza precisamente a una política *internacional* sui géneris.[52]

Es tan clara esta situación ahora y no sólo en Alemania, como lo era entonces, aunque durante varios decenios la izquierda tradicional (con frecuencia autodenominada "marxista") no lo entendiera e insistiera en las luchas del proletariado en el *marco del Estado nacional*, que no es lo mismo que decir en el *marco nacional*. A más de 120 años, sin embargo, tanto los nuevos zapatistas mexicanos (1994-...) como gran parte de los movimientos posteriores en contra de la *globalización y el neoliberalismo*, han entendido la importancia de la lucha internacional contra quienes manejan la economía y la política a escala mundial. La diferencia (que analizaremos en su momento) es que ahora no se trata de la lucha del proletariado contra el capital sino de amplios sectores de la población (de no pocos países) pertenecientes, en la teoría de las clases sociales, a varias de éstas o, como se ha dado en llamarla ahora, a la *sociedad civil*. Vale decir, y esto también tiene vigencia en la actualidad, que un aspecto que Marx consideraba muy importante en su crítica a la unidad de los eisenachianos con los lassalleanos, fue que la hubieran planteado con base en un programa de principios y no simplemente haberse limitado "a concertar *un acuerdo para la acción contra el enemigo común*".[53] La experiencia de Marx con la AIT fue fundamental, pues en ésta él pudo constatar con

---

52 *Ídem*, p. 19. (Las cursivas son del original.)
53 Carta de Marx a W. Bracke, del 5 de mayo de 1875, *op. cit.*, p. 8.

absoluta claridad la diferencia entre una comunidad de acción y otra basada en las formas teóricas aceptadas por sus miembros, como le decía a Engels en su carta del 5 de marzo de 1869, ampliamente citada arriba. Quizá lo que están viviendo muchos de los opositores a la *globalización* y al *neoliberalismo* sea la experiencia de una *comunidad de acción*, porque de buscarse una forma teórica para todos es probable que las divisiones se hicieran patentes de inmediato, como ocurrió en la Primera Internacional, llevándola a su desaparición. Quizá ésta sea una de las grandes lecciones de la Asociación Internacional de los Trabajadores al presente.

Interesa relacionar las doctrinas de Lassalle y seguidores con las de los ingleses, desde los *cartistas* hasta los *fabianos* y parte del laborismo posterior en la Gran Bretaña y, más adelante, con algunas de las vertientes de la socialdemocracia europea, especialmente con la escandinava, porque aunque no son iguales ni necesariamente unas consecuencias de otras, representan coincidencias que no deben ser ignoradas ya que, por diferentes caminos, influyeron en el pensamiento reformista de las izquierdas de muchos países, incluido México. Para Lassalle, permítaseme reiterarlo, por la vía de asientos en los parlamentos, gracias a la extensión del sufragio para los obreros, éstos terminarían por influir en las leyes y en las políticas públicas, y por la vía de los subsidios estatales surgirían cooperativas de producción y de consumo de los obreros y sus aliados más cercanos, cooperativas que, al extenderse, llevarían a Alemania al socialismo. Esto nunca ocurrió, no en Alemania, aunque Marx consideró que de alguna manera y con variantes podría darse en Inglaterra. El llamado socialismo de Estado en realidad tuvo más de lo que después se conoció como *Estado de bienestar* que de socialismo, y ambos, Estado de bienestar y socialismo, serían dos formas de intervencionismo estatal que los liberales ortodoxos criticarían entonces y ahora. Pese a sus críticas, los gobiernos suecos, por ejemplo, a partir de 1932, con Allan Hansson como primer ministro, cambiaron la fisonomía del país de manera fundamental: de la sociedad industrial a la sociedad de bienestar, en la que la distribución de la riqueza más o menos equitativa no ha sido una manera de hablar. Podría decirse que en algunos sentidos Suecia ha sido más socialista que muchos de los países que se autodenominaron de este modo, pero por el momento no es un tema en el que debamos detenernos.

El radicalismo inglés, representado en los años 30 y 40 del siglo XIX por los *cartistas*, proponía un programa de seis puntos expresados en *The People's Charter*. Estos puntos, de evidente contenido democrático para la época, fueron el sufragio universal (para los hombres), la supresión del censo de elegibilidad (es decir, del carácter calificativo de la propiedad para aspirar al Parlamento), distritos electorales iguales, renovación anual de los parlamentos (elecciones generales anuales), pago de los miembros del Parlamento y voto secreto. Salvo las elecciones anuales, todas las demandas de los cartistas fueron concedidas, poco a poco, entre 1858 y el final de la primera guerra mundial. El *cartismo* fue un movimiento eminentemente político y, por lo mismo, ajeno a las demandas sociales que muy pronto desarrollarían las *trade unions*. Sin embargo, lo político y lo social (y lo económico), por lo general se vieron separados. Por otro lado, las ideas socialistas, en buena medida por la influencia de la AIT y de Marx (aunque varios de los ingleses participantes en la Primera Internacional no eran socialistas), se desarrollaron en ciertos medios, y para 1882 habría de fundarse la Federación Democrática para convertirse en poco tiempo en la Federación Socialdemócrata con un programa socialista debido a su principal influencia: Henry Mayers Hyndman con la colaboración, entre otros, de William Morris (quien posteriormente se escindiría para formar la Liga Socialista).[54] La federación habría de dividirse, dada su composición heterogénea. G. D. H. Cole destaca cinco grupos en su interior, cuyas disputas llevarían a la federación a su bancarrota: el grupo de Hyndman, que suscribía un proyecto de partido político del tipo del Social Demócrata Alemán; el grupo de los sindicalistas que prestaba menos atención a lo político que a las demandas sociales y económicas de los obreros; el grupo de los anarquistas, obviamente contrario a la acción parlamentaria y a otras formas de participación política; el grupo, "si puede llamarse grupo" —escribió Cole— compuesto por intelectuales, que formarían la Sociedad Fabiana;[55] y finalmente, el

---

[54] En la Liga Socialista, Morris quiso trabajar, infructuosamente, con algunos de los anarquistas y anarco-sindicalistas que extrañamente habían sido apoyados por Engels por su desconfianza en Hyndman. Posteriormente, Morris reconoció que se había equivocado. Véase G. D. H. Cole, *op. cit.*, pp. 374-375.

[55] Por inspiración en "la estrategia contemporizadora llevada a cabo en la guerra del cónsul romano Quinto Fabio Máximo". (Norberto Bobbio, Nicola Matteucci y

grupo de los agraristas del norte, principalmente de Escocia. En la
Sociedad Fabiana destacaron Beatriz y Sidney Webb y George
Bernard Shaw. Fueron considerados revisionistas y reformistas, puesto que el socialismo no era una meta inmediata sino un conjunto de
reformas graduales que habrían de conseguirse por la vía parlamentaria, constitucional y pacífica. Para los fabianos la política no debía
mezclarse con la economía. La primera era asunto de los partidos
políticos y su intervención en elecciones para ocupar cargos de representación, mientras que los sindicatos debían luchar por mejores
condiciones de trabajo, menor jornada de trabajo, mejores salarios,
etc. A esta política se le conocería como "acción múltiple", misma
que se complementaba con la doctrina de la "penetración"
(*permeation* en inglés) consistente en tratar de influir en quienes
ocupaban puestos de poder en todos los ámbitos. La idea era que los
trabajadores formaran un partido de trabajadores, laborista, al
mismo tiempo que mantuvieran sus sindicatos (*trade unions*), pero
ambas entidades con diferentes papeles, como ya se ha señalado. Los
fabianos, como otros socialistas no precisamente marxistas de la segunda mitad del siglo XIX (incluido Lassalle), no planteaban la
destrucción del Estado burgués, sino la "conquista de la máquina
central del Estado con el objeto predominante de organizar una
producción socialista y democrática",[56] tema de discusión en el que
insistió Marx después de la experiencia de la Comuna de París.

En Estados Unidos la AIT tuvo una influencia muy reducida. La
International Labor Union, de corta duración, fue fundada por algunos
de los primeros internacionalistas en este país. Más importante fue
The Federated Order of Trades and Labor Union fundada en 1881 por
algunos socialistas alemanes y por algunos ex socialistas como Samuel
Gompers. Casi inmediatamente, señala Paul Buhle,[57] los no partidarios de la acción política de esta organización, cambiaron su nombre
a *American Federation of Labor* (AFL), fundada en 1885, y que sería
antimarxista desde entonces. Samuel Gompers sería su principal

Gianfranco Pasquino, *Diccionario de Política*, 12ª ed., México, Siglo XXI editores,
2000.)
[56] *Ídem.*
[57] Mari Jo Buhle, Paul Buhle y Dan Georgakas (eds.), *Encyclopedia of the American left*, Urbana y Chicago, University of Illinois Press, 1992, p. 772.

dirigente por muchos años, y una influencia importante para Luis N. Morones, fundador de la CROM y del PLM en México, ya mencionados. El socialismo en Estados Unidos, particularmente el socialismo marxista, tuvo muy pocos simpatizantes, y algunos de ellos más eclécticos incluso que en Inglaterra. Esta situación, además de la lejanía de Europa, tendría que llevar al fin de la Primera Internacional y a la disolución de su Consejo General que se había trasladado a Nueva York en 1872.

En síntesis, tres grandes corrientes, con sus variantes, disputaron su vigencia en el periodo analizado: el socialismo, el anarquismo y el laborismo. Las primeras, más que la última, fueron corrientes que se consideraban (y se considerarían todavía) de izquierda, aunque el laborismo en Inglaterra, a diferencia del de Estados Unidos, fue un importante movimiento nacional, propio y exclusivo de la Gran Bretaña, con ciertos ingredientes socialistas después de la declinación del *cartismo*, que logró conquistas muy importantes para los trabajadores de ese país. Ninguna de las corrientes aquí reseñadas se perdió en el siglo XIX. Con variantes, y a veces entremezcladas, han subsistido hasta nuestros días tanto en movimientos sociales y partidos políticos como en círculos intelectuales que sin duda han influido en los primeros. La tónica principal, incluso entre los anarquistas, era su aspiración al socialismo aunque éste no era entendido igual por lassalleanos que por marxistas o por laboristas y fabianos. Las diferencias de fondo, en un esquema simplificado, tuvieron que ver con el papel asignado al Estado en el capitalismo, el del partido político en su versión amplia y en la específica, y el problema de la estrategia para lograr la emancipación de los trabajadores y el socialismo y la transición entre el capitalismo y el socialismo. Más adelante, ya en la Segunda Internacional y muchos años después, estos temas seguirían siendo motivo de debates y disputas, de creación de organizaciones y de división de las mismas, como si fuera éste el destino de las izquierdas. La Asociación Internacional de los Trabajadores, como ya se dijo antes, nos enseña que toda organización amplia y de afiliación plural tiene que basarse en lo que Marx llamaba "comunidad de acción" y no en las formas teóricas a ser aceptadas por sus miembros. La heterogeneidad en una organización cualquiera obliga a muchas imprecisiones teóricas. Cuando la teoría y la estrategia se definen, la organización se convierte en camisa de fuerza para muchos, aunque el objetivo sea similar para todos. Cuando en la AIT se quiso construir un programa teórico para todos, fracasó precisamente por su heterogeneidad, principalmente compuesta por marxistas y anarquistas, además de los laboristas que nunca se integraron del todo y, obviamente, por los diferentes grados de claridad y conciencia políticas de las bases de las organizaciones participantes. Más adelante, ya en los años 80 del siglo XIX, sobre todo en los países más avanzados, donde los trabajadores industriales tenían más tradición y fuerza social, el socialismo fue una forma teórica mejor aceptada aunque, como se verá, había también grandes diferencias. La Segunda Internacional, a diferencia de la Primera, se formaría más por el concurso de partidos políticos que se fueron configurando desde 1875, aproximadamente, que por fuerzas sociales diversas y representantes no siempre reales ni honestos. Podría decirse que en la Segunda Internacional habría mayores afinidades teóricas que en la primera, pero no sería exacto. Lo que ocurrió más bien fue que la unidad internacional, como *comunidad de acción*, estaba representada por *comunidades teóricas* más o menos definidas o así acordadas en cada nación: partidos nacionales en varios países y no sólo en Alemania, y muchos ya con organización y jerarquías, como serían por más de un siglo después.

3. LAS IZQUIERDAS EN LA SEGUNDA INTERNACIONAL. LOS PARTIDOS SOCIALISTAS Y EL DEBATE ENTRE REVOLUCIONARIOS, REFORMISTAS Y REVISIONISTAS

Después de la disolución de la Asociación Internacional de los Trabajadores, en diversos países europeos se planteó la posibilidad de constituir otra Internacional. Marx y Engels no coincidieron con estas propuestas; les parecía mejor que antes se formaran partidos fuertes de trabajadores y socialistas, sobre todo en los países que en ese momento revelaban una mayor industrialización. Las razones por las que se dividió la Primera Internacional hasta su disolución no debían repetirse. Ya para entonces, Engels escribía sobre la importancia de un programa para un partido o, dicho de otra manera, de un partido con programa, recalcando que siempre serían más importantes sus acciones que el programa. Aunque Marx y Engels no estuvieran de acuerdo con el "programa de Gotha", que llevara a la fusión de lassalleanos con eisenacheanos, sí coincidían en una organización basada en una *comunidad teórica* o un *programa de principios*, es decir, en un programa socialista definido y genuino. En una carta de Marx a Bracke (5 de mayo de 1875), se desprende —interpreto— la diferencia entre un partido con un claro programa de principios y un movimiento con un programa para la acción común. Aunque "cada paso de un movimiento real es más importante que una decena de programas", según señalaba Marx en esta carta, no se desdeñaba la importancia de un partido con un programa de principios que, como tales, no deben ser regateados. Para mí que en esos momentos ya comenzaba a tomar forma la idea de partido como organización estructurada basada en una definición teórica, en lo que ahora llamaríamos "declaración de principios" y, en consecuencia, un "programa de acción" que correspondiera a esos principios. Para 1877,

Marx ya hablaba del partido, con masa y dirigentes,[1] y para 1879, junto con Engels, también de disciplina partidaria,[2] es decir, de una organización política con las características de un partido moderno de clase, de la clase obrera (en este caso en Alemania). Años más tarde, en 1882, Engels diferenciaba entre un partido de clase y un partido para ganar votos, y decía:

> La alternativa es puramente de principios: ¿la lucha ha de ser realizada como *lucha de clases* del proletariado o de la burguesía, o ha de permitirse que en buen estilo oportunista (o como se denomina en la traducción socialista: posibilista) ha de olvidarse el carácter de clase del movimiento y el programa cuando por este medio se presenta una oportunidad de ganar más votos, más afiliados?[3]

Y añadía que los posibilistas, para ganar más votos, sacrificaron el carácter "clasista, proletario, del movimiento haciendo inevitable la división". El punto es muy importante, pues a finales del siglo XX, alrededor de cien años después de la carta de Engels citada, muchos de los partidos que se autodenominaban socialistas resolvieron abandonar su carácter clasista, proletario (aunque a veces lo mantuvieran en el papel) para convertirse en partidos ambiguos ideológicamente y pluriclasistas, con el objeto de querer ganar votos y competir con los partidos no clasistas. El resultado para muchos de esos partidos fue que ni ganaron suficientes votos para ser competitivos electoralmente ni se mantuvieron como representantes de una clase social: los trabajadores, privando a éstos de una alternativa partidaria por el socialismo.

---

[1] Véase carta de Marx a Sorge, 19 de octubre de 1877 (C. Marx y F. Engels, *Correspondencia...*, p. 287.)

[2] Véase carta de Marx y Engels a Bebel, Liebknecht, Bracke y otros, 17-18 de septiembre de 1879 [borrador] (*ídem*, en especial p. 300).

[3] Carta de Engels a Bebel, 28 de octubre de 1882. En esta carta, Engels hacía alusión a la escisión de Guesde y Lafargue del grupo de Malon y Brousse, caracterizados por Engels como posibilistas, es decir, oportunistas. (Las cursivas son del original.) Más adelante, el *Parti ouvrier français* (POF), fundado por Jules Guesde y otros, devendría un partido sectario, en opinión de Kergoat, *op. cit.*, y Guesde se convertiría en reformista y, como tal, habría de aceptar cargos gubernamentales.

La Segunda Internacional se fundó en París del 14 al 21 de julio de 1889, en la *Sala Pétrelle*. Paralelamente, pero en la *rue de Lancry*, se llevó a cabo el congreso de los *posibilistas*, es decir, de la Federación de Trabajadores Socialistas de Francia, apoyada obviamente por los *tradeunionistas* ingleses. Los anarquistas estuvieron presentes en ambas reuniones, pero no lograron influencia a pesar de su activismo.

Si en un sentido amplio, quizá demasiado flexible, podría decirse que tanto en la Sala Pétrelle como en la calle Lancry se reunía la izquierda de esos momentos, el desarrollo y el fortalecimiento de la Segunda Internacional, surgida de la Sala Pétrelle, representarían a la izquierda de esos años, por lo menos hasta 1914 cuando se diera su gran división con motivo de la primera guerra mundial. Para entonces, ya se apuntaba que la izquierda era la que proponía el socialismo como meta a alcanzar; por lo que los grupos, asociaciones y partidos que no luchaban por el socialismo dejaron de ser considerados parte de esa posición aunque no necesariamente todos fueran calificados como derechistas.

La Segunda Internacional, escribía Droz, se distinguía de la primera "en que no trató de intervenir directamente en la vida de los partidos nacionales, cuya autonomía respetaba enteramente".[4] En otros términos —obvio—, había partidos nacionales (y también sindicatos) y se respetaban las posiciones de cada uno de éstos, sin que ello significara que no hubiera discusión. Tampoco había un comité central que dictara la línea a las organizaciones participantes, aunque se buscaba en todo momento que hubiera unidad y coordinación.[5] La nueva Internacional, de alguna manera, fue una federación de asociaciones nacionales y de partidos también nacionales. La acción de éstos sería coordinada en los congresos que, según se contemplaba, deberían ser cada tres años. La discusión principal y la toma de posiciones entre las principales corrientes ideológicas y políticas se

---

[4] Jacques Droz, *op. cit.*, p. 143.
[5] En el Congreso de París de 1900, sin embargo, se creó el Buró Socialista Internacional (BSI) que, además de dos delegados por cada país, contaba con un secretario permanente cuya función era garantizar que los acuerdos de los congresos se llevaran a cabo. Con los años, las funciones del BSI fueron aumentando, pero en general fueron de coordinación.

daba en el seno de cada organización o conjunto de organizaciones en cada país, aunque los delegados llevaban posiciones a debate en los congresos internacionales.

La pugna principal no sería entre marxistas y anarquistas, como ocurrió en la AIT, sino entre los primeros y los reformistas, tanto los oportunistas (posibilistas) como los revisionistas.[6] Sin embargo, los anarquistas, antes de ser expulsados definitivamente en el Congreso de Londres (julio-agosto de 1896), se oponían a todas las demás corrientes por cuanto a la acción política: estaban, como durante la Primera Internacional, en contra de la acción electoral, parlamentaria y legislativa; eran, en términos modernos, ultraizquierdistas y, por lo mismo, sectarios. Las diferencias entre las otras corrientes, una vez marginados los anarquistas, eran más sutiles; y estas diferencias tuvieron mucho que ver con las experiencias de los propios partidos en su contexto nacional, con las interpretaciones que de éste se hacían los mismos partidos y sus ideólogos, con la composición y afiliación ideológica de sus adherentes y con la estrategia a seguir por la clase obrera. Pero a pesar de esas diferencias había consenso sobre la necesidad de la organización obrera y la acción política por el socialismo. El problema era cómo se concebían ambas, sobre todo la segunda. Para los marxistas, como bien señalaban Novack y Frankel,[7] el problema era combatir las dos tendencias principales que ellos consideraban falsas (desde el punto de vista de las luchas políticas de los trabajadores por el socialismo): los oportunistas y los sectarios, como ya eran calificados, entre otras corrientes, los anarquistas. Sin embargo, como muy pronto se hiciera evidente, entre los marxistas también hubo diferencias.

En general, los marxistas aceptaban, por ejemplo, participar electoralmente para ganar posiciones parlamentarias, pero no confundían estos propósitos con la toma del poder y la destrucción del Estado capitalista para construir, transitoriamente, un Estado de los trabajadores y sus aliados. En otros términos, combinaban —distin-

---

[6] Probablemente, el mejor estudio sobre las diferencias entre el marxismo y el revisionismo, cuyo máximo exponente fue Eduard Bernstein, es el de Bo Gustafsson, *Marxismo y revisionismo (La crítica bernsteiniana del marxismo y sus premisas histórico-ideológicas)*, Barcelona, Grijalbo, 1975, 439 pp.

[7] G. Novack y D. Frankel, *op. cit.*, pp. 58-59.

guiéndolas— las demandas inmediatas (como la jornada de ocho horas, las libertades de asociación y de expresión, o la legislación obrera) con las demandas mediatas hacia la construcción del socialismo. "Lo nuevo [de esta Internacional con respecto de la anterior] —señalaba Annie Kriegel— es, en el contexto de las grandes luchas sociales de fines del XIX, el amplísimo lugar que ocupan las reivindicaciones inmediatas del proletariado industrial",[8] y quizá porque había elementos nuevos, motivo de debates, hubo cambios de posiciones en las mismas personas y diferencias de grado entre las diversas interpretaciones sobre las acciones inmediatas y mediatas. Nunca antes, como en esos años, las estrategias habían sido tan discutidas en sus matices. Las diferencias gruesas, tales como participar o no en política, cedieron ante otras más finas, referidas por ejemplo, al cómo y hasta dónde de la participación política. Otra diferencia con la Primera Internacional era el desarrollo de las organizaciones sindicales y partidarias. En los últimos dos decenios del siglo XIX, los grandes sindicatos comenzaron a ser una realidad en varios países y no sólo en Gran Bretaña; y los partidos políticos de masas también, y no sólo en Alemania. Pero mientras en Alemania la fuerza del Partido Socialdemócrata y su influencia sobre los sindicatos eran entendidas como algo natural, en Gran Bretaña y Francia los sindicatos eran más influyentes que los partidos y, en ocasiones, éstos y cualquier tipo de dirección política eran vistos con desconfianza: en el caso de Francia, por la larga tradición todavía presente del anarquismo tanto proudhoniano como bakuninista; y en el caso de Gran Bretaña, por el peso y la tradición del *tradeunionismo*. De manera semejante, había diferencias en relación con el Estado. Los grupos franceses, señalaba Cole,

...eran hostiles al Estado, no como lo eran los alemanes, porque fuese el Estado de la burguesía, destinado a ser sustituido por el Estado centralizado del proletariado, sino porque era el Estado y, por consiguiente, el enemigo del pueblo mientras existiese. En el mejor de los casos, lo consideraban como un organismo del cual los trabajadores podían arrancar concesiones empleando su poder organizado de clases; pero nunca, ni

---

[8] A. Kriegel, *op. cit.*, p. 46.

remotamente, como una institución que pudieran transformar oportunamente para que sirviese de expresión a voluntad colectiva.[9]

En las demandas inmediatas y en las acciones coordinadas en diversos países también se daban diferencias y puntos de vista que no guardaban relación con otros. Cole nos brinda un ejemplo, a mi juicio muy ilustrativo, relacionado con la propuesta de la *American Federation of Labor* (AFL) de que los obreros se manifestaran en todos lados el 1 de mayo, y cita varias opiniones que se expresaban sobre el sentido de esa manifestación "mundial" de los trabajadores: para unos era un pretexto para hacer peticiones a las autoridades y afirmar la solidaridad de la clase obrera; para otros, no muy lejos de la anterior, era para conseguir concesiones tanto de los patrones como de las autoridades, mediante la huelga que, por cierto, era la posición de la AFL. Para los marxistas franceses, ya entonces influidos por los alemanes, se trataba de convocar a los trabajadores hacia el socialismo para, una vez aumentado su número, lograr mayorías parlamentarias o ser capaces de tomar el Estado en sus propias manos y "rehacerlo como un Estado de los trabajadores". Para los sindicalistas no exactamente simpatizantes de los partidos, el 1 de mayo, en cambio, era una suerte de preparación de los trabajadores en acciones de huelga (que los ingleses rechazaban, razón por la cual ellos no celebraban el 1 de mayo sino el primer domingo de mayo) y, al mismo tiempo, parar labores ese día para lograr concesiones de patronos, de autoridades locales y del mismo Estado sin necesidad de "emprender una acción parlamentaria o perderse en las maniobras y transacciones del parlamento". Para los anarcosindicalistas, finalmente, el 1 de mayo sería un día "para provocar choques con la policía y el ejército, a fin de adiestrar a los trabajadores no solamente para la huelga, sino para convertirlos en verdaderos revolucionarios y preparar de este modo el camino para la huelga general insurreccional en la cual el Estado sería destruido y surgiría la sociedad libre del futuro". Cercana a esta última posición estaba la meramente anarquista, enemiga incluso de los sindicatos (no se diga de los partidos), para la cual la conmemoración del día del trabajo sólo sería pretexto

---

[9] G. D. H. Cole, tomo III, *op. cit.*, p. 29.

para agitar y "desencadenar el máximo de furia destructora".[10] Estos
últimos guardarían más parecido en la actualidad con los que, entre
los movimientos antiglobalización, son conocidos como el *black block*,
cuyos miembros son también llamados en español *monos negros*, y que
tienen entre sus publicaciones en Internet, *La haine* (*El odio*), título
significativo tomado de la película del mismo nombre dirigida por
Mathieu Kassovitz en 1995.[11]

Vale decir que los marxistas, a pesar del tiempo transcurrido desde
1872 (cuando fueron expulsados los bakuninistas de la AIT), mantuvieron su oposición a los anarquistas en los primeros años de la
Segunda Internacional. En el Congreso de Bruselas (agosto de 1891),
los anarquistas fueron excluidos en su mayoría. En el Congreso de
Zurich (dos años después) también fueron excluidos y Bebel, con la
intención de evitarlos en lo sucesivo, propuso una moción que establecía que sólo serían admitidos en los congresos "los sindicatos
profesionales obreros así como aquellos partidos y asociaciones socialistas que *reconocen la necesidad* de la organización obrera y la acción
política".[12] En el Congreso de Londres (1896), como ya fue señalado,
fueron expulsados definitivamente, después de grandes discusiones.

Los resultados de dicha lucha contra los anarquistas —señala Kriegel—
no fueron sólo teóricos respecto a la afirmada importancia de la acción
política, sino que desembocaron, en la práctica, en la consagración de la
preponderancia del partido en tanto forma superior de organización y de
acción obreras. Por esto, si los componentes de la Internacional, en su
Congreso de París en 1889, son aún multiformes y predominan en él los
representantes de las organizaciones obreras y sindicales, la organización
en partidos nacionales pasa a ser la regla general a fines del siglo XIX...,[13]

regla general que apoyaría Engels en su "Introducción" de 1895 a *Las
luchas de clases en Francia*, como se verá más adelante.

---

[10] *Ídem*, pp. 29 y 30.
[11] Esta película trata de los jóvenes en los suburbios de París, especialmente
inmigrantes (representados por un negro, un judío y un árabe), que son víctimas
del desempleo, la desesperanza, el rechazo y también del racismo y el odio.
[12] Citado por A. Kriegel, *op. cit.*, p. 46. (Las cursivas son mías.)
[13] *Ídem*, p. 47.

La observación de Kriegel, coincidente con la de otros especialistas sobre el tema, es muy importante, pienso. La principal oposición a la acción política era representada por los anarquistas en sus diversas vertientes. La Internacional, si bien no era centralizada, estaba pensada, desde la convocatoria para asistir a la Sala Pétrelle, para la acción política y, desde luego, por esta vía, para luchar por el socialismo. Como ya he mencionado, había diferentes interpretaciones de cómo debía ser esa acción política (problemas de estrategia), pero con la salvedad de los anarquistas, todos coincidían en que debía llevarse a cabo. Si la AIT (su Consejo General) tuvo que enviarse a Estados Unidos para evitar que los bakuninistas se apoderaran de ella, en la Segunda Internacional no sería necesaria una medida semejante. Las condiciones habían cambiado considerablemente. Para los momentos de la fundación de la Segunda Internacional tanto los sindicatos como los partidos en buena parte de Europa eran organizaciones fuertes, consolidadas, fácilmente oponibles a cualquier intento de los anarquistas por dominar la asociación internacional. Una vez expulsados éstos, los partidos y los sindicatos quedaban dueños de la situación y la acción política, en sus diversas interpretaciones, quedaría garantizada. La polémica sería otra. Primero entre partidos y sindicatos, y luego, una vez marginados *de facto* los sindicatos (después de 1900), entre los partidos y sus ideólogos por la estrategia a seguir frente a la clase dominante y su Estado, principalmente.

Respecto a los sindicatos, había dos posiciones principales: los ingleses y los franceses, por un lado, y los alemanes por el otro. Los dos primeros, menos influidos por el marxismo que los alemanes, separaban las luchas económicas de las políticas en las que los sindicatos atenderían las primeras y los partidos las segundas. Los alemanes, en cambio, consideraban a los sindicatos como formas de organización menos evolucionadas que los partidos y antecedentes de éstos en la formación de la conciencia de clase de los trabajadores. Recuérdese que para el marxismo la lucha económica y la política deben de ir juntas, sin que esto quiera decir que no se reconociera importancia a la mejoría salarial o a las condiciones de trabajo, etc. En la vida práctica, incluso de los últimos años del siglo XX y principios del XXI, se ha podido observar, en general, que los trabajadores sindicados pero sin militancia partidaria son menos solidarios con las luchas políticas que trascienden sus organizaciones gremiales que los trabajadores que participan también en partidos políticos. Pero tampoco puede pasarse por alto que en muchos momentos y países, a lo largo del siglo XX, los partidos subordinaron a los sindicatos (a veces controlándolos), sobre todo los partidos comunistas de la línea de Moscú, llevándolos a aventuras que resultaron contrarias a los intereses inmediatos y justificados de los trabajadores.

En Francia, Jules Guesde, quien había estado en contacto con Marx y con los socialistas alemanes, tenía la intención de formar un gran partido socialista de trabajadores, en el que por cierto, una vez consolidado como *Parti ouvrier français* (POF), no sólo participaron obreros sino también campesinos, intelectuales y miembros de la pequeña burguesía. Guesde argumentaba que no sólo los obreros eran víctimas del capital (del gran capital) sino también los miembros de otras clases y sectores sociales que también eran agraviados por la concentración del capital. Obviamente, los sindicalistas, que planteaban la acción directa y ninguna relación con la burguesía, estaban en contra de los guesdistas, sobre todo los anarco-sindicalistas inspirados por Kropotkin. En términos partidarios, los adversarios a los guesdistas eran los posibilistas, encabezados desde el decenio de los 80, por Paul Brousse. La diferencia fundamental entre los marxistas y los posibilistas era que los primeros, si bien aceptaban participar en el Parlamento y otras instancias públicas, lo hacían para presionar por leyes y políticas públicas así como vía para hacer propaganda a favor del socialismo, pues su objetivo era la toma del poder; mientras que los segundos, los posibilistas, sostenían que desde el Parlamento, pero sobre todo desde posiciones de gobierno (más que todo local), se podrían conseguir reformas inmediatas favorables a los trabajadores, sin necesidad de modificar sustancialmente el capitalismo. De este modo, los posibilistas sostenían la política de ganar gobiernos locales, mientras los marxistas pensaban en una organización nacional y centralizada para la toma del poder nacional. A la derecha de los posibilistas estaba Alexandre Millerand, quien a mi manera de ver tiene importancia porque habría de ser un precursor de la socialdemocracia de mediados del siglo XX en adelante, es decir, de la Internacional Socialista. En un célebre discurso, en 1896, Millerand

...combatió la idea de que los socialistas deberían tratar de conseguir sus objetivos por otros medios que no fuesen los constitucionales, o sin lograr el apoyo de una mayoría del pueblo [...] Proclamó como objetivos del socialismo la difusión general de la libertad y de la propiedad y declaró su devoción por la república. Además, empezó rechazando la idea de que el socialismo podía ser introducido de pronto, y lo presentó como una tendencia inevitable que los socialistas no podrían crear, pero sí sólo guiar cooperando con las fuerzas necesarias de la evolución social.[14]

Es evidente que en este punto Millerand guardaba semejanzas con las posiciones ya mencionadas de la Sociedad Fabiana, incluidas las referidas a los cambios sociales sin modificar sustancialmente al capitalismo y sin combatir el Estado existente. De aquí que no resultara sorprendente que Millerand aceptara el ministerio de comercio e industria en el gobierno burgués de "defensa de la república". Él mismo, según señala Cole, se autodenominaría "apóstol del *socialismo reformista*".[15]

En Gran Bretaña las diferencias ideológicas eran menos importantes que en Francia y Alemania. El sindicalismo, sobre todo después de la crisis de la primera mitad de los años 80, estaba creciendo considerablemente y surgió asimismo un nuevo sindicalismo (*new unionism*) con jóvenes líderes cercanos a las posiciones socialistas que en esos momentos representaban principalmente Blatchford y Keir-Hardie y los esposos Aveling.[16] En realidad, más que la formación de grupos socialistas importantes, en la Gran Bretaña anterior al siglo XX, eran los socialistas individuales los que ingresaban en los sindicatos para influir en los trabajadores y ocasionalmente dirigirlos. Varios de esos líderes y otros que rompieron con los liberales, en 1893, formarían el Partido Laborista Independiente (ILP, por sus siglas en inglés), precursor del Partido Laborista fundado en 1900. A riesgo de

---

[14] G. D. H. Cole, *op. cit.*, p. 319.

[15] *Ídem*, p. 324. (Las cursivas son del original.) Años más tarde, a partir de 1900, la Internacional decretó que se prohibiera a los socialistas formar parte de gobiernos burgueses, salvo en situaciones excepcionales.

[16] Allen Hutt, *British trade unionism (An outline History)*, Londres, Lawrence & Wishart Ltd., 1941, capítulo 3. Los Aveling eran Edward Aveling y Eleanor Marx, hija de Carlos Marx, quienes trabajaban muy cerca de Engels, sobre todo en los barrios obreros del este de Londres.

ser demasiado esquemático, podría decirse que en esa época más que corrientes socialistas definidas había socialistas ligados a los sindicatos de los trabajadores, socialistas muchos de ellos que ahora serían llamados *heterodoxos*. El ILP se movía por igual en elecciones locales y para el Parlamento que en el movimiento obrero organizado; se consideraba socialista aunque no lo hiciera explícito.

Fue en Alemania donde la lucha ideológica tendría mayor importancia. Dos años después de la fundación de la Segunda Internacional, el Partido Socialdemócrata Alemán (SPD) llevó a cabo su primer congreso de definición marxista, pues "antes de 1890 la teoría marxista no podía haber penetrado, evidentemente, con excepcional profundidad". El Congreso de Erfurt adoptó un nuevo programa, "redactado en su parte teórica por Kautsky y en su parte práctica por Bernstein".[17] Ambas intervenciones en la redacción del programa lo hacían contradictorio. Si la parte teórica era marxista, la práctica era reformista. Un aspecto importante de la redacción de Kautsky, que era correcto en esa época y por muchos años más, fue el énfasis en el crecimiento del proletariado y el fortalecimiento de los monopolios a expensas de la pequeña propiedad capitalista. Lo primero dejó de ser cierto, proporcionalmente hablando, a finales del siglo XX, lo segundo fue haciéndose cada vez más evidente, al extremo de que ahora, principios del siglo XXI, 200 empresas dominan la economía mundial. Sin embargo, había un elemento en el programa que quizá hubiera criticado Marx, llamándole sectario, como lo había hecho ante los lassalleanos al calificar a las demás clases, salvo al proletariado, como reaccionarias. El sexto párrafo del programa señalaba que la transformación social "sólo puede ser obra de la clase obrera, *porque todas las demás clases,* a pesar de la oposición de intereses existente en su seno, descansan sobre la propiedad privada de medios de producción y tienen como meta común el mantenimiento de las bases de la sociedad actual".[18] Sin embargo, el "programa de Erfurt" habría de ser, en cierta medida, el modelo de los programas de los partidos de la Segunda Internacional por un tiempo, pese a que dejaba de lado el problema de la transición del

---

[17] B. Gustafsson, *op. cit.*, pp. 35-37.
[18] Citado por Gustafsson, *op. cit.*, p. 38. (Las cursivas son mías.)

capitalismo al socialismo y soslayaba tanto el tema de la revolución como "la manera en que se realizará el socialismo".[19] Hablar en esos momentos del paradigma de la socialdemocracia alemana, era hablar de partidos, de ampliación del sufragio, de elecciones, de posiciones en gobiernos municipales y en los parlamentos. Los matices de diferenciación con la tradición laborista-socialista inglesa eran en realidad muy sutiles. El mismo Engels cifraba esperanzas en el sufragio y en la representación obrera (socialdemócrata) en el *Reichstag* alemán y declaraba inviables las formas revolucionarias tipo 1848. En su introducción de 1895 a *Las luchas de clases en Francia*,[20] que según el mismo Engels había sido tergiversada en diversas publicaciones parciales y "fuera de contexto" de la época, decía: "El método de lucha de 1848 está hoy anticuado en todos los aspectos..." Y más adelante añadía: "...del lado de los insurrectos todas las condiciones han empeorado. Una insurrección con la que simpaticen todas las capas del pueblo, se da ya difícilmente [...] El 'pueblo' aparecerá, pues, siempre dividido, con lo cual faltará una formidable palanca, que en 1848 fue de una eficacia extrema." Y agregaba el hecho de que ante los nuevos ejércitos regulares los trabajadores estarían en desventaja militar y que las nuevas calles "largas, rectas y anchas" eran favorables para los cañones del Estado. "Tendría que estar loco el revolucionario que eligiese él mismo para una lucha de barricadas los nuevos distritos obreros del norte y el este de Berlín", y lo mismo podría decirse de las avenidas parisinas de la reforma urbana dirigida por Haussmann en tiempos de Luis Bonaparte. Sobre este punto, Engels concluía de la siguiente manera: "Si han cambiado las condiciones de la guerra entre las naciones, no menos han cambiado las de la lucha de clases. La época de los ataques por sorpresa, de las revoluciones hechas por pequeñas minorías conscientes a la cabeza de las masas inconscientes, ha pasado."

Sobre la "vieja táctica", Engels planteaba que debía ser revisada, incluso en los países latinos. "En todas partes se ha imitado el ejem-

---

[19] Karl Kautsky, *La doctrina socialista. Bernstein y la socialdemocracia alemana*, Barcelona, 1975, p. 224. Kautsky hace referencia al "programa de Erfurt".

[20] F. Engels, "Introducción" (1895) a C. Marx, *Las luchas de clases en Francia de 1848 a 1850* (Carlos Marx y Federico Engels, *Obras escogidas en dos tomos*, tomo ɪ, *op. cit.*, pp. 112 y ss.)

plo alemán del empleo del sufragio, de la conquista de todos los puestos que están a nuestro alcance; en todas partes han pasado a segundo plano los ataques sin preparación." Y respecto a Francia, señalaba que "el trabajo lento de propaganda y la actuación parlamentaria se han reconocido también aquí como la tarea inmediata del partido [...] No sólo se han conquistado toda una serie de consejos municipales, sino que en las Cámaras hay 50 diputados socialistas, que han derribado ya tres ministerios y un presidente de la República." Y ubicaba también los exitosos casos de Bélgica, Suiza, Italia, Dinamarca y hasta Bulgaria y Rumania. Estos avances, sin embargo, no debían interpretarse como la renuncia, "ni mucho menos", al derecho a la revolución —añadía.

Y más adelante, el viejo compañero de Marx decía: "La ironía de la historia universal lo pone todo patas arriba. Nosotros, los 'revolucionarios', los 'elementos subversivos', prosperamos mucho más con los medios legales que con los medios ilegales de subversión." Esta afirmación se desprende no de una deificación de los medios legales, sino de la concepción de que las elecciones no sólo servirían para "hacer un recuento de nuestras fuerzas cada tres años", sino para agitar y propagandizar sobre el socialismo, aumentar las filas de militantes para el partido socialista. "Con la agitación electoral, nos ha suministrado un medio único para entrar en contacto con las masas del pueblo, allí donde están todavía lejos de nosotros, para obligar a todos los partidos a defender ante el pueblo, frente a nuestros ataques, sus ideas y sus actos", además de usar las Cámaras como tribuna libre. En síntesis, Engels diría que con "este eficaz empleo del sufragio universal entraba en acción un método de lucha del proletariado totalmente nuevo...". Y para que no hubiera duda añadió que no había que hacerse ilusiones: "una victoria efectiva de la insurrección sobre las tropas en la lucha de calles, una victoria como en el combate entre dos ejércitos, es una de las mayores rarezas".

Engels, en su "Introducción" de 1895, dejaba claro que la lucha del proletariado por el socialismo debía combinar las demandas inmediatas con las mediatas, las legales con las ilegales, que no había razón para despreciar la lucha electoral ya que ésta serviría incluso para ligarse a las masas y ganar adeptos a la causa del socialismo. De su revisión de las tácticas de 1848 y 1871, concluiría que los ataques al poder, por sorpresa y sin preparación, no llevarían a la transformación social, por lo que el proletariado habría de prepararse, en la teoría y la acción, y acumular fuerzas, para sus grandes luchas por el poder del Estado. Engels, aunque aceptaba las reformas, no las confundía con el planteamiento de los oportunistas (posibilistas y millerandistas), pues el papel del partido, como él y otros marxistas lo pensaban entonces, no era para ganar votos ni posiciones en ministerios, sino para fortalecer la organización del proletariado hacia el socialismo. Sin embargo, queda en el aire el problema de la *ilusión* electoral y democrática de los trabajadores y su posible enajenación al creer que su emancipación estaría más cerca en función del número de diputados que tuviera en las Cámaras. Al respecto, Karl Liebknecht escribió muchos años después que "aunque en la Asamblea Nacional [el Parlamento] una mayoría socialista decidiera la socialización de la economía alemana, tal decisión parlamentaria quedaría como un simple pedazo de papel y se enfrentaría con la enérgica resistencia de los capitalistas".[21] La cuestión, empero, era quizá otra: si, como decía Engels, la revolución por la vía de barricadas o de asaltos por sorpresa correspondía a condiciones pretéritas, ¿cuál entonces sería la alternativa? ¿Había una opción distinta al reformismo, interpretando con toda buena fe que este reformismo serviría para engrosar las fuerzas revolucionarias? Tal vez una mayor comprensión del término reformismo, como lo entendían los marxistas más connotados de la época, nos sirva para ubicar mejor las razones y la dimensión del debate. Al respecto, Lenin escribía: "En el conocido trabajo de K. Kautsky, *La revolución social*, está bien explicado que la reforma se distingue de la revolución porque con aquélla el poder se conserva para la clase de los opresores, quienes, por medio de concesiones para ellos *aceptables*, sin la *destrucción* de su poder, aplastan la insurrección de los oprimidos."[22] ¿Qué hubiera dicho Engels de este texto? Probablemente no hubiera estado de acuerdo, a menos que hubiera coincidido —de

[21] Karl Liebknecht, "¿Qué quiere la Liga Espartaco?" (23 de diciembre de 1918), *Antología de escritos*, L. Lalucat y J. Vehil (eds.), Barcelona, Icaria editorial, 1977, p. 217.

[22] V. I. Lenin, "La plataforma de la socialdemocracia revolucionaria", *Obras completas*, tomo XII, Argentina, Cartago, 1969, p. 202.

haber vivido para entonces— en que 1907, año en que Lenin escribió lo citado, no era precisamente un año para tareas inmediatas (como el mismo líder ruso expresara), sino para tareas revolucionarias: "Ésta es una época revolucionaria",[23] escribió, y 1895 en Alemania, cuando Engels escribiera la introducción mencionada, no era en absoluto un momento revolucionario. Éste fue el debate de la Segunda Internacional: reformismo u oportunismo (posibilismo) y reforma o revolución. Y este debate, repito, fue muy sutil, ya que los defensores de estas posiciones destacaban por su agudeza. Sin embargo, el análisis de las posiciones, reformistas o revolucionarias, no siempre se hizo en función del momento o de la coyuntura en que vivían. Con frecuencia, la discusión fue doctrinaria y, por lo mismo, al margen de la realidad concreta, aspecto que no nos debiera interesar en el análisis.

Los triunfos sucesivos y cada vez más espectaculares del SPD en las elecciones alemanas (más de la cuarta parte de los votos después de la anulación de la ley antisocialista) condujeron a un optimismo exagerado entre los ideólogos de la socialdemocracia. El reformismo cobraría fuerza; el gradualismo también, aunque a la vuelta del siglo la condición de los trabajadores europeos (incluidos los alemanes) ya no fuera tan buena como en los últimos años del siglo anterior.

Karl Kautsky, a finales del siglo XIX era uno de los principales teóricos marxistas y el principal opositor de Eduard Bernstein dentro del SPD. Kautsky suscribía las interpretaciones económicas de Marx, Bernstein las criticaría. Pero más importantes, en términos políticos, fueron sus diferencias, que Kautsky llamaría de "programa". Bernstein les inventó a Marx y a Engels la teoría del *derrumbamiento del capitalismo* por las crisis sucesivas y no por la madurez y el poder creciente del proletariado, como demostrara Kautsky.[24] También les inventó la tesis de la miseria creciente del proletariado, que el mismo

---

[23] *Ídem*, p. 198.
[24] Contra la posición de Kautsky y a favor de la tesis del derrumbamiento, se expresó Rosa Luxemburgo en el Congreso de Hanover del SPD, en 1899. En este congreso, Luxemburgo afirmó que era precisamente "el concepto de un derrumbamiento, de una catástrofe social [...] de un cataclismo lo que distinguía al marxismo del gradualismo reformista". Citado por Norman Geras, *Actualidad del pensamiento de Rosa Luxemburgo*, México, Era, 1976, p. 15.

Cole le endosó a Kautsky,[25] cuando en realidad Marx se refería (y Kautsky suscribía) a la depauperación relativa del proletariado, que hasta la fecha se constata tanto mundial como nacionalmente mediante los índices de desigualdad social.[26] El capítulo de mayor importancia en la crítica de Kautsky a Bernstein, para nuestro propósito, es el de la táctica, es decir, la controversia sobre la lucha política y la lucha económica, sobre revolución y reformismo.

El "programa de Erfurt", citaba Kautsky, contenía el siguiente párrafo:

> La lucha de la clase obrera contra la explotación capitalista es, necesariamente, una lucha política. La clase obrera no puede entrar en el combate económico, ni desarrollar su organización económica sin derechos políticos.

Y Kautsky citaba después a Woltmann, uno de los partidarios de Bernstein que cuestionaba el párrafo anterior calificándolo de cándido por exigir al Estado esos derechos políticos. La respuesta de Kautsky, un tanto irónica, fue la siguiente:

> Confesamos que es muy inocente lo de reclamar los derechos políticos al Estado, pero desgraciadamente olvida Woltmann el decirnos a quién se los podríamos reclamar, si no es al Estado y a sus organismos: el Gobierno y el Parlamento.
>
> El pasado año, nuestros amigos de Bélgica fueron una vez más, lo suficientemente cándidos para pedir el sufragio universal al Parlamento y al Gobierno, y no a una cooperativa de consumo.
>
> [...] ¿Qué sería de nuestros sindicatos y de nuestras sociedades cooperativas sin el derecho de coalición y el derecho de asociación? ¿No ha debido la clase obrera conquistar los derechos políticos antes de poder fundar aquellas organizaciones económicas? Y estos derechos políticos ¿no están aún en la Europa central expuestos a violentos ataques?
>
> [...] Y la forma más elevada de la lucha de clases, la que da su carácter a todas las demás, no es la lucha entre organizaciones económicas

---

[25] G. D. H. Cole, tomo III, *op. cit.*, p. 256.
[26] Las posiciones de Kautsky sobre "la teoría del crecimiento de la miseria", se pueden consultar ampliamente en su obra ya citada, pp. 171 y ss.

aisladas, sino la lucha sostenida por la colectividad del proletariado para la conquista de la más poderosa de las organizaciones sociales, el Estado; es la lucha política. Ésta es la que todo lo decide.[27]

Otro punto a destacar era si el partido debía ser sólo de la clase obrera o si debía fusionarse con otras clases para formar un gran partido democrático. Kautsky presentaba el problema de la siguiente manera:

Hoy ya no se trata del Partido Socialista como agrupación de propaganda, sino como factor político de primer orden. La cuestión no es saber si deben los proletarios abandonar el Partido Socialista para sumarse a la democracia burguesa, sino más bien si debemos organizar nuestro programa y nuestra táctica de modo que las puertas del Partido estén abiertas para todas las clases o matices democráticos. [Y añadía que el] Partido Socialista acogerá con gusto a todos aquellos, sea cual fuere la clase a que pertenezcan, que estén dispuestos a tomar parte en la lucha de clases emprendida por el proletariado. La cuestión es averiguar si el Partido Socialista debe prestarse a trabajar para satisfacer las necesidades de las clases no proletarias.

Aquí había una definición estratégica sobre el partido muy diferente a la lassalleana: En primer lugar, no se consideraba que las clases no proletarias fueran reaccionarias pero sí que el partido debía ser la organización de los trabajadores con un programa de ellos y para ellos, en el que otras clases o agrupaciones, de coincidir con el programa, pudieran formar parte. En segundo lugar, quedaba claramente establecido que el proletariado no dejaría su partido o lo disolvería para sumarse a las fuerzas democráticas de otras clases sociales, pues entonces se regresaría a las condiciones pre-lassalleanas del partido amplio, el progresista, que era el partido de la pequeña burguesía liberal, con sus contenidos liberales propios, en el que participaban los trabajadores sin un programa especial y subordinados a la política y a los intereses de las clases medias liberales. Estos matices no son secundarios, y menos si se piensa en los cambios que sufrieron muchos partidos socialistas (o comunistas)

---

[27] K. Kautsky, *op. cit.*, pp. 233-235.

durante y después del experimento *eurocomunista* de los años 70 del siglo XX: lo que estos partidos hicieron con sus *renuncias de principios y de programa* fue "prestarse a trabajar para satisfacer las necesidades de las clases no proletarias" (Kautsky) o, en términos de Engels, "para ganar votos" sacrificando el carácter "clasista, proletario, del movimiento haciendo inevitable la división".[28]

Bernstein contraponía el concepto de "democracia social" al de "democracia" (sin adjetivos). La democracia social era algo más amplio que el ejercicio del sufragio universal. El sufragio universal era, "por uno y otro lado, la alternativa de una revolución violenta".[29] Con base en su "democracia social" Bernstein se oponía a la "dictadura del proletariado" como fórmula de transición entre el capitalismo y el socialismo. Para Bernstein, en la interpretación de Cole, "la democracia significa la supresión de un gobierno de clase, no la sustitución de una forma de éste por otra".[30] Es decir, democracia igual a *casi* socialismo. De aquí la importancia que le daba Bernstein a la democracia y en ésta, a la posibilidad de los cambios sociales en el gradualismo, en la evolución de la sociedad: "la democracia social no puede proseguir mejor su labor que ocupando su puesto sin reservas en la teoría de la democracia, en el terreno del sufragio universal, con todas las consecuencias resultantes de su táctica".[31] Para Bernstein, una verdadera democracia era lo más urgente y lo más importante por lo cual luchar. La democracia plena sería la condición previa para que fuera posible el socialismo: "la democracia es una condición del socialismo".[32] Aparentemente, en este punto sería una posición semejante a la de Engels cuando éste decía que "prosperamos mucho más con los medios legales que con los medios ilegales de subversión", pero no es el caso: una cosa es que sea mejor para el proletariado y sus luchas la democracia que la ausencia de ésta, y otra que la democracia sea una condición del socialismo. Ahora (principios del siglo XXI) lo sabemos bien: hay más demo-

---

[28] Carta de Engels a Bebel del 28 de octubre de 1882, *op. cit.*

[29] Eduard Bernstein, *Socialismo evolucionista. (Las premisas del socialismo y la tareas de la socialdemocracia)*, Barcelona, Fontamara, s.f., p. 128.

[30] G. D. H. Cole, tomo. III, *op. cit.*, p. 275.

[31] *Ídem.*

[32] *Ídem*, p. 138.

cracia que antes, es innegable pero, como diría Kautsky (añadiendo de inmediato que Bernstein no lo negaba), "la democracia [...] no significa la supresión de las clases sociales" ni del dominio de una clase sobre otra.[33] Y yo añadiría un lugar común: la democracia no se come ni ha servido para disminuir la brecha entre los miserables y los ricos por más que el sufragio universal sea una realidad extendida en casi todo el mundo moderno.

Finalmente, hay un aspecto en la polémica Kautsky-Bernstein que tiene que ver con los parámetros de realidad a los cuales quiere aferrarse Bernstein respecto a la clase obrera:

> No podemos pedir a una clase, cuyo mayor número de miembros viven en condiciones de hacinamiento, son poco educados y tienen un salario escaso e inseguro, el elevado grado intelectual y moral que supone la organización y la existencia de una comunidad socialista [...] Regocijémonos únicamente de la gran masa de inteligencia, de sacrificio y de energía que el movimiento de las modernas clases obreras ha revelado y en parte producido; pero no debemos asignar sin discernimiento a varios millones lo que sólo tienen algunos cientos de miles.[34]

Suena fuerte y, en algunos casos, injusto pero es evidente, a lo largo de la historia, que en el marxismo vulgar, al margen de la consideración de las llamadas "condiciones objetivas", se ha tenido confianza ilimitada en la conciencia de clase y en la educación política de los trabajadores, salvo cuando se menciona la importancia y la necesidad del partido político como dirección (en sus dos acepciones principales) del movimiento de las masas (aspecto que no aceptan los anarquistas ni los anarcosindicalistas por esa suerte de *quiliaísmo* en el que caen). El problema en Bernstein no es que tomara en cuenta las diversas realidades concretas de distintos países (que está bien, pues obviamente no son iguales) o que no idealizara a las masas trabajadoras sino que dejaba las posibilidades de los cambios sólo a la inteligencia y capacidad de unos cuantos, y al mismo tiempo nos hablaba de democracia en general y de democracia social en particular como medio y objetivo, respectivamente, de la evolución social e

[33] K. Kautsky, *op. cit.*, p. 244.
[34] E. Bernstein, *op. cit.*, p. 170.

84   IZQUIERDAS E IZQUIERDISMO

histórica hacia el socialismo. Bernstein concebía al socialismo como
"legítimo heredero" del liberalismo y consecuencia lógica de éste,[35]
como si se tratara de una evolución natural (y lógica) en la que las
masas y los pueblos fueran decorativos. ¿De qué democracia estaríamos hablando entonces? Era obvia la influencia de la Sociedad
Fabiana en Bernstein, quien vivió en Londres entre 1898 y 1901. Es
más, el evolucionismo de Bernstein había sido planteado por Sydney
Webb desde varios años antes en la Sociedad Fabiana y por Georg von
Vollmar desde 1891 quien, en sus conferencias de Eldorado
(Munich), diera a "conocer el programa de un reformismo consecuente".[36]

Años después, Kautsky fue modificando sus posiciones hacia el
reformismo no precisamente socialista, lo que le valió severas críticas
de Rosa Luxemburgo y de Lenin. Sobre todo para las elecciones
generales de 1911 en Alemania, Kautsky devino un defensor del
gradualismo y de la tesis del "desgaste" de la clase dominante en el
capitalismo contra la tesis de Luxemburgo que proponía su derrocamiento.[37] En Parlamentarismo y socialismo, citado por Emilio Olcina
Olaya,[38] Kautsky intentaba justificar sus nuevas posiciones: "Se ve ya
de un modo manifiesto que un régimen realmente parlamentario
puede ser instrumento de [la] dictadura del proletariado como lo ha
sido de la dictadura de la burguesía." Algo así como la física nuclear,
que depende de quién y para qué la use.

La polémica Kautsky-Bernstein, referida a la realidad del Partido
Socialdemócrata Alemán, sería sintetizada por Trotski de la siguiente
manera:

Las organizaciones de trabajadores crecieron casi automáticamente,
pero la "meta final", esto es la tarea social-revolucionaria del proletaria-

[35] Ídem, p. 130.
[36] Iring Fetscher, El marxismo, su historia en documentos, Bilbao, Zero, S, A., 1976, p.
160. Von Vollmar, por cierto, desde 1879, se había anticipado a Stalin en la defensa
del socialismo en un solo país.
[37] Aunque Luxemburgo estaba de acuerdo con la teoría del derrumbe del capitalismo como consecuencia de sus propias contradicciones, defendía la necesidad del
derrocamiento del Estado burgués por la acción de las masas.
[38] Emilio Olcina Olaya, "Presentación" (1979), Karl Kautsky, El camino del poder,
Barcelona, Fontamara, 1979. (Originalmente publicado en 1909.)

do, estuvo separada del movimiento en sí mismo y mantuvo una existencia puramente académica. De aquí el notorio aforismo de Bernstein: "El movimiento lo es todo, la meta final nada."[39] Como filosofía de un partido de trabajadores esto no tiene sentido y es trivial. Pero como una reflexión del espíritu real de la socialdemocracia alemana del último cuarto de siglo antes de la guerra, lo dicho por Bernstein es muy indicativo; la lucha reformista cotidiana había adquirido un carácter autosuficiente, mientras que la meta final fue guardada en la sección de Kautsky.[40]

En el seno del SPD Bernstein fue censurado pero sus ideas ya habían penetrado, especialmente las críticas a la "ortodoxia marxista", como señalara Cole.[41] Sin embargo, la lucha de Bebel y Kautsky contra el revisionismo continuó hasta que, en 1903, lograron que se ratificaran el concepto de la lucha de clases, la no cooperación con los partidos burgueses y la conquista del poder político con la consecuente derrota de los enemigos del proletariado y del socialismo. Esta derrota teórica del revisionismo fue extendida a la Internacional y para 1905 el marxismo (aunque nunca homogéneo) significaba la *comunidad teórica* que tanto había anhelado Marx en los años de la AIT. La Segunda Internacional sería ya una organización de organizaciones consolidadas con reconocimiento internacional pero habría tendencias y para estas tendencias, calificativos. Annie Kriegel escribió que "los términos *izquierda* y *derecha* se emplean ya oficialmente"[42] pero habría más calificativos, más caracterizaciones. Kautsky sería calificado como *centrista* por Rosa Luxemburgo en 1910 y el kautskismo sería sinónimo de centrismo hasta la primera guerra mundial. Después de ésta, el centrismo como tendencia reconocida, dejaría de existir para reaparecer muchos años después.

---

[39] Más precisamente, la proposición de Bernstein fue la siguiente: "En mi concepto, lo que se llama fin último del socialismo no es nada, pues lo importante es el movimiento". Véase E. Bernstein, *op. cit.*, p. 158.

[40] León Trotsky, *Political profiles: Karl Kautsky*, <csf.colorado.edu/mirrors/marxists.org/archive/trotsky/works/1940/profiles/kautsky.htm>. Indistintamente usaré Trotski y Trotsky. Sólo cuando así está escrito en una obra citada se usará Trotsky.

[41] G. D. H. Cole, tomo III, *op. cit.*, p. 281.

[42] A. Kriegel, *op. cit.*, p. 56. (Las cursivas son del original.)

Una vez más aflorarían las diferencias por cuanto a la estrategia. Había un objetivo aceptado, pero controversias sobre cómo alcanzarlo.

Contra el revisionismo y la práctica reformista del centro —escribió Kriegel—, se agrupa una corriente heterogénea que trata de fundar una práctica auténticamente revolucionaria a la vez sobre la fidelidad al marxismo y el análisis de los nuevos supuestos del capitalismo [...] La expresión más típica de la izquierda revolucionaria (marxista) se situó, en el seno de la socialdemocracia alemana, en el grupo de Rosa Luxemburgo, de Franz Mehring y de Parvus...[43]

Este grupo habría de influir entre los jóvenes, quienes jugarían un papel relevante años más tarde, como Karl Liebknecht y Rosa Luxemburgo (ambos nacidos en 1871). Los revolucionarios, es decir, la izquierda radical del conjunto de los socialistas, reaccionaron no sólo contra el revisionismo de Vollmar y Bernstein y grupos como los fabianos, sino contra las posiciones centristas de Kautsky. Sin embargo, los izquierdistas alemanes no significaban mayoría en el seno del SPD. En Francia, el grupo de Guesde se impuso al de Jaurès aunque se unieron para formar la SFIO (Section Française de l'Internationale Ouvrière) y ninguno de los dos era considerado revolucionario. En Italia, Turati representaba a los reformistas y Lazzari a los marxistas, ambos grupos dentro del Partido Socialista Italiano. Como los reformistas contaron con la simpatía del primer ministro liberal (Giolitti), considerado más hábil que el mismo Bismarck, el ala izquierda del partido y los sindicalistas se vieron disminuidos. En

---

[43] Ídem, p. 66. Parvus era seudónimo de Alexander Helphand, también escrito Gelfand en los apuntes biográficos en V. I. Lenin, ¿Qué hacer? Teoría y práctica del bolchevismo, Vittorio Strada (ed.), México, Era, 1977. Al grupo de izquierda mencionado debe añadirse el nombre de Clara Zetkin, dirigente de mujeres socialistas y muy cercana a Rosa Luxemburgo y a Franz Mehring en sus posiciones revolucionarias y radicales. Y también al holandés Anton Pannekoek, quien fue un crítico de los reformistas y revisionistas muy importante. Viviendo en Alemania (desde 1906), escribió varios artículos sobre la importancia de la heterogeneidad del proletariado y las razones del oportunismo entre las capas privilegiadas de trabajadores. En 1912, polemizó brillantemente con Kautsky. Pannekoek se ha distinguido también por su defensa de los consejos obreros. También puede consultarse la selección de textos y comentarios de Serge Bricianer, Anton Pannekoek y los consejos obreros, Barcelona, Anagrama, 1976.

Inglaterra, el Partido Laborista consideraba que las revoluciones y sus partidarios pertenecían a los bárbaros de Europa continental. Contra estas posiciones no destacó ninguna desde la izquierda. En Rusia no parecía haber muchos reformistas en esa época. No los había entre los populistas ni entre los marxistas. Tampoco había un gobierno de corte liberal o reformista que diera esperanzas de algún tipo a los trabajadores. Es más, difícilmente podría decirse que se planteara la disyuntiva *reforma o revolución*. Más bien la cuestión era si la revolución debía iniciarse ya o pasado algún tiempo de preparación política de las masas. Sin embargo, con argumentos de una supuesta ortodoxia marxista hubo pensadores que sugerían que el socialismo sólo podría ser consecuencia de la implantación de un régimen democrático-burgués, que no existía, y del desarrollo de la economía capitalista que, en Rusia, estaba rezagado.

El *domingo sangriento* del 9 de enero de 1905 inició la primera revolución en Rusia. Por órdenes del zar fue brutalmente reprimida una manifestación pacífica en San Petersburgo (después Petrogrado). El 22 del mismo mes, en esta ciudad, el proletariado se levantó en contra del absolutismo con la consigna "abajo la autocracia". Las demandas de los trabajadores, tanto de Rusia como de la parte de Polonia dominada por la primera, fueron primero económicas, estableciendo huelgas en diferentes ciudades, pero muy pronto estas demandas devinieron también políticas, concretamente contra el despotismo. Para febrero, las revueltas callejeras ya se habían extendido a varias ciudades polacas, principalmente a Lodz y Varsovia. La huelga revolucionaria se extendió a diferentes sectores de trabajadores, tales como ferrocarrileros y telegrafistas, incluso a sectores de la armada, como los de Kronstadt. Los reformistas en la Duma adquirieron mayor fuerza sobre los conservadores. Para finales de diciembre, la revolución arrancó al imperio un decreto que hacía concesiones electorales para la próxima Duma. Las elecciones de abril de 1906 favorecieron a los demócratas. Los demócratas constitucionales, llamados *kadetes* (por sus siglas en ruso KD), tenían la mayoría. Su lucha era por la ampliación de las libertades para el pueblo. El zar no aceptó la demanda de la Duma y menos las exigencias sobre la tierra; en consecuencia, la disolvió. La segunda Duma (marzo de 1907) también fue de oposición. Como la anterior, fue disuelta e inmediatamente se dictó una nueva ley electoral que garantizaría la mayoría de los conservadores en el órgano parlamentario. La tercera Duma (noviembre de 1907), por lo tanto, fue gobiernista. La lucha contra el absolutismo, entonces, se renovó al margen de las instituciones y los opositores, especialmente los socialistas, fueron enviados al destierro o condenados a muerte o sobrevivieron en la clandestinidad o en el exilio. Las libertades fueron restringidas, los periódicos clausurados y se prohibieron las *sjodkas* o reuniones estudiantiles en las universidades.

A partir de la experiencia de esta revolución, en la que el Partido Socialdemócrata Ruso tuvo una limitada pero decidida participación, Rosa Luxemburgo escribió diversos textos sobre el movimiento espontáneo de las masas en los que defendió la huelga general como la más importante arma revolucionaria del proletariado. Luxemburgo señalaba que la huelga de masas no era igual en todas partes ni tendría, por lo mismo, el mismo significado revolucionario. Asimismo, hacía énfasis en las diversas huelgas obreras en Rusia, desde 1896, sin las cuales, además de la matanza de enero, no se podría entender la revolución de 1905. La huelga de masas, añadía, reflejaba las fases de la lucha política y económica, todos los momentos y factores de la revolución.[44] Asimismo, intentó exitosamente explicar la relación entre el programa mínimo y el máximo y señaló que Bernstein, con su gradualismo, no estaba eligiendo "un camino más calmo, seguro y lento hacia *la misma* meta, sino una meta *distinta* [...] no se encaminan [sus reformas graduales] a la realización del orden *socialista*, sino a la reforma del *capitalista*".[45] Respecto al programa mínimo y el máximo y su combinación en función de cada coyuntura, Luxemburgo tendría ciertas coincidencias con otros revolucionarios, principalmente con Lenin. El líder ruso censuraría a quienes se oponían a programas mínimos, entre otras razones porque esa posición los llevaría al aislamiento. Los llamó sectarios e izquierdistas. En 1908, calificó de izquierdistas a quienes, como ya fue mencionado al

---

[44] Kautsky sólo aceptaba la huelga de masas como presión para obtener, en el capitalismo, ciertas reformas favorables para los trabajadores y una legislación favorable pero no como un medio para la revolución. Una síntesis de las posiciones de los anarquistas, de Luxemburgo y de Kautsky en este debate sobre la huelga de masas, puede verse en Iring Fetscher, *op. cit.*, pp. 217 y ss.

[45] Norman Geras, *op. cit.*, p. 96.

principio, se negaban a participar en el parlamento y en las organizaciones obreras legales. La posición de Lenin fue muy clara: participar incluso en el parlamento más reaccionario y en las organizaciones de trabajadores aunque no fueran revolucionarias, saber replegarse en momentos de represión, tratar de utilizar a su favor las leyes al mismo tiempo que luchar por transformarlas. En una palabra, dar la lucha legal e ilegal según las condiciones y sin confundir sus posibilidades.[46] Luxemburgo enfatizaba, por su lado, la necesidad de vincular la lucha cotidiana "por las demandas mínimas y la conquista revolucionaria del poder: de otra manera —escribía Geras—, la primera se convertiría para todos los usos prácticos en un fin en sí misma y la segunda 'se divorciaría enteramente de la realidad'".[47]

Como se puede apreciar, en este punto (que no en otros) había coincidencias entre Luxemburgo y Lenin. Lo que no quedaba claro es cómo se conquistaría el poder, revolucionariamente, al mismo tiempo que se planteaba, desde la multicitada introducción de Engels de 1895, la participación en los órganos parlamentarios e incluso en gobiernos de tipo municipal. ¿Reforma o revolución serían de verdad opuestos? ¿A partir de qué coyunturas y condiciones específicas? ¿Cuál sería la frontera entre las reformas, basadas en programas mínimos, y la revolución generalmente maximalista? ¿Quién determina esta frontera? ¿El líder? ¿El partido? ¿La intuición?

Geras mencionaba que la misma Luxemburgo no propuso una estrategia o una táctica concretas para superar las limitaciones del establecimiento de distinciones entre las demandas mínimas y las máximas.

Luxemburgo rechazaba categóricamente la idea de que los objetivos del socialismo pudieran disolverse en una serie de reformas parciales, asegurándose una cadena de incrementos parciales a través de la actividad sindical, electoral y parlamentaria de la clase obrera. Tampoco veía en tal actividad ninguna dinámica automática o espontánea que condujera a la clase trabajadora a las conquistas revolucionarias del poder. Por supuesto, en una forma general —añadía Geras—, permitían a la clase obrera aumentar su fuerza política y económica y representaban un

---

[46] Véase V. I. Lenin, *La enfermedad...*, *op. cit.*
[47] *Ídem*, p. 97.

importante papel organizador y educativo. No obstante, la principal oposición de Luxemburgo contra el revisionismo consistía en que, *per se*, como táctica encerrada en sí misma, no podía tener como resultado la conquista proletaria del poder. Al contrario, podía apartarse completamente de este último objetivo, y en tal caso constituiría la actividad de un partido burgués y no de un partido socialista.[48]

Sigue el enigma de cómo distinguir lo reformista de lo revolucionario aunque queda perfectamente claro el peligro de que ciertas demandas o acciones reformistas, en lugar de acercar a los trabajadores a posiciones revolucionarias, los lleve al conformismo o a aceptar como un fin en sí mismo el conjunto de reformas llevadas a cabo.

Una coyuntura que llevó a la división de la Segunda Internacional, a su desaparición de hecho, fue la guerra, la primera guerra mundial. Una vez más, fue un problema estratégico, de profundo contenido teórico y de principios, el que dividiría a la ya para entonces influyente Internacional. El problema era sobre la participación de los trabajadores en la conflagración bélica. ¿Era una guerra de los trabajadores o de los capitalistas? Ésta era la cuestión, por más que los mismos gobiernos de los países involucrados quisieran presentar la guerra como una lucha entre naciones, es decir, entre toda la población de un país contra la de otro país. La posición de los marxistas era que los trabajadores no debían participar: no era su guerra ni había razón para que murieran para defender los intereses de las clases dominantes en pugna. La posición de los demás era que cada nación corría peligro y que, por lo mismo, capitalistas y trabajadores estaban en el mismo riesgo.

En agosto de 1914 estalló la guerra. Los socialistas franceses, una vez asesinado Jaurès, aprobaron, al igual que los alemanes, los créditos militares y apoyaron a sus gobiernos en la guerra contra otras naciones. Lenin y Luxemburgo no estuvieron de acuerdo. Era una guerra interimperialista —dijeron— y los marxistas no estaban de acuerdo con ella. En la Conferencia de Zimmerwald (1915), después de la reunión de Bruselas de julio de 1914, en la que la Segunda

---

[48] Norman Geras, *op. cit.*, pp. 97-98. Nótese la recurrencia a la introducción de Engels de 1895 varias veces citada.

Internacional dejó de funcionar como "expresión colectiva de una política socialista internacional",[49] se debatieron dos posiciones al margen de las defensas nacionales que antes estaban a discusión. Es decir, los participantes en Zimmerwald eran socialistas, internacionalistas y contrarios a la guerra pero tenían diferencias: unos planteaban que las organizaciones socialistas fungieran como mediadoras a la vez que exigieran la paz en todos los países, y los otros (la izquierda minoritaria en la Conferencia) defendían la idea de que la guerra abría posibilidades para una revolución que, de llevarse a cabo aunque fuera primero en un solo país, se extendería a otras naciones. La Segunda Internacional ya se había derrumbado y, en consecuencia, en Zimmerwald se hablaría de la necesidad de una Tercera Internacional. La consigna de Lenin, señalaba Kriegel, era la "transformación de la guerra imperialista en guerra civil",[50] posición no compartida por otros socialistas pero sí, de alguna manera, por los espartaquistas de Alemania (Luxemburgo, Karl Liebknecht y otros).

De esa polémica surgiría otro calificativo: los socialpatriotas, es decir, los defensores de la patria y de sus gobiernos en la coyuntura de la guerra.[51] En 1917, el zar fue derrocado y unos meses después comenzaron los triunfos de los bolcheviques en Rusia. Una revolución surgió durante la guerra, una revolución que, además, triunfaría, lo que no ocurrió en Alemania, donde también se hizo el intento. La Segunda Internacional dejó de existir, principalmente por la división entre revolucionarios y reformistas, internacionalistas y socialpatriotas. La guerra, que para algunos socialistas significaba una coyuntura favorable para la huelga general y para presionar a sus gobiernos (e incluso para la revolución), propició el caos interno en la Internacional, varias divisiones y su fin, sin nadie que firmara su acta de defunción.

Empero, la Segunda Internacional fue un marco propicio para el desarrollo de los partidos de masas y modernos, con principios, programas de acción y disciplina organizativa. En general, fue socialista

---

[49] G. D. H. Cole, tomo III, op. cit., p. 105.
[50] Annie Kriegel, op. cit., p. 78.
[51] El calificativo leninista de socialpatriotas alcanzó a Scheidemann, Ebert y otros en Alemania, a Guesde y sus seguidores en Francia, a Treves y Turati en Italia, a Vandervelde en Bélgica y a todos los que apoyaron a sus gobiernos en la guerra.

y en mayoría marxista, aunque no homogénea. Una vez más, el problema de la heterogeneidad aunque menos contrastante que en la Primera Internacional. El anarquismo fue excluido, como antes, sin un verdadero debate. Quizá, por su misma pobreza teórica y el frecuente dogmatismo de sus representantes, el anarquismo no pueda ser derrotado pues, para que esto sea posible, sería necesario un debate serio en el que cada una de las partes estuviera dispuesta a ser convencida por los argumentos de la otra. El debate *reforma o revolución*, que sí se dio, no fue resuelto, entre otras razones por dos principales: a] ninguna de las dos interpretaciones convenció a la otra y el *centrismo*, que pudo haber sido una posición mediadora entre ambas, fue abandonado como tendencia reconocida después de la guerra; y b] la frontera entre el reformismo y el revolucionarismo era (y sigue siendo) difusa, frecuentemente traslapada y sólo posible de distinguir en momentos específicos en los que un movimiento social asume posiciones revolucionarias. Aun así, la prueba del éxito o del fracaso de un movimiento revolucionario (o entendido como tal) determinaría si se trataba en realidad de acciones revolucionarias o aventureras, inmaduras o irresponsables. ¿Cómo saberlo? La revolución rusa de 1917 triunfó, pero también fracasó, como bien lo sabemos ahora, puesto que no fue posible la construcción del socialismo (que era su objetivo) y ni siquiera la dictadura del proletariado como fase transitoria entre el capitalismo y el socialismo. Quizá la clave para distinguir el reformismo del revolucionarismo nos la dio Rosa Luxemburgo cuando sugería que toda reforma que se aparte completamente del objetivo de la conquista proletaria del poder sería más bien la actividad de un partido burgués y no la de un partido socialista. Una vez más se puede comprobar, a partir de la proposición anterior, que la izquierda es un concepto relativo y que, por lo tanto, es una corriente avanzada o progresista respecto de la derecha que suele ser conservadora, como he señalado al principio de este escrito. En la Segunda Internacional la izquierda era socialista y, en el contexto, era la corriente que proponía combinar la acción electoral y parlamentaria con acciones de masas (huelgas, manifestaciones callejeras y hasta la guerra civil). Quienes se oponían a cualquier forma de acción legal fueron calificados como izquierdistas (ahora diríamos *ultraizquierdistas*), sectarios y dogmáticos. Quienes se oponían a las acciones de masas contra el poder instituido o contra los capitalistas eran calificados de reformistas (y dentro de esta categoría, de revisionistas, puesto que todos los revisionistas eran reformistas pero no todos los reformistas eran revisionistas).

El texto más importante que se haya escrito hasta ahora sobre los problemas de estrategia y sobre las izquierdas y el izquierdismo es el ya citado, de Lenin: *La enfermedad infantil del "izquierdismo" en el comunismo*, que tiene como antecedentes varios juicios de Engels y Marx contra el infantilismo revolucionario, el dogmatismo, el sectarismo y el voluntarismo de grupos que en lugar de analizar la realidad, se la inventaban, y a partir de su visión subjetiva proponían o llevaban a cabo acciones que, en su interpretación, eran revolucionarias aunque en los hechos no lo fueran.

Este folleto lo escribió Lenin en 1920, dos años y medio después de que los bolcheviques tomaron el poder. En ese momento, Lenin debió sentirse realizado como revolucionario lleno de experiencias y, como líder, con autoridad moral para calificar a sus enemigos y a sus adversarios.[52] Los errores que haya cometido como revolucionario, como líder y como persona no interesan en este momento, lo que no quiere decir que sean ignorados. En el tiempo en que escribió *La enfermedad...* Lenin era un defensor de la dictadura del proletariado ("la guerra más abnegada y más implacable de la nueva clase contra un enemigo *más poderoso*, contra la burguesía...") y del internacionalismo proletario. Casi lamentándose, decía que "aunque no sea más que en un país" la burguesía había sido derrocada, lo que hace pensar que aún mantenía la idea de que la revolución debería darse también en otros países para que en Rusia pudiera tener éxito. Sin embargo, según el texto, ya entonces Lenin confundía la dictadura del proletariado con la del partido (lo cual, con anterioridad, le valiera críticas fuertes de Rosa Luxemburgo). Los bolcheviques, escribía Lenin, no se hubieran mantenido en el poder "sin la disciplina rigurosísima, verdaderamente férrea, de nuestro partido..." —ampliamente apoyado por la masa obrera, añadía. Y más adelante, decía: "la experiencia de la dictadura proletaria triunfante en Rusia ha mostrado de un modo palpable [...] que la centralización incon-

---

dicional y la disciplina más severa del proletariado constituyen una de las condiciones fundamentales de la victoria sobre la burguesía".[53] Recuérdese que, al igual que Marx y Engels en sus últimos años, Lenin concebía al partido como la vanguardia de los trabajadores y a la dirección del partido como la vanguardia de éste. Asimismo, que la disciplina "incondicional" era necesaria, del mismo modo que la centralización de las decisiones aunque a esta forma de organización la llamara "centralismo democrático" en otros escritos.[54]

Con estos señalamientos, no es extraño el tono utilizado por Lenin para calificar y descalificar a sus adversarios, no siempre con justicia y, a mi juicio, a veces más por razones políticas del momento y porque es común que los revolucionarios, sobre todo cuando han tenido éxito, tiendan a pensar que ellos y sólo ellos tienen razón. Empero, todo indica que en la lógica marxista —es decir, de la izquierda socialista más sólida y coherente del siglo XIX—, tenía razón en algunas de sus calificaciones y descalificaciones que bien podrían ser, con la debida cautela, categorías políticas-analíticas (de hecho, lo fueron durante casi todo el siglo XX) que nos sirven para investigar y comprender la realidad, siempre y cuando esas categorías no sean convertidas, como ocurrió a menudo, en simples adjetivos usados para anatematizar a los adversarios políticos e incluso personales.

En primer lugar, Lenin criticó a los "revolucionarios de palabra" que no supieron comprender que hay momentos de ofensiva y otros de repliegue y que "es obligatorio aprender a actuar legalmente en los parlamentos más reaccionarios y en las organizaciones sindicales, cooperativas, de seguros y otras semejantes, por muy reaccionarias que sean". Aquí se refería a quienes se negaron a participar en la Duma durante el gobierno despótico del zar, igualmente a los sectarios que se negaban a participar en las organizaciones de trabajadores porque éstos no eran, a su juicio, revolucionarios. Esta crítica era válida y, en mi opinión, ha tenido vigencia a lo largo de todo el

---

[53] Éstas y las siguientes referencias son de la versión ya citada de *La enfermedad...* No juzgo necesario, por lo tanto, citar páginas.

[54] Los textos más importantes de Lenin sobre el partido son, sin duda, *¿Qué hacer?* (1902) y, sobre todo, *Un paso adelante, dos pasos atrás* (1904). Sin embargo, Lenin modificó algunos de sus puntos de vista después de la revolución de 1905 y más todavía después de la revolución de febrero en 1917.

siglo XX en muchas de las agrupaciones y movimientos de izquierda —como veremos después. El razonamiento es sencillo aunque a veces no parezca, y pienso que podría resumirse en la siguiente expresión de Lenin: "una república burguesa con una Constituyente era preferible a la misma república sin Constituyente, pero [...] la república 'obrera y campesina' soviética es mejor que cualquier república democrático-burguesa parlamentaria"; esto es, no deben desdeñarse los avances que la lucha de clases le impone a la dominación burguesa en sus instituciones y en sus leyes, pues éstas pueden ser aprovechadas por el proletariado y las fuerzas revolucionarias. ¿En qué circunstancias se desarrollan mejor la clase obrera y sus organizaciones: en una dictadura o en una democracia, por burguesa que sea? La respuesta, para mí, es obvia.

A la vez, Lenin criticó a los reformistas y centristas por hacerle el juego a los gobiernos de los países en que actuaban, sobre todo durante la primera guerra mundial. A estos reformistas y centristas los llamó oportunistas y socialpatriotas (o socialchovinistas), por haberse pasado al lado de la burguesía en contra del proletariado durante la guerra que, obviamente, no era la guerra de los trabajadores sino por un nuevo reparto del mundo por parte de las burguesías de entonces.

En relación con el anarquismo y el "semianarquismo", Lenin utilizaría otra categoría: el *revolucionarismo pequeñoburgués* (para simplificar, le llamaré RP). El RP es propio, valga la obviedad, de los pequeñoburgueses, víctimas también del capitalismo en su tendencia a la concentración, quienes enojados, "enfurecidos", caen "con facilidad en el ultrarrevolucionarismo, pero [son incapaces] de manifestar serenidad, espíritu de organización, disciplina y firmeza". Y más adelante, decía algo que tiene mucho que ver con los jóvenes (de clase media y *lumpen-proletariat*) tanto en los años 60 del siglo XX como a finales del mismo siglo y principios del siguiente:

El pequeño burgués "enfurecido" por los horrores del capitalismo es, como el anarquismo, un fenómeno social propio de todos los países capitalistas. Son del dominio público la inconstancia de estas veleidades revolucionarias, su esterilidad y la facilidad con que se transforman rápidamente en sumisión, en apatía, en fantasías, incluso en un entusiasmo "furioso" por tal o cual corriente burguesa "de moda".

(Como ha ocurrido, sin exageración, con algunos sectores de las *nuevas izquierdas* anteriores a 1968 y posteriores —y contemporáneas— al movimiento zapatista mexicano de finales del siglo xx.) El RP fue sinónimo de *izquierdismo*, es decir, de "enfermedad infantil del comunismo". Y Lenin cita dos momentos en que el bolchevismo luchó contra las desviaciones "izquierdistas" en su propio partido: los ya mencionados contra los *otzovistas* en 1908 y los comunistas de "izquierda" que se manifestaron en contra de la paz de Brest-Litovsk. El segundo momento fue entre el primer y segundo congresos de la Tercera Internacional, precisamente cuando Lenin escribió el folleto. Pero este segundo momento lo trataremos más adelante.

4. LAS IZQUIERDAS EN LA TERCERA INTERNACIONAL. MONOLITISMO Y OPOSICIÓN

La Segunda Internacional influyó sin duda entre la clase obrera europea. No sólo auspició el aumento del número de sindicados sino también la participación de los obreros en los parlamentos (casi 30% en Alemania y más de 20% en Bélgica y Noruega). Sin embargo, con la excepción de Rusia, ninguno de los gobiernos de Europa ni las clases dominantes se vieron amenazados por el ascenso de la clase obrera, ni siquiera por las grandes huelgas que desde 1905 estallaron en Francia, Italia e Inglaterra. Aunque la clase obrera conquistó mejores y más amplias organizaciones sólo en los países más industrializados (Gran Bretaña y Alemania), en otras naciones de Europa fue adquiriendo considerable influencia a medida que la industrialización avanzaba.

La época dorada para el capitalismo europeo, después de una depresión de más de 20 años, no dejó de tener problemas. Uno de éstos fue que Alemania, ya para entonces una potencia económica, era el único de los países más industrializados que no tenía colonias. Otro problema fue la ampliación de mercados para las potencias económicas y la competencia por esos mercados, competencia agudizada por la influencia de Estados Unidos en América y la de Japón en Asia. Esto explica que la primera guerra mundial se diera entre potencias industriales y comerciales, lo que no había ocurrido antes durante el siglo xix. La magnitud de esta guerra fue también nueva, no sólo por el número de países involucrados sino por la cantidad de soldados que se requirieron. Esto último afectó seriamente la producción agrícola (pues muchos soldados fueron reclutados del campo), por lo tanto el abasto de alimentos y, en consecuencia, los hábitos de vida sobre todo de la población europea, y dentro de ésta, de los más pobres. En el ámbito laboral hubo desequilibrios nunca antes imaginados. Tanto la industria de guerra como los ejércitos absorbieron a gran cantidad de la fuerza de trabajo, lo que condujo a la reforma de las reglas de juego en las fábricas y a la disminución de la fuerza de los sindicatos. En Alemania se llegó al extremo de imponer el trabajo obligatorio. Las libertades conquistadas en largos años de lucha fueron restringidas de golpe por el conflicto bélico. Las migraciones en Europa se aceleraron por la contratación de mano de obra sustituta importada de otros países menos prósperos y, desde luego, las mujeres fueron incorporadas a las fábricas en mucha mayor proporción que en los tiempos de paz.

Sin duda tenían razón quienes en la Segunda Internacional se oponían a la guerra y a la participación de los trabajadores en ella. Fue, hasta entonces, la guerra más cruel por las condiciones a que fueron sometidos sus combatientes, en su mayoría trabajadores, para los cuales no hubo suficiente abasto ni ropa para soportar los inviernos entre el lodo de las trincheras. Los únicos beneficiados de esa guerra, como ha ocurrido siempre, fueron los grandes capitalistas que la provocaron para ampliar sus negocios y los grandes monopolios ya existentes desde finales del siglo anterior. Sólo para no olvidarlo, tomemos en cuenta que antes de que la guerra cumpliera dos años Inglaterra había perdido ya un tercio de sus soldados (un cuarto de millón de hombres), Francia el doble y Alemania más de 600 mil. Al final de la guerra se calcularon 13 millones de muertos, sin contar a la población civil.

No extraña, entonces, el crecimiento de la oposición a la guerra, a pesar de que muchas libertades fueron restringidas. Y entre estos opositores jugaron un papel importante y creciente los socialistas, en particular los más radicales que se reunieron primero en Zimmerwald, en septiembre de 1915, y posteriormente en Kienthal, en abril del año siguiente. De estas conferencias, en las que participaron revolucionarios internacionalistas contrarios a la guerra de once países europeos, surgieron tendencias de izquierda en los partidos existentes y llamados a los trabajadores a exigir un armisticio inmediato y a no cifrar sus esperanzas y reivindicaciones en el triunfo de una nación sobre otras. Para 1917 hubo también sectores burgueses contrarios a la continuación de la guerra pues no se veía hacia dónde iba y sí sus enormes costos en vidas humanas y en la organización de la producción y el comercio. Importantes huelgas se desarrollaron en Francia, Italia, Gran Bretaña, Alemania (incluso en la industria militar) y en Rusia. Por añadidura, un sector importante de la burguesía rusa rompió con el zar, creándose entonces una situación prerrevolucionaria.

La represión a los huelguistas y la inconformidad de pueblos enteros y entre los ejércitos hacen pensar que Lenin podría haber tenido razón al llamar a la transformación de la guerra imperialista en guerra civil. Desde Turquía hasta el norte de Europa hubo deserciones de soldados, protestas obreras y de marinos, pillaje urbano y, por supuesto, más represión. Alemania fue abandonada por sus aliados y perdió la guerra, y con este final la monarquía de Guillermo II fue sustituida por una república encabezada por Friedrich Ebert, miembro de la fracción moderada del Partido Socialdemócrata, quien combatiría encarnizadamente a los revolucionarios de su país, principalmente a los espartaquistas durante la *semana roja* de enero de 1919.

Desde antes de la guerra, en el interior del SPD se formó una fracción de izquierda. En esta fracción destacaron Clara Zetkin (de la vieja guardia y dirigente de la organización femenina dentro del partido), Rosa Luxemburgo ("la mejor teórica que el SPD tuvo jamás"),[1] Karl Liebknecht, Franz Mehring y otros. Bebel, que habría estado con esa ala izquierdista, se retiró en 1913 y este mismo año murió en Suiza. Esta fracción, durante la guerra y sobre todo al final de ésta, tuvo una gran importancia por sus posiciones revolucionarias y sus apoyos a movimientos de huelga incluso entre soldados y marinos. A raíz de las posiciones de K. Liebknecht en el *Reichstag* y en el partido en contra de la guerra, misma que calificó de imperialista, se le unieron Luxemburgo y Mehring formando la Liga Espartaco —que se mantuvo como parte del Partido Socialdemócrata Alemán Independiente (USPD, por sus siglas en alemán)— y más tarde el Partido Comunista de Alemania (KPD, por sus siglas en alemán). Era un grupo minoritario —incluso en el USPD— que proponía el impulso de los trabajadores a "la huelga de masas o a la insurrección

---

[1] Wolfgang Abendroth, *Historia social del movimiento obrero europeo*, Barcelona, Laia, 1978, p. 73.

armada" contra la posición de los reformistas que sugerían que los
partidos socialistas constituyeran un "poderoso movimiento a favor
de una paz negociada, que hiciera posible para el socialismo reanu-
dar su interrumpido avance hacia la conquista del poder por medios
políticos".[2]
Las posiciones del grupo espartaquista fueron consideradas como
izquierdistas, de extrema izquierda dentro del SPD e incluso dentro
del USPD, pero en realidad los izquierdistas (y sectarios) eran los de
la facción de Arthur Rosenberg que rechazaba, bajo cualquier circunstancia, cualquier trabajo común con la socialdemocracia en
general.[3] Rosa Luxemburgo era abiertamente contraria a la suspensión de la lucha de clases durante la guerra y coincidía con
Liebknecht (y con Lenin) en que se trataba de una guerra imperialista en la que el papel de los trabajadores era luchar en contra de
ella en cada uno de los países involucrados y negarse a cualquier
forma de colaboración con sus gobiernos. ¿Eran izquierdistas o eran
consecuentes con sus posiciones socialistas e internacionalistas? A mi
juicio, lo segundo. Estos "izquierdistas" fueron casi los únicos que
protestaron por la invasión de Alemania a Bélgica, que era un país
neutral. En el interior del SPD, Liebknecht fue acusado de traidor al
partido y a su país por denunciar ese ataque a todas luces injus-
tificado. El resto de los socialistas reformistas y moderados, en cambio, apoyó a su gobierno bajo pretexto de defensa de la patria. Por
otro lado, los espartaquistas se mantuvieron primero en el SPD y
luego en el USPD, pues consideraron que separarse de esta organización, que llegó a ser importante por influencia y tamaño, hubiera
sido una actitud sectaria. Sin embargo, cuando el USPD resolvió formar parte del gobierno de Ebert y apoyar la convocatoria a una
Constituyente, en lugar de la formación de consejos de obreros y
soldados, los espartaquistas, después de varios debates a finales de
diciembre de 1918, decidieron romper con los independientes y
formar su propia organización. La renuncia de Haase (del USPD) al

[2] G. D. H. Cole, tomo V, *op. cit.*, p. 105.
[3] Pierre Broué, *Révolution en Allemagne (1917-1923)*, París, Editions de Minuit,
1971, p. 198. La organización de los izquierdistas se denominaba *Internationale
Kommunisten Deutschlands.*

gobierno ya no pudo impedir la división, pues coincidieron los dos momentos el mismo día (29 de diciembre de 1918).

Cabe la posibilidad de que estos "izquierdistas" hayan tenido razón teórica más que empírica, ya que el sentimiento de los obreros alemanes durante la guerra, con importantes excepciones, parecía coincidir con los socialistas moderados en relación con el conflicto bélico y las reformas hacia una democracia parlamentaria y, quizá, una república democrática. Sin embargo, no pueden pasarse por alto dos circunstancias:

La primera, que la disciplina tanto en los sindicatos como en el SPD ignoraba la democracia. Karl Legien, señalaba Cole, "dominó por muchos años los sindicatos 'libres' con una disciplina de hierro"[4] y Robert Michels, quien conoció por dentro el SPD en aquellos años, escribió un voluminoso texto para demostrar que en el partido los jefes (la oligarquía burocrática de la dirección partidaria) decidían y actuaban al margen de la opinión de sus militantes y afiliados. La dirección del partido formaba inevitablemente una oligarquía. "*Quien dice organización dice oligarquía*", escribía Michels,[5] y el SPD era su ejemplo.

Y la segunda, que a principios de 1918 las huelgas en Alemania comenzaron a multiplicarse en número y a ampliarse en territorio, a pesar del SPD. Una revolución se estaba gestando. Con la proclamación de la república, el 9 de noviembre de 1918, comenzó también la revolución en Alemania.[6] Ese mismo día, señalaba Ramos-Oliveira[7] "hubo muertos y heridos en distintos puntos de Berlín" y Rosa Luxemburgo fue liberada de la cárcel de Breslau junto con todos los presos políticos. Fue éste el primer triunfo de la revolución. Los espartaquistas proponían que el poder pasara a manos de los consejos de obreros y soldados, como igual se había planteado en la

---

[4] *Ídem*, p. 106.
[5] Véase Robert Michels, *Los partidos políticos (Un estudio sociológico de las tendencias oligárquicas de la democracia moderna)*, Buenos Aires, Amorrortu, 1969. Véase también Bo Gustafsson, *op. cit.*, pp. 30 y ss.
[6] El libro de Pierre Broué, ya citado, es sin duda la historia más detallada de la revolución alemana, que además contiene una cronología mes por mes hasta 1924 inclusive.
[7] Antonio Ramos-Oliveira, tomo I, *op. cit.*, p. 307.

revolución rusa (los *soviets*). La socialdemocracia, obviamente, no estaba de acuerdo. "La socialdemocracia rectificaba ahora la línea teórica que se había dibujado en todos sus congresos nacionales antes de la guerra."[8] El debate *reforma* o *revolución* cobró vigencia de nuevo pero no sólo en salones cerrados entre intelectuales y dirigentes socialistas sino también en las calles, entre trabajadores y soldados revolucionarios en lucha contra un gobierno constituido por socialdemócratas reformistas que, antes de tener el poder, hablaban del socialismo como meta y del gradualismo electoral y parlamentario como estrategia. Los independientes, a diferencia de los espartaquistas, fueron convencidos (cooptados) de participar con la mayoría de la socialdemocracia, incluso en el gobierno. Mientras Ebert llamaba a la conciliación y al abandono de posiciones de lucha, los espartaquistas convocaban a los trabajadores y a los soldados y marinos rebeldes a mantenerse en pie de lucha y a no entregar las armas. Siguieron los enfrentamientos, las manifestaciones callejeras y, como respuesta, las represiones y muertes por parte del gobierno. Los independientes, que formaban parte del gobierno, renunciaron y la Liga Espartaco, como ya fue señalado, se convirtió en Partido Comunista el 1 de enero de 1919. Las luchas se intensificaron, los espartaquistas, con mayor influencia que al principio de la revolución, tomaron periódicos y dependencias públicas. Las fuerzas del gobierno respondieron y recuperaron poco a poco varias de las plazas tomadas por los revolucionarios. No sólo hubo muertos, también nuevos prisioneros. Para el 12 de enero esa etapa de la revolución había sido debilitada. El 15 de enero Liebknecht y Luxemburgo fueron detenidos y, posteriormente, asesinados. Después de esta ola de represiones, se convocó a elecciones para la Asamblea Nacional. Unos días más adelante, Ebert fue electo presidente pero las huelgas continuaron y la represión también.

> En todo el territorio alemán —explicaba Abendroth— se produjeron en los meses siguientes huelgas generales, seguidas de expediciones represivas del ejército. Demasiado tarde quisieron los obreros imponer sus exigencias, después de haber confiado mucho tiempo en que el

---

[8] *Ídem*, p. 309.

gobierno había de realizarlas. Sin que fuera posible una acción coordinada, fueron así reprimidos distrito por distrito.

Para mayo de 1919, la república de Consejos de Munich, "proclamada por los obreros de la socialdemocracia mayoritaria de la capital bávara, [...] fue destruida por el ejército de forma sangrienta bajo la responsabilidad de un ministro de la mayoría socialdemocrática y de un gobierno regional de la mayoritaria socialdemocracia".[9]

Por lo tanto, la hipótesis de que los "izquierdistas" alemanes sólo tenían razón teórica fue demostrada como falsa. Aunque con retraso, los obreros alemanes descubrieron que sus líderes partidarios y no pocos en sus sindicatos, al tener el poder, se habían convertido en sus enemigos. La monarquía fue sustituida por una república pero esta república fue burguesa, contraria al bolchevismo en Rusia y a los consejos de obreros y soldados en su propio país y, por lo mismo, tan represiva como el viejo régimen aunque concediera reformas a favor de los trabajadores y de las mujeres. La burguesía siempre concede reformas, con frecuencia bajo presión de las masas —y más si éstas atentan contra su dominación.

No es muy difícil saber quiénes formaban la izquierda en Alemania y quiénes fueron sus adversarios. Las luchas sociales y la respuesta de los gobiernos, tanto la monarquía como la nueva república, despejaron cualquier duda. Por lo demás, se confirmó que la izquierda era socialista o no era, y que la ultraizquierda, si bien terminó coincidiendo con la izquierda al formar parte del Partido Comunista de Alemania (KPD), tuvo periodos de sectarismo que en nada ayudaron en la orientación, coordinación y eventualmente dirección de las luchas revolucionarias de esos momentos. Finalmente, la revolución alemana, como de alguna manera la que condujo a la Comuna de París, tuvo mucho de espontánea en el sentido de que varios de los levantamientos y huelgas no fueron producto de un plan organizado por un partido sino resultado del descontento de las masas con las condiciones de la guerra y sus efectos y, ¿por qué no?, del hecho ya evidente de que Alemania había perdido la guerra y, por lo tanto, no se podrían cumplir las expectativas que habían creado las

---

[9] W. Abendroth, *op. cit.*, pp. 89 y 90.

clases dominantes para el país y para la población en su conjunto. El papel del partido era (y es), en el mejor de los casos, presentar un proyecto alternativo a las condiciones que motivaron los levantamientos de las masas y, en este sentido, darle dirección y coherencia a esas luchas. Ese proyecto no fue el del SPD, entre otras razones porque sus planteamientos, antes de ser gobierno, no correspondían al radicalismo creciente de las masas y, posteriormente, porque como gobierno volteó sus armas contra la ola insurreccional, radicalizándola todavía más. La izquierda revolucionaria alemana, por otro lado, fue alcanzada por la revolución sin estar preparada para ella. Si la Comuna de 1871 no pudo prosperar y consolidarse en el poder, como ya vimos, fue porque era muy heterogénea en su composición y porque no hubo una organización política (una suerte de partido) que le diera un programa coherente y disciplina nacional para ampliarse. La revolución alemana, en mi interpretación, tuvo el partido, sí, pero éste no tuvo la fuerza para organizar la revolución contra un gobierno que, con lenguaje de izquierda, reprimía a las masas usando al ejército del antiguo régimen.

En Rusia la revolución tuvo una historia diferente. Para empezar, Rusia estaba destinada a la derrota en la primera guerra mundial, pues no tenía la infraestructura para la movilización de sus ejércitos, tampoco tenía las armas ni la tecnología militar; peor aún, sus soldados y sus generales no tuvieron entrenamiento ni experiencia para una guerra de esta naturaleza. En una palabra, sus posibilidades eran no sólo inferiores a las exigencias de una guerra sino a la fuerza militar de Alemania. Rusia tenía hombres pero no cómo prepararlos eficientemente para una guerra. No es casual que Rusia fuera el país que más soldados perdiera: más de cinco millones, entre muertos, prisioneros y heridos. Por si no fuera suficiente, el poder estaba en descomposición interna y desgastado por la reciente derrota en la guerra con Japón. Para la segunda mitad de 1916, en los ámbitos oficiales se dudaba seriamente de que Rusia pudiera salir bien librada de la guerra, y en la Duma se pensaba que el gobierno tenía que ser sustituido por gente de mayor aceptación en el país. Al igual que en otros países, los obreros calificados fueron suplantados por trabajadores sin preparación ni experiencia industrial y la producción en el campo también se vio afectada. Los bolcheviques se desenvolvían en la clandestinidad y varios de sus principales dirigentes vivían en el exilio o en el destierro. Aunque el gobierno culpaba a los bolcheviques de las expresiones de inconformidad de los trabajadores, muchas de las huelgas se dieron por la situación de miseria y sobrexplotación en las fábricas y por la represión sistemática que sufrían. La represión, muchas veces exagerada, radicalizó a las masas en Petrogrado, Moscú y otras ciudades, y el planteamiento de la huelga general contra la guerra, la carestía, la represión y el gobierno comenzó a generalizarse. Paralelamente, los campesinos proletarizados y en depauperación creciente también iniciaron rebeliones que poco a poco fueron ampliándose geográficamente. ¿Quién dirigió la revolución de febrero?, se preguntaba Trotski. Y se contestó diciendo: "los obreros conscientes, templados y educados principalmente por el partido de Lenin".[10] Pienso, sin embargo, que es mejor la fórmula de interpretación que el mismo Trotski señalaba: la revolución no fue espontánea, sino anónima. En ella había bolcheviques, sobre todo en Petrogrado, que sin duda mucho tuvieron que ver con la dirección de la revolución, pero seguramente había soldados, marinos, obreros y campesinos que con gran intuición, y quizá por anteriores experiencias (como las de la revolución de 1905), dirigieron las acciones de febrero sin referencia a ningún partido político. "En octubre —escribía Trotski—, los revolucionarios actuaban capitaneados día tras día por el partido; en los artículos, manifiestos y actas del mismo aparece consignado, aunque no sea más que el curso externo de la lucha. *No así en febrero.* Las masas no están sometidas casi a ninguna dirección organizada."[11] Quizá no tenían mucha claridad sobre lo que querían, pero sí, obviamente, sobre lo que no querían; si no, no se hubieran sublevado.

En estas condiciones, para febrero de 1917, las huelgas, los motines de soldados y marinos y la deslealtad al zar se volvieron lugar común. La insurrección era una realidad, no había gobierno formal. El zar fue derrotado. El poder pasó a manos de la burguesía liberal, entre otras razones porque no había un partido de izquierda socialista por cuyos cuadros los obreros y los soldados revolucionarios

---

[10] Leon Trotsky, *Historia de la revolución rusa,* vol. 1, *Obras,* tomo 7, México, Juan Pablos (ed.), 1972, p. 186.

[11] *Ídem,* p. 147. (Las cursivas son mías.)

hubieran podido votar en ese momento. Eligieron a los socialistas en general (mencheviques y socialrevolucionarios), es decir, a quienes veían como enemigos del zar, sin distinguir si aquéllos estaban más cerca de los intereses de la burguesía que del socialismo. Fue, guardando toda proporción, como ocurrió en Alemania en 1918 cuando se dio el apoyo a la socialdemocracia. En abril de 1917 llegó Lenin a Petrogrado. Entre sus primeras declaraciones en territorio ruso destacaron sus discursos en contra de la democracia burguesa y la república parlamentaria. Su propuesta era, obviamente, el poder de los soviets de obreros, soldados y campesinos. En sus tesis de abril[12] Lenin dejó claro que la guerra no era la guerra de los trabajadores rusos, que el proletariado "por carecer [...] del grado necesario de conciencia y de organización" le dio el poder a la burguesía y que ahora, en la siguiente etapa, habría que poner el poder en manos de los trabajadores. Mientras tanto, no debía darse ningún apoyo al gobierno provisional. Por lo tanto, y sin perder de vista que los bolcheviques eran minoría, había que explicar a las masas que "los soviets de diputados y obreros son *la única* forma *posible* de gobierno revolucionario". Propuso, asimismo, que el partido cambiara de nombre (a Partido Comunista), puesto que la socialdemocracia se había desprestigiado desde la Segunda Internacional. Contra las posiciones de Lenin estaban las de los mencheviques[13] que sostenían la pertinencia de no acelerar la ruptura con la burguesía en la revolución ni con el gobierno provisional, ante el cual había que hacer la crítica por los desaciertos y apoyar las medidas que consolidaran los avances de la revolución. Es evidente cuál era la posición de izquierda y cuál la reformista-posibilista (es decir, oportunista, para seguir con las clasificaciones ya discutidas en los capítulos anteriores). Empero, el discurso de Lenin fue calificado como fuera de lugar, incluso delirante. Goldenberg (ex miembro del Comité Central bolchevique), citaba Trotski, "enjuició el debate de las tesis

---

[12] V. I. Lenin, "Las tareas del proletariado en la presente revolución", *Obras escogidas*, tomo 2, Moscú, Ediciones en lenguas extranjeras, 1960, pp. 39 y ss. (Estas tesis fueron presentadas a título personal.)

[13] Los mencheviques eran los miembros minoritarios del Partido Obrero Socialdemócrata Ruso (POSDR), contrarios a los bolcheviques en el mismo partido, y representaban el ala reformista del partido y luego en la revolución.

de Lenin de este modo categórico: 'El puesto de Bakunin en la revolución rusa, vacante durante tantos años, viene a ocuparlo ahora Lenin'."[14] El aparente izquierdismo de Lenin, ciertamente, escindió incluso a no pocos bolcheviques que se pasaron a las filas del menchevismo. Era evidente que los rusos estaban muy satisfechos de la revolución y de sus logros. El discurso de Lenin era un balde de agua fría sobre sus cabezas, ya que muchos bolcheviques, desde los tiempos de la revolución de 1905, pensaban que primero había que pasar por una revolución democrático-burguesa y ésta, en su opinión, apenas se estaba iniciando. Lenin mismo, antes de la revolución de febrero, había sido defensor de la revolución democrática. En este punto quedaron claramente establecidas las diferencias entre el reformismo y el revolucionarismo. Tanto los reformistas rusos como los alemanes, entre éstos Kautsky, defendían el carácter burgués de lo que llamaron primera fase de la revolución rusa, es decir, desarrollar primero la democracia y en ésta la economía de Rusia y luego, mediante reformas, elecciones y acciones parlamentarias, cual era el planteamiento de la socialdemocracia no zimmerwaldeana, llegar al socialismo gradualmente. Contra esta posición, obviamente, estaban Lenin y Trotski y, en Alemania, Rosa Luxemburgo y sus camaradas espartaquistas. Luxemburgo escribía:

La situación verdadera de la revolución rusa al cabo de pocos meses se agotaba en esta alternativa: triunfo de la contrarrevolución o dictadura del proletariado [...] La revolución rusa no ha hecho en este sentido sino confirmar la enseñanza fundamental de toda gran revolución, cuya ley de vida reza: o bien avanza con toda rapidez y decisión apartando con mano de hierro todos los obstáculos que se interfieran en su camino, proponiéndose siempre metas más elevadas o al cabo de poco tiempo se verá rechazada por detrás de sus más débiles puntos de partida para ser luego aplastada por la contrarrevolución. [...] El partido de Lenin fue el único que comprendió las exigencias y el deber de un partido realmente revolucionario, el que mediante la consigna de "todo el poder al proletariado y al campesinado" supo asegurar el avance de la revolución. [...] Sólo un partido que sepa dirigir, es decir, que sepa

---

[14] L. Trotsky, *Historia...*, *op. cit.*, p. 357.

impulsar hacia adelante, gana sus adeptos en medio de la tempestad. La decisión con que Lenin y sus camaradas lanzaron en el momento decisivo la única consigna que impulsaba hacia adelante —todo el poder al proletariado y al campesinado— hizo de ellos casi de la noche a la mañana de una minoría ilegal, perseguida y calumniada, cuyos jefes tenían, como Marat, que esconderse en los sótanos, en dueños absolutos de la situación.[15]

En Rusia había un doble poder que poco a poco fue separándose: el poder del gobierno provisional y el de los soviets. Los trabajadores, más de manera espontánea que por influencia de un partido, se expresaban mediante manifestaciones y marchas por avanzar más en sus reivindicaciones, insuficientemente satisfechas por el gobierno. La guerra misma agudizaba contradicciones, incendiaba los ánimos de un proletariado que nada obtenía, salvo miseria en su país y muerte en el frente de batalla. La disyuntiva era entre el régimen provisional que conservaba la esencia del Estado y parte del viejo aparato, o el poder de los soviets y, por lo tanto, la destrucción de ese viejo aparato del Estado y su remplazo por los soviets, por el poder del proletariado. Esta pugna se hizo todavía más difícil por la que también existía en el Comité Central del partido: entre el ala izquierda, que propugnaba por la insurrección contra el gobierno —en ese momento de Kerenski—, y los moderados y vacilantes, encabezados por Zinoviev y Kamenev, que no estaban de acuerdo con el avance de la revolución. Lenin, el izquierdista en esos momentos, convenció a la mayoría de los bolcheviques de levantarse en armas. Si en la revolución de febrero ningún partido llamó a la insurrección armada, en la de octubre los bolcheviques convocaron a las masas a la toma del poder. Podría decirse que la revolución de febrero fue rebasada por la izquierda en pocos y difíciles meses. Los trabajadores, finalmente, tuvieron el poder. ¿Por cuánto tiempo?

Una cosa era aprender la teoría socialista, la estrategia para luchar por el socialismo y la organización de un partido socialista, y otra era saber cómo reorganizar la economía en un país devastado por la

---

[15] Rosa Luxemburg, "La revolución rusa", *Escritos políticos*, Barcelona, 1977, pp. 561-564.

guerra, con campesinos pobres e individualistas y con obreros sin experiencia de dirección en las fábricas y con ningún conocimiento sobre producción y comercialización industrial. El primer reto que tuvieron los bolcheviques en el poder era parar la guerra, resolver el problema de la guerra civil y de la invasión de los ejércitos de varios países. En marzo de 1918, firmaron los tratados de Brest-Litovsk con Alemania, que no fueron precisamente ventajosos para Rusia pero menos lo era la continuación de la guerra, que obviamente no era su guerra ni la habían iniciado sus trabajadores. El segundo paso era expropiar a los capitalistas. El tercer paso, con el poder de los soviets, era producir alimentos y bienes para una población hambrienta y en harapos (que no era un problema exclusivo de Rusia), pero los soviets no sabían qué hacer para reactivar la economía. Había que planear ésta, pero planear la reconstrucción de un país no era igual que planear la toma del Palacio de Invierno.

Lenin entendió que en esas condiciones internas sólo el partido, la dirección del partido y sus mejores cuadros, podrían sentar las bases del socialismo y organizar una planeación central, con sus respectivos controles, con todos los riesgos de formar un poderoso aparato burocrático. Este problema no era una preocupación falsa de Lenin. Muchos de sus escritos y discursos de la época demuestran su interés por la organización de las masas, de abajo hacia arriba, por la formación de sindicatos y por la organización de la economía por iniciativa de los trabajadores. Sin embargo, los hechos fueron muy distintos. El resultado no fue la dictadura del proletariado, sino la de un partido. ¿No había otra posibilidad? Quizá no, ¿cómo saberlo? El hecho es que los soviets se desdibujaron a favor de la burocracia, determinada ésta, a su vez, por la dirección del partido. Rosa Luxemburgo, a mi juicio, con razón, decía que para derrumbar un estado de cosas bastaría un decreto pero para construir algo nuevo, en este caso a favor del pueblo, no bastaría un decreto sino la participación activa de las masas populares. "En caso contrario, el socialismo se decreta, se impone desde la mesa de gabinete de una docena de intelectuales." Y añadía que restringiendo la participación de las masas...

...con el sofocamiento de la vida política en todo el país, también la vida de los soviets se paralizará cada vez más. Sin elecciones generales, libertad de prensa y de reunión sin restricciones, sin una libre lucha de

110 IZQUIERDAS E IZQUIERDISMO

opiniones diversas, la vida desaparece de todas las instituciones públicas, se convierte en una vida aparente y la burocracia pasa a ser el único elemento activo.[16]

Y tenía razón. Las libertades se restringieron y la libertad, como también decía Luxemburgo, "sólo para los partidarios del gobierno, sólo para los miembros de un partido —por muy numerosos que puedan ser— no es libertad".[17] A pesar de las evidencias que demostraban el poder de la dirección del partido sobre la sociedad, Trotski, en ese momento, era optimista al decir: "Vamos a fundar un poder que no se propondrá otro fin que el de satisfacer las necesidades de los soldados, de los obreros y de los campesinos. El Estado debe ser un instrumento de liberación de las masas de todas las esclavitudes."[18] Fue al revés. La liberación de las masas, que ciertamente no se dio en relación con todas las esclavitudes, terminó siendo un instrumento del Estado y un concepto acotado por éste. Trotski habría de atacar esta situación posteriormente, sobre todo a partir de que Stalin "heredara" el poder de Lenin.

La revolución, sin embargo y a pesar de la toma del poder, no sería de fácil consolidación en la lógica prevista por sus conductores. La situación internacional tampoco los ayudó. Los bolcheviques confiaban en que de la misma manera que el éxito de la revolución rusa podría influir en la revolución que se estaba gestando en Alemania, el éxito de la revolución en este país podría ayudar a la construcción del socialismo en Rusia. Ocurrió lo primero pero no lo segundo. Los movimientos y huelgas de los obreros no sólo se dieron en Alemania, también en Austria, en Hungría, en Francia, en Italia y hasta en Gran Bretaña. En Austria, los obreros fueron abandonados por los partidos y por sus mismos sindicatos. En Francia, la huelga general iniciada en Lyon llegó también a París pero sus dirigentes, como en Austria, dejaron solos a los trabajadores. En Hungría y en Rumania, donde los

---

[16] Ídem, p. 587.
[17] Ídem, p. 585.
[18] Citado por Albert Mathiez, "El bolchevismo y el jacobinismo" (originalmente publicado en 1920), *Revista Mexicana de Ciencias Políticas y Sociales*, año XXXVI, núm. 142, México, Facultad de Ciencias Políticas y Sociales, UNAM, octubre-diciembre de 1990, p. 101.

obreros llegaron a constituir repúblicas de consejos, el poder detuvo su avance: en Hungría, al constituirse una república en manos de la socialdemocracia, y en Rumania, mediante la represión militar. En Inglaterra, los partidos y los grandes sindicatos le dieron la espalda a los movimientos obreros, especialmente de los *shop-stewards*. Con el fin de la guerra la derecha tomó el poder en Francia, en Inglaterra, en Rumania y en Italia. Aun así los obreros, en general, lograron concesiones tanto sociales como políticas, lo cual sirvió para disminuir sus ímpetus de rebeldía. Al mismo tiempo, quizá por temor a las repercusiones sociales de la revolución rusa en medio de una crisis económica mundial con alta inflación, la derecha y la extrema derecha resurgieron en diversos países, incluyendo obviamente a Estados Unidos. En este país, los conservadores protestantes, xenófobos y blancos de clase media y alta han visto siempre peligros en los inmigrantes no anglos, en la población afroamericana y, a partir de la revolución en Rusia, en el comunismo que, en efecto, influyó en Seattle, Pittsburgh y otras ciudades donde incluso hubo ensayos de formación de soviets obreros.[19] Los levantamientos de obreros y soldados en diversos países, las huelgas generales y las luchas en las barricadas no triunfaron pero sus acciones y el desgaste de la guerra sirvieron para evitar que los países capitalistas más poderosos pudieran combatir a la nueva Unión Soviética, en combinación con los generales del viejo régimen, con los burgueses que obviamente no aceptaban perder sus propiedades y con no pocos socialistas reformistas y mencheviques que habían sido vencidos después de tener el poder por unos meses. Se evitó una invasión masiva a la URSS pero no una guerra civil, una contrarrevolución financiada por las principales potencias europeas, más Estados Unidos y Japón. Para principios de 1921, sólo Japón ocupaba una parte del territorio soviético en extremo oriente y había algunos combates en Turkestán. En esos meses, el Ejército Rojo dominaba la situación: triunfó sobre la contrarrevolución y contra los invasores extranjeros.

---

[19] Un recuento de las repercusiones de la revolución rusa en diversos países puede verse en el capítulo final de G. Golikov *et al.*, *Historia de la gran revolución socialista de octubre*, Madrid, Manuel Castellote (ed.), 1976. Hay otras versiones más mesuradas sobre las repercusiones de la revolución rusa en el mundo pero, en esencia, dicen lo mismo.

Sin embargo, los bolcheviques, ante la situación internacional, habrían de insistir no sólo en la defensa de la revolución sino también en la vieja idea surgida en la Conferencia de Zimmerwald: crear una Tercera Internacional para fortalecer los apoyos del exterior y, a la vez, para influir a escala mundial. Sabían que existían socialistas de izquierda entre el movimiento obrero e intelectual europeo que de ninguna manera aceptaban los resultados sociales, políticos y económicos al final de la guerra. Estos revolucionarios fueron invitados a Moscú para fundar la nueva Internacional, también llamada Internacional Comunista. Lamentablemente los grandes partidos con amplia base obrera, con muy pocas excepciones (Noruega, Finlandia y Bulgaria), no estuvieron presentes.[20] La convocatoria para fundar la Internacional fue lanzada el 24 de enero de 1919. Entre los representantes importantes de partidos comunistas estuvo Hugo Eberlein del Partido Comunista de Alemania. Eberlein consideraba que no era momento de fundar la Internacional Comunista, que no había habido tiempo para convocar a más gente. El representante de Suiza, Platten, estuvo más o menos de acuerdo. Zinoviev, por su lado, estimó que para los bolcheviques la nueva Internacional ya existía, pero estuvo de acuerdo en que se fundara formalmente lo más pronto posible.[21] Al parecer, la posición del PC de Alemania no era desdeñable ya que muchos de los otros "representantes" en realidad no lo eran o, dicho de otra manera, no representaban fuerzas socialistas reales en sus propios países.[22] La fundación se convirtió en una "Conferencia comunista internacional", inaugurada el 2 de marzo de 1919. Pero el 4 de marzo, después de varios debates, se acordó convertir a la conferencia en el Primer Congreso (constituyente) de la Internacional Comunista (IC), también llamada Tercera Internacional o Comintern.

---

[20] W. Abendroth, *op. cit.*, p. 94.

[21] Véase Pierre Frank, *Histoire de l'Internationale communiste (1919-1943)*, tomo I, París, La Brèche, 1979, pp. 56-57. Véase asimismo Instituto de Marxismo-leninismo anexo al CC del PCUS, *La Internacional Comunista (ensayo histórico sucinto)*, Moscú, Progreso, s.f., pp. 50-51.

[22] Sobre quién era quién en la Conferencia comunista de 1919, véase Adam B. Ulam, *The bolcheviks (The intellectual and political history of the triumph of communism in Russia)*, Nueva York, The Macmillan Company, 1965, p. 494.

Entre el primer congreso de la ɪc y el segundo, los bolcheviques intentaron auspiciar organizaciones hermanas fuera de Rusia. Muchos partidos comunistas se crearon en el mundo en 1919 y 1920 (en México, se creó el Partido Comunista en septiembre de 1919). Sin embargo, la constitución de partidos comunistas no significó que las corrientes tradicionales de la izquierda dejaran de existir o de manifestarse. En unos casos, los reformistas, que en Europa tenían fuerte influencia sobre las masas trabajadoras, intentaron evitar la formación de partidos simpatizantes con la revolución bolchevique. En otros casos, los izquierdistas militaron en contra de participar en los parlamentos o en partidos constituidos, donde estaba la mayor parte de los obreros organizados. Era claro, o así debía serlo, que en cada país los simpatizantes de la revolución rusa y del socialismo debían actuar en función de su realidad concreta. Su función era, en principio, influir en las masas a favor del socialismo, para que lucharan por éste y, por lo mismo, en contra del capitalismo. Esa lucha sería el mejor apoyo a la revolución rusa. Empero, en varios países, especialmente en Europa, los grupos ultraizquierdistas se negaron a interpretar la estrategia revolucionaria con flexibilidad, de acuerdo con las condiciones en que vivían tanto las masas obreras como los partidos socialistas. Así por ejemplo, en Alemania, los izquierdistas, en lugar de sumar, dividieron a las fuerzas socialistas formando su propio partido (el Obrero Comunista de Alemania) que se dedicó a atacar más al Partido Comunista que a los enemigos de ambos, porque el segundo tenía una alianza táctica con el Partido Socialdemócrata Independiente de Alemania. "Los errores sectarios de izquierda [...] causaron '*los más serios perjuicios al comunismo*'."[23] Fue entonces cuando Lenin escribió *La enfermedad...*, precisamente en contra de los oportunistas y de los izquierdistas de antes y, sobre todo, de los de esos momentos tanto en Alemania como en otros países. Lamentablemente, este folleto fue usado posteriormente para justificar posiciones de todo tipo, incluso oportunistas y neo-reformistas como fue el caso de Stalin, quien acusó de izquierdistas precisamente a quienes defendieron el marxismo revolucionario y el internacionalismo proletario. Stalin hizo caso omiso de la coyuntura

---

[23] Instituto de Marxismo-leninismo, *op. cit.*, p. 65. (La cita es atribuida a Lenin.)

en que Lenin escribió *La enfermedad...* y pasó por alto que las analogías, en la historia, son sólo eso, analogías.

Interesa resaltar que para Lenin el izquierdismo (o ultraizquierdismo) no sólo es una reacción frecuente de ciertos sectores de la izquierda al oportunismo sino también una actitud "natural" de la pequeña burguesía doctrinaria, radicalizada, inexperta, inflexible e impaciente y, como se ha visto a lo largo de los años, de ciertos sectores del *lumpen-proletariat* en momentos de desesperación, que son frecuentes por sus condiciones de vida. Pero también debe decirse que en ciertas coyunturas el izquierdismo, para los reformistas o para quienes tienen el poder, es la fuerza de impulso de movimientos sociales y políticos necesarios para avanzar, como fue el caso del mismo Lenin a raíz de sus tesis de abril o como fuera también el caso de Trotski una vez que vio, en los hechos, el desenvolvimiento de la Unión Soviética sobre todo bajo Stalin.

La Tercera Internacional, a diferencia de las anteriores, fue o se convirtió en algo más que una coordinación internacional de los partidos comunistas en el mundo. En los hechos, fue una dirección para éstos, dirección supuestamente colectiva en la que dominaba el Partido Comunista de la Unión Soviética; más precisamente, en la que dominaba la dirección del PCUS y, posteriormente, del gobierno de la URSS, es decir, Stalin. Para esos momentos la concepción del partido como vanguardia de la clase obrera ya era evidente y lo que fuera el diseño de una estrategia general para los partidos se convirtió en un conjunto de consignas que se aplicaban mecánicamente sin importar las características propias y específicas de cada país. Las condiciones para el ingreso de los partidos comunistas a la Internacional Comunista (Segundo Congreso) revelan que la intención de ésta era crear una *comunidad teórica* y dejar atrás la *comunidad de acción.* "Sin ese documento [con las 21 condiciones] era imposible consolidar la Comintern como una organización *monolítica por su ideología...*", se señala en la historia oficial de la Internacional.[24] Es obvio que la flexibilidad de la que escribiera Lenin en *La enfermedad...* fue abandonada en la práctica (no en los debates) tres meses después, en el Segundo Congreso (19 de julio al 6 de agosto de 1920), al establecerse las *condiciones. La comunidad teórica,* a la que hiciera referencia

_____
[24] *Ídem*, p. 78. (Las cursivas son mías.) Las 21 condiciones, según Hájek, tenían la intención de salvaguardar a la IC sobre todo de las tendencias centristas que, en esos

Marx, fue convertida en un monolitismo ideológico y estratégico que fue asumido por los partidos comunistas como una orden a acatar. La *condición* número 21, por ejemplo, decía que los miembros de un partido que no acepten las condiciones y tesis de la ɪc deberán ser excluidos de sus filas.²⁵ Otra falla importante de las 21 condiciones fue su rusocentrismo y su absoluto desconocimiento de los países no industrializados y semicoloniales y de las diferencias entre países como Gran Bretaña y Estados Unidos, por un lado, y otros como Italia, Alemania o Suecia. Todos estos países fueron confundidos en la práctica, a pesar de que en los debates sus representantes intentaron exponer su distinción y sus peculiaridades. Se daba como un hecho que en los países subdesarrollados había partidos obreros "con viejos programas", partidos que pudieran diferenciar las tendencias reformistas o anarquistas de las "verdaderamente comunistas", cuando en países como México, para citar un ejemplo, la izquierda estaba compuesta por reformistas y anarcosindicalistas, incluso en buena parte de los fundadores del Partido Comunista.²⁶ En el Congreso, sólo los anarcosindicalistas (de España, por ejemplo), los sindicalistas tipo Tanner y los consejistas como Bordiga, estuvieron en contra de la necesidad de los partidos revolucionarios en la lucha de clases en sus países. Sus posiciones fueron derrotadas y se concluyó, con múltiples ejemplos históricos desde la revolución francesa, que el partido era una necesidad, un partido de nuevo tipo (se le llamó), que sería el partido vanguardia, el partido comunista. Sin embargo y en otros sentidos, el Congreso fue un éxito ya que, a diferencia del primero (cuyos delegados no representaban en general a nadie) y de las internacionales precedentes, convocó a representantes reales de partidos de decenas de países en el mundo. El ámbito europeo (más Estados Unidos) fue superado y ampliado por primera vez en una internacional de trabajadores. La ɪc sería una verdadera internacional y la revolución rusa —en teoría— no quedaba aislada.

momentos, se inclinaban más hacia la Tercera Internacional que hacia la Segunda. Miloš Hájek, *Historia de la Tercera Internacional*, Barcelona, Crítica (Grijalbo), 1984, capítulo 1.

²⁵ Véanse las condiciones completas en Amaro del Rosal, *Los congresos obreros del siglo xx, de 1920 a 1950*, México, Grijalbo, 1963, pp. 203-207.

²⁶ Para el caso de México, véase Manuel Márquez Fuentes y Octavio Rodríguez Araujo, *El Partido Comunista Mexicano (en el periodo de la Internacional Comunista: 1919-1943)*, México, El caballito, 1973.

116   IZQUIERDAS E IZQUIERDISMO

La socialdemocracia de tiempos de Marx y Engels, que era una connotación aceptada por quienes se decían revolucionarios, comenzó a ser considerada como el ala reformista y centrista del socialismo sobre todo a partir de la Conferencia de Zimmerwald. Como consecuencia de las "tesis de abril" y por propuesta de Lenin, quedó claramente establecido, como un convencionalismo más o menos aceptado mundialmente, que el comunismo era el ala revolucionaria o, si se prefiere, la izquierda de la izquierda que en general se ha llamado socialista. La socialdemocracia, entonces, sería asociada al reformismo y el comunismo al revolucionarismo, aunque con los años ambas corrientes terminarían siendo igualmente reformistas, una por vocación desde finales del siglo xix, y la otra por convenir así a los intereses del gobierno soviético desde Stalin hasta Gorbachov (¿evolución hacia la derecha de las izquierdas en el poder, como diría E. H. Carr?) o por los cambios que promovieron los partidos comunistas de los países capitalistas, especialmente a partir del Eurocomunismo a mediados de los años 70 del siglo xx.

Con la muerte de Lenin, en 1924, y con Stalin al frente del Partido Comunista de la URSS y del gobierno de ésta, Trotski se convirtió en el principal crítico de las modalidades adoptadas por el régimen soviético. Habiendo sido uno de los tres dirigentes más importantes de la revolución, junto con Bujarin y Lenin, Trotski tenía diferencias incluso con este último sobre la centralización y la disciplina del partido por no permitir la democracia en su interior. Esta posición la compartía con Rosa Luxemburgo en su momento, así como también sobre la importancia de los soviets como forma de organización de los trabajadores en el poder y no el dominio de los burócratas estatales que defendía Stalin desde 1920 ("Camaradas —decía Stalin—, el país no lo gobiernan, de hecho, quienes eligen sus delegados al parlamento, en el régimen burgués, o a los congresos de los soviets, en el régimen soviético. No; el país lo gobiernan, de hecho, los hombres que dominan los organismos ejecutivos del Estado, los hombres que dirigen esos organismos.")[27] Aunque Trotski fue un defensor del partido político de los trabajadores como organización necesaria

[27] J. V. Stalin, "Discurso de apertura de la I Conferencia de toda Rusia de funcionarios responsables de la inspección obrera y campesina", 15 de octubre de 1920, *Obras*, tomo 4, Moscú, Ediciones en lenguas extranjeras, 1953, pp. 386-387.

para coordinar y orientar las luchas de aquéllos, nunca estuvo de acuerdo en que el partido los suplantara. Si para Lenin el partido era la entidad que podía otorgarle conciencia de clase a las masas, para Trotski esta conciencia sería consecuencia de sus luchas, de su experiencia revolucionaria —como el mismo Lenin llegara a reconocerlo en los "diez días que conmovieron al mundo", según John Reed.

Finalmente, Trotski fue crítico de las tesis, también defendidas por Stalin, del socialismo en un solo país y de la estrategia para la construcción del socialismo basada en etapas sucesivas que tendrían que cumplirse (Stalin y Bujarin). Para Trotski el socialismo en Rusia sólo podría triunfar si el proletariado en otros países tomaba también el poder (la revolución será mundial o no será); y en lugar de una concepción histórica basada en etapas a cumplirse, a partir de la experiencia revolucionaria de 1905, proponía la tesis de la revolución permanente como una necesidad histórica. Lo que ocurrió en la URSS, para Trotski, fue una traición a la revolución. En *La revolución traicionada*, Trotski decía que "sin economía planificada, la URSS retrocedería diez años. Al mantener esta economía, la burocracia continúa desempeñando una función necesaria. Pero lo hace de tal manera, que prepara el naufragio del sistema y amenaza todas las conquistas de la revolución",[28] y tuvo razón, como la tuvo también al decir que de sobrevivir el stalinismo terminaría en el triunfo del capitalismo en la Unión Soviética.[29]

En 1923, como consecuencia de la derrota de la revolución en Alemania, quedó en claro que la URSS no se vería acompañada de otros países con orientación socialista. Contra la *troika* Stalin, Zinoviev, Kamenev, se inició la Oposición de Izquierda también conocida como la fracción bolchevique leninista. Esta fracción combatía por tres cuestiones principales: la política de la dirección en la Unión Soviética, el Comité anglo-ruso (1926) y la segunda revolución china (1925-1927).[30] La primera estuvo referida a la burocratización del Estado y del partido, problema ya contemplado por Lenin en sus dos

---

[28] León Trotsky, *La revolución traicionada, Obras*, tomo 5, México, Juan Pablos (ed.), 1972, pp. 234-235.
[29] Véase Baruch Knei-Paz, *The social and political thought of Leon Trotsky*, U. K., Oxford University Press (Clarendon Press), 1978, p. 410.
[30] Véase Pierre Frank, *La quatrième internationale*, París, Maspero, 1969, p. 13,

118   IZQUIERDAS E IZQUIERDISMO

últimas cartas al Comité Central conocidas como su *testamento* y en el
que sugería quitar a Stalin de la dirección del PC.[31] Estas cartas fueron ocultadas por Stalin y dadas a conocer después del XX Congreso
del PCUS. La segunda cuestión se relacionó con la huelga de
los mineros ingleses en 1926, huelga que fue traicionada por los
dirigentes sindicales de la Gran Bretaña. La crítica de la Oposición de
Izquierda fue que Stalin, en lugar de deshacer el Comité anglo-ruso
para la formación de un frente sindical conjunto y a partir de ahí
extenderlo a todo el mundo en defensa del socialismo en la URSS, lo
mantuvo, con lo cual ésta también abandonaba a los mineros en
huelga además de confundir al proletariado mundial con esta actitud. La tercera cuestión se dio ante el ascenso de la revolución en
China, que era una oportunidad para el Partido Comunista de aban-
derar las luchas de los obreros y de los campesinos. La posición de
Stalin y Bujarin planteaba la subordinación del PCCh al partido
nacionalista y burgués expresado en el *Kuomintang*, es decir, la
mediatización de los movimientos campesinos por la tierra y de las
luchas políticas de los obreros.

A consecuencia de estos giros a la derecha y sobre todo por la
política a favor de los *kulaks*, la *troika* se dividió. Zinoviev y Kamenev
rompieron con Stalin y formarían con Trotski la Oposición Conjunta,
también llamada Oposición Unificada (mediados de 1926). "A
finales de octubre, el Comité Central respondía a la campaña de la
oposición expulsando a Trotsky del Politburó. Kamenev fue privado
de su estado como miembro suplente y Bujarin sustituyó a Zinoviev
como presidente de la Comintern".[32] El XV Congreso del PCUS estaba
programado para 1927. En dicho congreso tenían derecho a la palabra los miembros de la Oposición. Para evitarlo, Stalin promovió la
expulsión del partido de sus opositores y, en algunos casos, su
encarcelamiento. Ante estas amenazas, los seguidores de Kamenev y
de Zinoviev capitularon y la Oposición se dividió. Al continuar

---

[31] El "Testamento de Lenin" fue publicado por Merit Publishers, Nueva York, en
1965. Y en español, en la colección Arsenal de teoría y práctica, dirigida por César
Nicolás Molina (México), también en 1965.
[32] Dave Frankel, "La historia de la Oposición de Izquierda (1923-33)", George
Novack y Dave Frankel, *op. cit.*, p. 155.

Trotski con su oposición, fue exiliado, con su familia, a Alma-Ata; pero aun así, la oposición continuaría hasta 1933.

Con Bujarin al frente de la ıc y con Rikov y Tomski en el Comité Central del PCUS, al tiempo que estallaba una crisis económica de gran magnitud por los errores cometidos en la producción agrícola e industrial, se formó la Oposición de Derecha que obligaría a Stalin a enfrentarla, paradójicamente, con las mismas consignas que un año antes esgrimiera la izquierda opositora. Sin embargo, antes de enderezar cargos contra los opositores de derecha, que correrían similar suerte que los de izquierda, Stalin se aseguró, expulsando de la Unión Soviética a Trotski, que éste no fuera más un peligro, debido a su influencia en la coyuntura de crisis política que estaba desarrollándose.

La política de Stalin dio un violento giro hacia la izquierda y, por lo mismo, la ıc, a partir de su VI Congreso en 1928. Luego, en el VII Congreso, habría otro brusco giro hacia la derecha. Junto con el PCUS, todos los partidos comunistas del mundo seguirían esta política pendular.

A diferencia de las dos internacionales anteriores, la Tercera no se disolvió por divisiones internas (la oposición fue reprimida de diversas formas, incluyendo el asesinato), sino porque Stalin quiso demostrar a sus aliados durante la segunda guerra mundial que la Unión Soviética no exportaba ni auspiciaba revoluciones, ni directamente ni mediante la acción de los partidos comunistas en el mundo. Éstos, como quedó claro desde que fueron dictadas las 21 condiciones, no tenían independencia, eran fieles seguidores de los intereses de la URSS en la versión de Stalin, no actuaban sin el visto bueno del Kremlin. En 1943, la Internacional Comunista fue disuelta, sin pena ni gloria, y fue sustituida en septiembre de 1947 por la *Kominform*, que era en principio un órgano de información de los partidos comunistas pero en realidad, una continuación de la ıc (con todo lo que esto implicaba, incluyendo la negativa de Stalin a la revolución en Yugoslavia y la "excomunión" de Tito) aunque no se aceptara como tal.[33] Stalin murió en 1953, la *Kominform* fue disuelta tres años

---

[33] Un extenso estudio sobre la *Kominform*, quizá el mejor y más completo, es el de Lilly Marcou, *La* Kominform, Madrid, Villalar, 1978, 418 pp.

después por exigencia de los comunistas yugoslavos que habían sido sus principales víctimas.[34] Empero, el stalinismo continuó, pese a los pocos y tibios intentos por superarlo, con Malenkov (1953-1955, siendo Jruschov el primer secretario del Comité Central del Partido Comunista de la URSS) y con Jruschov (1958-1964, ya como gobernante).

En síntesis, durante la IC y los primeros años de la *Kominform*, quienes fueron revolucionarios, los revolucionarios bolcheviques, pasaron a ser, bajo el dominio de Stalin, izquierdistas; luego, agentes del imperialismo y finalmente, fascistas. Ambas instancias reprimieron de diversas formas todo tipo de disidencia u oposición como, por ejemplo, en la gran purga de 1934-1939. Tanto la IC como su continuación fueron instrumentos de Stalin y monopolios de organización e ideología. Por extensión, los partidos comunistas de todo el mundo, incluyendo el yugoslavo —a partir del bloqueo económico de los países miembros del Consejo Económico de Ayuda Mutua—, siguieron las mismas prácticas y en sus respectivos países atacaron y silenciaron a las voces disidentes (como fue el destacado caso de Milovan Djilas, quien escribió en la prisión *La nueva clase*). No es extraño que años después, sobre todo a partir de las revelaciones del "informe secreto" de Jruschov (1956), los partidos comunistas sufrieran grandes escisiones, especialmente en su flanco izquierdo, y formaran organizaciones paralelas con frecuencia más de discusión y de revisión de textos que de acción entre las masas trabajadoras. Si en la Segunda Internacional la izquierda socialista era la que planteaba la revolución y la derecha socialista la que proponía formas evolutivas y graduales (no violentas); en la IC, la "línea correcta" estaba en manos de Moscú y todos los demás eran izquierdistas o derechistas. Los izquierdistas eran los que veían en la reconstrucción fáctica de Rusia (en poder de la burocracia) algo muy distinto a los ofrecimientos de la revolución: el poder para el proletariado; y los reformistas, que mantuvieron sus posiciones desde el siglo XIX o desde principios de la primera guerra, se convirtieron en enemigos de la revolución

[34] *Ídem*, pp. 158-159, 263 y ss. Y Octavio Rodríguez Araujo, "Antecedentes y consecuencias del socialismo yugoslavo", *Cuadernos Americanos*, núm. 2, México, abril-junio de 1968.

y de la Unión Soviética, traidores de la clase obrera y cómplices de los
gobiernos reaccionarios de los países capitalistas. Con los años, izquierdistas y derechistas serían iguales para la ıc: enemigos de la
URSS y, por lo mismo, agentes del imperialismo y fascistas.
Por lo que se refiere a los partidos comunistas, éstos serían, en su
mayoría, como los vagones de un tren enganchados a la loco-
motora.[35] Si la ıc giraba hacia la izquierda, incluso a posiciones sectarias, como fue el caso de su VI Congreso (1928), los partidos tenían
que hacer lo mismo, independientemente de las condiciones en sus
respectivos países. Si la ıc rompía con el anarcosindicalismo, los ᴘᴄ
harían lo mismo —y en varios países, por esta razón, se quedaron sin
bases obreras que venían de la tradición anarquista desde finales del
siglo anterior. Si luego la ıc se planteaba la alianza con los gobiernos
"burgueses y reformistas" para formar "frentes populares", como
ocurrió a consecuencia del VII y último Congreso de la ıc (1935), los
ᴘᴄ harían lo mismo —y nadie entendió por qué unos días antes esos
gobiernos eran enemigos y aliados del fascismo, y posteriormente
aliados del proletariado y de la URSS en la lucha contra ese mismo
fascismo. Los partidos eran la supuesta vanguardia de la clase obrera
pero, en general, nunca representaron ese papel ni siquiera en los
movimientos insurreccionales de 1923 en Alemania, Bulgaria y Polonia donde la socialdemocracia mantuvo la mayoría obrera. En el
mejor de los casos, dirigían sectores de trabajadores por la vía del
control de sus sindicatos desde su dirección y, desde luego, muy
pocas veces sus acciones tenían que ver estratégicamente con el socialismo como meta, pues estaban subordinadas a los intereses del
gobierno soviético y a la defensa del "socialismo en un solo país", con
todo lo que esto implicaba en las relaciones internacionales de la
URSS. De aquí los grandes errores ante las huelgas mineras en Gran
Bretaña (1926), así como en Alemania, que permitieron el ascenso
de Hitler al poder; y en España, durante la guerra civil, ante la cual

---

[35] Sobre la subordinación de los partidos comunistas al ᴘᴄᴜs, especialmente a
partir de 1924, puede verse el libro de Branko Lazitch, *Los partidos comunistas de
Europa (1919-1955)*, Madrid, Instituto de Estudios Políticos, 1961. Pese a la
orientación del autor (de derecha), no puede ignorarse su estudio, el más completo
en su momento.

la IC se pronunciaba por una "revolución democrática" y no por una revolución socialista.[36] Al desaparecer la Tercera Internacional sólo quedaba la Cuarta Internacional, derivada de la fracción bolchevique leninista (posteriormente Liga Comunista Internacional, bolchevique-leninista), y fundada en 1938. Pero con la disolución de la *Kominform* y con el XX Congreso del PCUS y el "informe secreto" de Jruschov, el movimiento comunista rompió su monolitismo. Convivirían por igual los yugoslavos dirigidos por Tito con los italianos dirigidos por Togliatti (intercesor de que no hubiera un organismo rector internacional) y, al mismo tiempo, los defensores del centralismo entre los cuales estaban, obviamente, los soviéticos apoyados por los checos, los albaneses y los rumanos y, con ciertas ambigüedades, por los chinos dirigidos por Mao Tsé-Tung. Estas tendencias se harían presentes en la Conferencia internacional de 1957, misma que desembocó en la primera crisis del comunismo internacional, precedida por las revoluciones polaca y húngara de 1956, que en sí mismas ya habían dividido la opinión de los partidos comunistas, y por el mencionado XX Congreso.

"Así, por primera vez en su historia —escribía Lilly Marcou—, el movimiento comunista no reacciona monolíticamente frente a unos hechos que le conciernen. Ahí se ve uno de los primeros signos precursores del cambio que tendrá lugar en los decenios de los 60 y los 70." [37] Pero antes de analizar estos cambios, pasaremos revista a la Cuarta Internacional y a la Internacional Socialista (IS). La primera, a la izquierda del stalinismo y defensora del bolchevismo y del leninismo; y la segunda, a la derecha del bolchevismo, del leninismo, del trotskismo y también del stalinismo, en la medida en que la IS no fue anticapitalista explícitamente y el stalinismo sí, hasta que Gorbachov declarara a los soldados de Odessa el 18 de agosto de 1990 que su gobierno tenía que "hacer realidad la privatización de la propiedad y estimular el espíritu empresarial para resolver la crisis

[36] Véase Pierre Frank, *Histoire de l'Internationale...*, op. cit., tomo II, pp. 789 y ss. Y también el ya clásico libro de Pierre Broué y Émile Témime, *La revolución y la guerra de España*, México, Fondo de Cultura Económica, 1962.

[37] Lilly Marcou, *El movimiento comunista internacional desde 1945*, Madrid, Siglo XXI de España, 1981, p. 56.

económica actual motivada por el monopolio estatal de la propiedad".[38]

Es pertinente decir que en América Latina los partidos comunistas (llamados "ortodoxos" por su afinidad con la URSS) no apoyaron en general a los movimientos guerrilleros, salvo en algunas excepciones: en Cuba a partir de 1958, cuando Carlos Rafael Rodríguez se unió a Fidel Castro; en Colombia, al Movimiento Revolucionario Liberal bajo el liderazgo de Alfonso López Michelsen y a las Fuerzas Armadas Revolucionarias Colombianas; y en Venezuela, a partir de que su antiguo aliado, Betancourt (en la presidencia del país), puso en la ilegalidad al Partido Comunista.[39]

EL TROTSKISMO Y LA CUARTA INTERNACIONAL

La idea de formar una Cuarta Internacional no surgió de la imaginación de unos cuantos adversarios de Stalin. Los vergonzosos apoyos de la IC a los nacionalistas chinos del *Kuomintang*, la política sectaria contra la socialdemocracia alemana (identificada por Stalin con el fascismo), la consagración de la tesis del socialismo en un solo país y la persecución a los opositores, sobre todo de izquierda, fueron, entre otras razones, la justificación para que no pocos seguidores de Trotski se convencieran de que no era posible, desde dentro, la transformación de la Unión Soviética ni de la Tercera Internacional, y de la necesidad de iniciar la construcción de otra, la Cuarta, para dar la lucha desde afuera.

A partir de su expulsión de la URSS, ya en Turquía, Trotski inició la creación de un grupo internacional de bolcheviques leninistas "a fin de oponerse a la descomposición del movimiento revolucionario internacional".[40] Para 1930, ya se habían fundado pequeñas organizaciones opositoras en diversos países y fue cuando se creó el Secretariado Internacional como centro de coordinación y difusión de los internacionalistas bolcheviques leninistas que ya comenzaban a llamarse "trotskistas".

---

[38] Diario *La Jornada*, México, 19 de agosto de 1990.
[39] Véase a Richard Gott, *Guerrilla movements in Latin America*, EUA, Doubleday Anchor Book, 1971, introducción.
[40] Pierre Frank, *La quatrième...*, *op. cit.*, p. 23.

La llegada de Hitler al poder, en Alemania, convenció a Trotski de la necesidad de crear una Cuarta Internacional. La Oposición bolchevique-leninista habría de convertirse, como primer paso organizativo hacia la nueva internacional, en Liga Comunista Internacional (bolchevique-leninista).[41]

Con base en el *Programa de transición*,[42] que fue redactado principalmente y ya en su versión definitiva por el *Socialist Workers Party* de Estados Unidos junto con Trotski en México, se creó la Cuarta Internacional.[43]

Con el final de la segunda guerra mundial, muchas cosas cambiaron en el mundo. La existencia de las llamadas "democracias populares",[44] es decir, los países dominados por la Unión Soviética en el Este de Europa (salvo Yugoslavia), planteaba problemas importantes de interpretación, pues era evidente que no fueron los trabajadores quienes tomaron el poder en esos países; sin embargo, no se trataba de países capitalistas. Otro tema a debate era la *guerra fría* iniciada en 1947, aproximadamente, que establecía una relación novedosa entre las principales potencias capitalistas y la URSS, sobre todo a raíz de que Estados Unidos perdió el monopolio de los armamentos nucleares. El triunfo de la revolución en China (1949) obligó al régimen del *Kuomintang*, anteriormente defendido por Stalin, a refugiarse en Taiwán. Con el triunfo de las fuerzas de Mao, la teoría de la revolución y de la "guerra justa" cobró nuevos impulsos al mismo tiempo que se demostraba que una revolución social seguía siendo posible, tal y como lo postulaba la izquierda de la Segunda Internacional como consecuencia, entonces, de la primera guerra. A la revolución china le siguieron revoluciones de liberación nacional en el norte de África en los años 50 y en Cuba a finales de ese decenio, y luego en la llamada África negra en el decenio siguiente.

---

[41] Véase Annie Kriegel, *op. cit.*, pp. 112-113.

[42] La versión en español, a mi juicio más completa, del *Programa de transición* se puede consultar en la editorial Fontamara de Barcelona, en su edición de 1977.

[43] Sobre el difícil camino para la formación de la Cuarta Internacional, puede consultarse el testimonio de George Breitman, "La route cahoteuse des années trente", *Quatrième Internationale*, núms. 29-30, París, agosto-diciembre de 1988, pp. 13-32.

[44] Un libro ya clásico sobre el tema es el de François Fejtö, *Historia de las democracias populares (1953-1979)*, Barcelona, Martínez Roca, 1971.

Hubo serias divisiones en los partidos comunistas pro soviéticos; en el caso de América Latina, motivadas por el surgimiento de organizaciones guerrilleras que no contaron con la aprobación de Moscú, ni siquiera en Cuba. La realidad, en una palabra, requería nuevas interpretaciones y el trotskismo intentó las suyas; una vez más, las interpretaciones provocarían diferencias y éstas, divisiones. La *comunidad teórica* que intentó ser la Cuarta Internacional se rompió por los problemas estratégicos que planteaba la nueva situación internacional y también por un rechazo lógico al *monolitismo político-ideológico* de la Tercera Internacional, que había inhibido tanto el pensamiento marxista como todo intento revolucionario dentro y fuera de la órbita llamada socialista. Por otro lado, fueron tan sorprendentes los cambios de la segunda posguerra que ni siquiera era posible una *comunidad de acción,* pues eran muchos y confusos los frentes contra los cuales los trabajadores urbanos y rurales habrían de luchar. En el IV Congreso de la Internacional (1954), por ejemplo, se discutió un documento en el que se insistía en la necesidad de fusionarse con las masas *en la acción* ("comunidad de acción") y *no con base en un programa*[45] ("comunidad teórica"), pues era más que evidente que las organizaciones trotskistas eran pequeñas y que la estrategia de *entrismo* en partidos políticos de mayor influencia entre los trabajadores (adoptada como consecuencia del anterior congreso) no había resultado eficaz para el crecimiento de los partidos trotskistas.

Entre los principales líderes del trotskismo internacional, algunos de los cuales formaron tendencias y divisiones en la Cuarta, estuvieron M. Pablo y E. Mandel (después separados por la interpretación de la guerra de Argelia y por el acercamiento de Pablo con Posadas) y Cannon, Healy, Lambert, Posadas y Moreno con sus respectivas trincheras teórico-políticas y organizaciones, algunas tan sectarias y ultraizquierdistas que compararon a Fidel Castro con el depuesto dictador Batista, identificándolos. De estas corrientes, la menos sectaria (en realidad, no sectaria) fue la llamada mandelista, reconocida mundialmente como la IV Internacional, sobre todo después del Congreso de reunificación de 1963, al que no asistieron las corrientes *ultras* pese a que fueron invitadas. Este congreso dio lugar a una

---

[45] Véase Pierre Frank, *La quatrième...*, *op. cit.*, pp. 75-76.

nueva estrategia de la Cuarta. Uno de sus documentos, titulado *La dialéctica de la revolución mundial*, formaría parte del nuevo programa del movimiento trotskista. "En ese documento se precisan con detalle las interrelaciones de los tres epicentros de la revolución mundial: la revolución permanente de los países coloniales y semicoloniales, la revolución política en los Estados obreros degenerados y deformados y la revolución proletaria en los países imperialistas."[46] Y con ese documento se unificaron varias fuerzas, salvo los posadistas (en América Latina) y el Comité de Reconstrucción de la Cuarta Internacional (lambertistas y healystas). A partir de entonces, la Cuarta pasó de la crítica teórica al compromiso militante, de la publicación de revistas y periódicos a los intentos de dirigir los movimientos sociales hacia soluciones revolucionarias, de una organización de propaganda a una de combate en los centros de trabajo y en las universidades. Sin embargo, el trotskismo, aunque ha tenido múltiples aciertos de interpretación y de influencia en ciertos movimientos revolucionarios, como por ejemplo, en la guerra de Argelia y más tarde en los movimientos del 68, no ha llegado a ser una fuerza política considerable y de fuerte arraigo entre las masas trabajadoras, salvo en los años 70 del siglo pasado que logró crecer relativamente en varios países, entre éstos en México y España y unos años antes en Perú.[47]

A partir del movimiento del 68 en Francia y, entre otras razones, por la pérdida de influencia de los maoístas y la incapacidad del Partido Socialista Unificado (fundado en 1960)[48] para aglutinar a la izquierda, los trotskistas se fortalecieron, especialmente con la transformación de las Juventudes Comunistas Revolucionarias (JCR) en la Liga Comunista Revolucionaria (LCR). Las JCR habían representado un papel importante en el movimiento estudiantil, como en

---

[46] Alfonso Ríos, "XL aniversario de la IV Internacional", *La IV Internacional* (revista teórica del Partido Revolucionario de los Trabajadores), núm. 7, México, enero-febrero de 1978, p. 7.

[47] Sobre las divisiones en la Cuarta Internacional y sobre la sección peruana y Hugo Blanco, puede consultarse a Livio Maitán, "1943-1968: bilan d'un combat", *Quatrième Internationale, op. cit.*, especialmente pp. 62-67.

[48] Después de la elección de De Gaulle y del apoyo de la SFIO (posteriormente Partido Socialista Francés), ésta se dividió y su ala izquierda, en 1960, formaría el Partido Socialista Unificado, del cual uno de sus principales teóricos fuera Michel Rocard.

Inglaterra el Grupo Trotskista Internacional Marxista. La LCR creció rápidamente, especialmente a partir de que Alain Krivine, uno de sus dirigentes principales, participara en las elecciones presidenciales de 1969. La Liga, a diferencia de los trotskistas llamados *lambertistas* y de Lucha Obrera, se ha movido tanto en movimientos sociales importantes como en las elecciones aprovechadas como formas de propaganda y agitación más que como medio para la toma del poder (pues sus miembros eran conscientes del tamaño de su organización). A diferencia también de los maoístas y de los anarquistas (defensores ambos del espontaneísmo), los trotskistas de la Liga, de la Organización Comunista Internacionalista (lambertista) y de Lucha Obrera insistieron siempre en la necesidad de la organización y del partido vanguardia de la clase obrera y sus aliados hacia la toma del poder por vía revolucionaria.

> Alain Krivine —cita Teodori— ha buscado siempre, en la construcción de la imagen de la *Ligue* y en la suya propia, distanciarse tanto del "cretinismo parlamentario" como de su "otra cara, el izquierdismo, doctrina infantil y naif que desprecia y condena dogmáticamente toda utilización de las posibilidades parlamentarias del sistema democrático burgués".

Y más adelante, señalaba que

> ...el significado político de la *Ligue* y de los acontecimientos que la han hecho aparecer como el grupo hegemónico a la izquierda de las fuerzas parlamentarias después de 1968, reside justo en la no consolidación de las fuerzas genuinamente de nueva izquierda herederas de los movimientos antiautoritarios y en la proposición de modelos político-organizativos pertenecientes al patrimonio doctrinario y, con frecuencia, dogmático del marxismo histórico.[49]

Uno de los problemas que tuvieron que enfrentar las organizaciones de la Cuarta para desarrollarse fue la hostilidad (y ataques) de parte

---

[49] Massimo Teodori, *Las nuevas izquierdas europeas (1956-1976)*, tomo II, Barcelona, Blume, p. 529.

de los partidos comunistas en cada país, sobre todo en los periodos en que los PC tuvieron mayor fidelidad a los dictados de Moscú. Quizá sus mayores aportaciones hayan sido en el campo teórico e intelectual dentro del universo marxista. Algunas de las corrientes trotskistas han sido sectarias y ultraizquierdistas, otras se han acercado a posiciones demasiado flexibles, sobre todo en términos electorales y parlamentarios en los años 80 y 90. En la actualidad (principios del siglo XXI), como otras tendencias socialistas, los trotskistas presentan, como corriente política y como organización, una perspectiva no muy halagüeña pues el socialismo ha dejado de ser una aspiración y un referente teórico para muchos, especialmente jóvenes sin militancia.

De unos años al presente, el trotskismo y la Cuarta Internacional dejaron de ser vistos, en general, como ultraizquierdistas en el ámbito del socialismo; esto es, tanto por los partidos comunistas como por los socialistas o socialdemócratas. De hecho, los partidos trotskistas, en no pocos países donde existen, han fraternizado, sin perder su identidad, con partidos comunistas y con partidos afiliados a la Internacional Socialista. Ambos, comunistas y socialistas, parecen asumir que los trotskistas están a su izquierda, tanto por su discurso como por sus actos, pero no son vistos necesariamente como enemigos —como ocurrió en la larga noche del stalinismo— sino como compañeros de viaje en frentes, coaliciones, protestas, huelgas, etc. No es extraña la existencia de organizaciones socialistas compuestas por ex comunistas y trotskistas, así como tampoco publicaciones en las que participan ambos como, por ejemplo, en México.[50] Tampoco es extraño que fracciones de izquierda dentro de los partidos socialistas o socialdemócratas fraternicen con trotskistas y ex comunistas tanto en el campo de las luchas sociales como en el de proyectos intelectuales. Estos puntos de confluencia se entenderán mejor si antes pasamos revista a la Internacional Socialista, después a los partidos comunistas (muchos de los cuales desaparecieron o cambiaron de nombre para los años 90 del siglo XX) y su evolución, y a los

---

[50] Ex comunistas y trotskistas mexicanos han formado una Agrupación Política Nacional (formalmente, un partido pequeño que, por su tamaño y ámbito de influencia, no reúne las condiciones para ser reconocido como partido nacional). Esta agrupación se denomina Convergencia Socialista.

movimientos sociales y políticos que provocaron los cambios que
hemos vivido en los últimos años.

LAS IZQUIERDAS EN LA INTERNACIONAL SOCIALISTA.
¿SON DE IZQUIERDA?

Los antecedentes de la Internacional Socialista se ubican en la Segunda Internacional, concretamente en su ala reformista (y también
revisionista). Para quienes siguieron esta línea, no había críticas a la
colaboración de los socialistas o socialdemócratas con los gobiernos
burgueses, como fueron los casos de Millerand en Francia o de
Vandervelde en Bélgica; ni mucho menos al gobierno de Ebert, en
Alemania, aunque haya reprimido a los espartaquistas y a los obreros.
Más bien, sus críticas fueron enderezadas contra la dictadura del
proletariado, contra la revolución como vía al socialismo, contra el
internacionalismo (sobre todo ante la inminencia de la primera
guerra mundial y durante ésta), contra los movimientos sociales que
pusieran en riesgo la estabilidad de los gobiernos burgueses o
liberales durante la guerra y, desde luego, contra los bolcheviques,
sus simpatizantes y la Tercera Internacional.

Con la separación del ala izquierda de la Segunda Internacional a
partir de la Conferencia de Zimmerwald, con la división de las fuerzas socialistas durante la guerra[51] y más todavía a partir del triunfo de
la revolución en Rusia, el reformismo intentó reorganizarse en la
fracasada Conferencia de Estocolmo (1917) y luego en Berna (1919)
donde ya hubo mayor participación y también debates entre los
derechistas y los izquierdistas de la socialdemocracia que ya, en ese
momento, se ubicaba en conjunto a la derecha de los bolcheviques
y sus simpatizantes. Entre las resoluciones de la Conferencia de Berna se condenó el modelo de la dictadura del proletariado por no
estar basada en los principios de libertad y democracia defendidos

---

[51] "De los diez partidos socialistas existentes en los siete países en guerra, sólo
cuatro se mantuvieron consecuentes con los fundamentos del internacionalismo socialista (el bolchevique y el menchevique en Rusia, el *Independent Labour Party* en Gran
Bretaña y los socialdemócratas serbios)." Karl-Ludwig Günsche y Klaus Lantermann,
Historia de la Internacional Socialista, México, Nueva Sociedad-Nueva Imagen, 1979, p.
96.

por los trabajadores. En esta conferencia era claro que se intentaba reconstruir la Segunda Internacional, al margen de la Tercera.

En 1920, los socialdemócratas se reunieron en Ginebra y ahí hubo rectificaciones a la posición adoptada por varios de los partidos en relación con los gobiernos y el imperialismo durante y después de la guerra. La reunión de Ginebra fue llamada Décimo Congreso Internacional de los Socialistas y el eje político giró de Alemania a la Gran Bretaña, gracias a la fuerza que entonces tenía el Partido Laborista de este país. Vale decir que para la reunión de Ginebra ya no participaron los centristas, es decir, el USPD, la Sección Francesa de la Internacional Obrera (SFIO), el POSDR menchevique y el PSD austriaco.[52] Aunque éstos intentaron acercarse a la Tercera Internacional, dadas las 21 condiciones de su Segundo Congreso, se quedaron en medio: entre la Segunda Internacional y la Tercera. Convocaron a la unión internacional de los proletarios revolucionarios no reformistas ni sectarios (en alusión a los bolcheviques) y formaron en Viena (1921) una nueva organización que la IC llamaría *Segunda Internacional y media*. Luego (Berlín, 1922) convocaron a las otras internacionales para formar un frente único pero éste fracasó entre otras razones porque los bolcheviques, por una parte, no quisieron reconocer su papel golpista en Georgia ni la represión a los marinos de Kronstadt que pedían elecciones libres y libertad de expresión y de prensa, y por otro lado, porque los representantes de la Segunda Internacional se negaron a convocar a corto plazo a un congreso mundial de todas las corrientes socialistas.

Los dirigentes de la Segunda Internacional, después de los fracasos de Berlín, convocaron por su cuenta a un congreso para fundar una nueva internacional socialista, en Hamburgo en 1923, que se llamaría Internacional Obrera Socialista (IOS).[53] Se insistiría en que se luchaba por un socialismo democrático y la democracia defendida era, obviamente, en el terreno político: elecciones, libertad de prensa, juego de partidos. La IOS no sería una organización pequeña, de hecho fue mayor que la IC hasta 1931, por cuanto al número de

[52] André Donneur, *L'Internacionale socialiste*, París, Presses Universitaires de France, 1983, p. 17. POSDR era el Partido Obrero Social Demócrata Ruso y PSD el Partido Social Demócrata de Austria.
[53] K. Günsche y K. Lantermann, *op. cit.*, pp. 128-129, y A. Donneur, *op. cit.*, p. 21.

miembros y de votos obtenidos por sus partidos asociados. Sin embargo, buena parte de su organización descansaba en los sindicatos británicos y en el Partido Laborista, por lo que terminó respondiendo a los intereses de éstos y del gobierno británico. Esta circunstancia llevaría a la exclusión de otros intereses sindicales y políticos en el mundo (como, por ejemplo, de los socialdemócratas exiliados) y, en consecuencia, a la quiebra de la IOS. La desaparición de la IOS se dio por dos razones fundamentales: por la diferencia de posiciones en su seno, por ejemplo, frente al fascismo; y en segundo lugar, por su ambigüedad ante las potencias en guerra.

Durante la segunda guerra, ya casi al final, los laboristas británicos, por un lado, y los socialdemócratas en Suecia (tanto de este país como exiliados), por el otro, intentaron constituir otra internacional. Los primeros aspiraban a una nueva internacional con los socialdemócratas de los países aliados; los segundos, con los de todos los países. En ambos casos, se pensaba en una organización flexible sin resoluciones de carácter obligatorio para sus miembros, por contraste —obviamente— con la Internacional Comunista y luego con la Kominform.[54]

El grupo en torno a los británicos recelaba de los socialdemócratas en el exilio, particularmente de los alemanes. Sin embargo, en 1946, se decidió invitarlos también para la siguiente conferencia de la Internacional que estaban intentando. Esta siguiente conferencia se llevó a cabo en Zurich, en junio de 1947, y ahí se les pidieron explicaciones a los alemanes de por qué en su país no había habido una tentativa para derribar al régimen nazi. Schumacher, a nombre de la delegación alemana, explicó que mientras los movimientos de resistencia en los países invadidos apelaban al nacionalismo, en Alemania ese argumento no tenía sentido, además de la existencia de la Gestapo que estaba infiltrada incluso en el interior de las familias dificultando con ello cualquier intento de organización y de protesta colectiva.[55] A pesar de esta explicación, a mi juicio válida, la socialdemocracia alemana no fue admitida en ese momento aunque se formó

[54] Felicity Williams, *La Internacional Socialista y América Latina (una visión crítica)*, México, UAM-Azcapotzalco, 1984, p. 89.
[55] A. Donneur, *op. cit.*, pp. 50-51.

una comisión para estudiar el caso y la reconstrucción de la Internacional.

Esta comisión fue favorable a la admisión de los alemanes y propuso la formación del Comité de las Conferencias de la Internacional Socialista (COMISCO, por sus siglas en inglés) que funcionaría hasta 1951 para dar lugar a la Internacional Socialista. La COMISCO, a pesar de las tradicionales y fuertes críticas de la socialdemocracia a la IC por excluir a organizaciones que no se apegaban puntualmente a las famosas 21 condiciones, tuvo actitudes semejantes contra algunos partidos socialistas como, por ejemplo, el italiano, al que se le exigía reunificarse con los anticomunistas del Partido Socialista Democrático so pena de no ser aceptado en la Internacional.[56] Con posiciones como ésta, la futura Internacional Socialista estaba impidiendo que en cada país los partidos actuaran según las condiciones propias y, peor aún, se cuestionaba en la práctica la flexibilidad y la tolerancia democrática de la que se hacía alarde. (En 1949 fue excluido el Partido Socialista Italiano.)

En esos años se había creado, contra los sindicatos rojos de la Federación Sindical Mundial (fundada en 1945), la Confederación Internacional de Sindicatos Libres (CISL) "compuesta en su mayoría por fuerzas tipo socialdemócrata"[57] pero dominada desde su origen por el gobierno estadunidense y la Agencia Central de Inteligencia (CIA) en combinación con la Federación Americana del Trabajo (AFL, por sus siglas en inglés).[58] De este modo, la socialdemocracia como corriente política corría el riesgo de quedar marcada por su cercanía a los sindicatos anticomunistas, aspecto en que era coherente con su pasado. Pero al mismo tiempo, por la vía de los controles sobre la CISL a la que estaba ligada, y más adelante con el Instituto Americano para el Desarrollo del Sindicalismo Libre (IADSL) totalmente controlado por la CIA, no sólo sería anticomunista sino en buena medida cercana a las políticas de Estados Unidos. Este riesgo

[56] Ídem, p. 53.
[57] F. Williams, op. cit., p. 88.
[58] Para un examen detallado sobre la intervención de la CIA en la CISL, véase P. Fernández Christlieb y O. Rodríguez Araujo, En el sexenio de Tlatelolco (1964-1970), tomo 13, México, ISS-UNAM/Siglo XXI editores, 1985. (Colección coordinada por P. González Casanova.)

pudo ser resuelto y contrarrestado gracias a los partidos europeos que eran más cercanos al marxismo y al socialismo tradicional de la Segunda Internacional que a los intereses estadunidenses en el mundo de la segunda posguerra. No sería casual que la Internacional Socialista surgiera, en junio-julio de 1951, como una tercera vía que trataría de diferenciarse tanto del comunismo como del capitalismo con una posición crítica a ambos sistemas (más al primero que al segundo, vale decir). La divisa de la Internacional Socialista sería el "socialismo democrático" y la mayor parte de los partidos fundadores serían europeos.[59]

Según Braunthal,

...el socialismo democrático es un movimiento internacional, que en ningún caso exige uniformidad en las opiniones. Todos los socialistas persiguen un objetivo común: un orden de justicia social, mayor prosperidad, libertad y paz mundial, sin importar si sus convicciones derivan de los resultados de análisis marxistas o de otros análisis sociales fundamentados o bien de principios religiosos o humanitarios.[60]

Esto es, se trataría de una *comunidad de acción* con ciertos principios vagos (se rehuiría la definición del concepto "socialismo", por ejemplo), más que de una *comunidad teórica*, aunque se elaborarían ciertos principios muy generales. La Internacional Socialista surgiría más como una asociación pragmática que como organización internacional, centralizada e ideológica como fuera el caso de la Internacional Comunista y de la entonces existente *Kominform*. De este modo, en la nueva Internacional convivirían los laboristas británicos, que no reconocían en el marxismo su fuente teórica, y los alemanes o los austriacos que sí aceptaban al marxismo como matriz ideológica y guía general de sus principios.

Las tesis principales de la Declaración de Francfort (sede fundacional de la ɪs), fueron:

---

[59] También estuvieron presentes los partidos socialistas de Argentina, Uruguay, Estados Unidos, India y Japón, además de los partidos laboristas de Australia, Israel y Nueva Zelanda. Cf. A. Donneur, *op. cit.*, p. 57.

[60] Citado por K. Günsche y K. Lantermann, *op. cit.*, pp. 168-169.

• El capitalismo se ha demostrado incapaz de funcionar sin crisis destructoras y desocupación masiva. Ha provocado inseguridad social y enormes contrastes entre pobres y ricos. Ha agudizado los conflictos entre nacionales y razas a consecuencia de la expansión imperialista y la explotación colonialista. La barbarie del pasado, bajo la forma del nazismo y del fascismo, ha levantado nuevamente la cabeza en una serie de países con la ayuda del gran capital.

• Los comunistas invocan sin motivo la tradición socialista. En realidad han deformado esta tradición hasta hacerla irreconocible. El comunismo se ha petrificado en un dogmatismo incompatible con el espíritu crítico del marxismo [...] El comunismo internacional es el instrumento de un nuevo imperialismo.

• El socialismo aspira a la liberación de los pueblos de la dependencia de una minoría que posee o domina los medios de producción. Su objetivo es garantizar al conjunto del pueblo el derecho a disponer de la economía. Lucha por un Estado en el que los hombres cooperen como iguales [...] No hay socialismo sin libertad. El socialismo sólo puede llegar a ser realidad en la democracia, la democracia sólo puede ser realizada en el socialismo.[61]

Como puede apreciarse en esta síntesis, la IS contenía críticas que quizá entonces pudieran parecer sorprendentes y controvertibles pero que en la actualidad se acercarían mucho a las posiciones que defenderían muchos marxistas no sectarios ni ultraizquierdistas. Respecto a su concepción de socialismo, sí habría problemas de interpretación como, por ejemplo, el punto referido a un "Estado en el que los hombres cooperen como iguales" pues un marxista no aceptaría que el Estado sea una entidad neutra. Estas posiciones se sostendrían en 1961, en la *Declaración sobre el mundo de hoy*, con algunos pequeños cambios.

En esos momentos, el mundo vivía una época de auge económico pero a los socialistas y comunistas occidentales (no soviéticos ni pro soviéticos) les preocupaban la deshumanización de ese nuevo capitalismo, que Bruno Trentin llamara *neocapitalismo*, y las relaciones y las desigualdades entre el mundo capitalista desarrollado y el llamado

---

[61] *Ídem*, p. 168.

tercer mundo. Fue en esa época cuando la Internacional Socialista tuvo conflictos entre las posiciones de sus partidos afiliados que formaban gobiernos —con todo lo que esto implicaba en la lógica de los intereses nacionales (o mejor: de los intereses de la clase dominante en esos países, desarrollados por añadidura)— y las de los partidos que estaban en sus respectivos países del lado de la oposición, especialmente en el tercer mundo. Era evidente que no se podían seguir las mismas políticas con el laborista Harold Wilson como primer ministro de Gran Bretaña (1964-1970), como políticas nacionales, que en los países cuya economía estaba subordinada directa o indirectamente a ésa u otra potencia imperial. No resulta extraño que la IS tuviera dos discursos: el discurso del poder (cuando ha tenido éste) y el de los partidos que discutían principios y programas incluso relacionados con sus preocupaciones por los países subdesarrollados, los derechos civiles en Estados Unidos, la guerra de Vietnam o la de Medio Oriente —que para la Internacional fue motivo de contradicciones serias por los intereses en disputa. Este doble discurso también se dio entre partidos latinoamericanos afiliados, como es el caso de Costa Rica (Partido de Liberación Nacional) con Figueres y Monge (pro norteamericanos), y partidos europeos también afiliados y muy influyentes, como el alemán con Brandt (anti-norteamericano).

Las críticas de Marx al pragmatismo de los posibilistas (que llamaba también "oportunistas"), y las críticas en la Segunda Internacional a quienes diciéndose socialistas colaboraron con los gobiernos burgueses, fueron olvidadas en la Internacional Socialista. Aunque algunos de sus miembros reconocían en el marxismo y en la Primera Internacional su origen; en la práctica, su estrategia y sus principios correspondían más bien al reformismo y al revisionismo, que ya se ha analizado anteriormente y que se acentuó a partir de la Conferencia de Bad Godesberg (1959). En ésta se abandonó el marxismo, incluso como referencia teórica, se aceptó la economía de mercado y el partido dejó de ser de la clase obrera para convertirse en un partido del pueblo, pluriclasista. Sin embargo, después de la lamentable experiencia del stalinismo en la URSS, donde la construcción del socialismo, más que otra cosa, era una mentira oficial, no podría afirmarse que la IS estuviera necesariamente a su derecha en términos *políticos* (nótese que he subrayado "políticos"). Una cosa era

que la IS estuviera a la derecha del marxismo teórico y de sus deriva-
ciones interpretativas de Luxemburgo, Liebknecht, Lenin y Trotski,
por ejemplo, y otra cosa era que ocupara esa misma posición respecto
del gobierno de la Unión Soviética, que ni era dictadura del proletariado ni democrático en sentido alguno. Tampoco podría decirse que
estuviera a la derecha del gobierno soviético después de su XX Congreso y de la famosa tesis de la *coexistencia pacífica*, que criticara Mao
por abrirle las puertas al reformismo gradualista de la Segunda Internacional. En todo caso, en este aspecto, compartían posiciones semejantes, y a la izquierda estaría China. Estaba gestándose el conflicto
chino-soviético. A partir de éste y respecto de algunos partidos comunistas fuera de la órbita soviética, es probable que en ciertos casos la
IS sí estuviera a su derecha, pues aquéllos, siguiendo más la línea
china que la soviética y con base en el triunfo de la revolución cubana, reiniciarían la lucha anticapitalista y antimperialista por el socialismo, aunque las estrategias y las lealtades a los dos principales polos
"socialistas" (la URSS y China) serían diversas.

Los problemas de estrategia, de "vía al socialismo", que se plantearon en las tres internacionales anteriores volvieron a dividir a quienes
se reivindicaban *marxistas-leninistas*, ahora sin Internacional que los
uniera o coordinara. Se inició la crisis institucional del movimiento
comunista, como se le llamó entonces. En paralelo, la Cuarta
Internacional intentaba desarrollarse y la Internacional Socialista
seguía su propia dinámica, creciendo en número de partidos afiliados y manteniendo su lucha ideológica con el comunismo a pesar
de que en Finlandia, Chile (Unidad Popular) y Francia (Programa
Común de Gobierno), para principios de los años 70 del siglo pasado, los partidos de la IS establecieron alianzas con los partidos comunistas de sus respectivos países. Pero éstas eran las excepciones.

5. LA NUEVA IZQUIERDA

La nueva izquierda tuvo origen distinto en Estados Unidos que en Europa.[1] Mientras en EUA estaba asociada al pensamiento de Mills y Marcuse y al movimiento por los derechos civiles de los afroamericanos; en Europa tuvo más relación con la desestalinización, a partir de 1956, y las insurrecciones en Polonia y Hungría, con la guerra de Argelia (1954), contra el armamento nuclear y por la paz, con el conflicto chino-soviético y, desde luego, con la crisis de la izquierda tradicional (comunistas y socialistas).[2] La nueva izquierda no fue una organización; al contrario, fue una respuesta a las organizaciones existentes que ofrecían en la realidad muy poco o nada de lo que habían prometido. Tampoco fue ni intentó ser la representación de una clase social concreta, aunque se hablara de los trabajadores en general y de los estudiantes como clase social. Incluso el maoísmo, que tendía a conformarse como una nueva organización que sustituyera al PCUS y a los partidos comunistas pro soviéticos o, al menos,

---

[1] En México, hubo un intento de formar una corriente de nueva izquierda, al margen del Partido Comunista pero por estudiantes entonces socialistas. Se fundó una revista (1963), de vida muy breve, en la que participaron estudiantes de la Universidad Nacional Autónoma de México, como Rolando Cordera, Daniel Molina, Ricardo Valero, Margarita Suzán, Raúl Olmedo, Roberto Escudero, quien esto escribe y otros. La revista se llamó, precisamente, *Nueva Izquierda*. El grupo no prosperó como corriente y, cuando surgió en México el movimiento estudiantil del 68, muy pocos participaron en calidad de líderes, como fue el caso de Roberto Escudero.

[2] Un interesante y documentado libro sobre esta crisis, en este caso del comunismo, es el de Fernando Claudín, *La crisis del movimiento comunista*, Francia, Ruedo Ibérico, 1970.

que intentara competir con éstos, aceleró ciertamente la radicalización
en algunos países europeos y latinoamericanos pero en varios sentidos fue rebasado por la izquierda, por segmentos antistalinistas y
antiautoritarios: la llamada entonces *extrema izquierda*, más cercana al
guevarismo, al trotskismo, al anarquismo y al radicalismo liberal de
ciertos sectores intelectuales y capas sociales ajenas al movimiento
obrero organizado. Esta *extrema izquierda* —que quizá también podría
llamarse *ultraizquierda*— formaría parte, en general, de la nueva izquierda. Esa nueva izquierda fue la que los hermanos Cohn-Bendit
llamaron "remedio a la enfermedad senil del comunismo".[3] Es decir,
una izquierda grupuscular al principio y al margen de la izquierda
tradicional, crítica de ésta y de su acomodamiento al sistema. Uno de
los principales puntos de unión de esa nueva izquierda, en sentido
lato, fue la guerra de Vietnam, cuya oposición creció tanto en Estados
Unidos como en Europa —Gran Bretaña incluida.

Los años 50 del siglo XX fueron de crecimiento económico en
Estados Unidos (y en casi todo el mundo capitalista), a pesar de que
había inflación. Y el siguiente decenio, en que no hubo inflación, fue
también de crecimiento: la década mundial del desarrollo, se dijo
—aunque en realidad, también en términos mundiales, fue más de
crecimiento que de desarrollo. Se hablaba de abundancia pero
también de hastío, de insatisfacción, de *generación silenciosa* y del fin
de las ideologías (Daniel Bell). El pesimismo era moneda corriente
entre los jóvenes. Fueron los tiempos en que surgió la *beat generation*,
que más que protestar políticamente quería espacios para expresarse
con libertad. La anticultura de Kerouac y Ginsberg y el rechazo de las
formas establecidas, del consumo y de la moral burguesa y conformista tuvo significativa influencia, sin percatarse quizá que el planteamiento era también conformista, basado en la rebeldía individual y
de grupos sectarios que, en la intimidad, rechazaban sin propuesta
alternativa y positiva el establishment (de aquí el uso de drogas y de
la meditación para evadirse) y dejaban a "los otros" su modo de vida,
como dos mundos separados.

---

[3] Daniel y Gabriel Cohn-Bendit, *Le gauchisme, remède à la maladie sénile du
communisme*, París, Seuil, 1968. La corriente de Cohn-Bendit era considerada
anarquista y, para algunos, *situacionista*.

Por otro lado, las perspectivas de crisis y pobreza generalizada y desempleo después de la guerra, como se previó antes de la primera guerra mundial, no existieron con la segunda. Los conflictos sociales no se agudizaron; la clase obrera mejoró su situación, al menos en los países desarrollados, y el derecho al sufragio no tenía, como demanda, el mismo peso que a principios del siglo. Los cambios sociales se dieron más bien en el tercer mundo, no en la próspera sociedad industrial. Y el "socialismo en un solo país", que antes se suponía que sería defendido por los partidos comunistas de todo el mundo, dejó de necesitar de éstos para defenderse solo —mediante la coexistencia pacífica, basada en el equilibrio nuclear y en la proscripción, desde Moscú, de la revolución en cualquier parte ("coexistencia pacífica"). De aquí que los partidos comunistas se congelaran, por decirlo así, y que en casi todos los países capitalistas disminuyeran en número de afiliados.

Quizá sea muy aventurado decir que la nueva izquierda, en parte y en principio, fue producto del desencanto —especialmente de los jóvenes. Éstos no creían en los partidos, tampoco en la representación parlamentaria ni mucho menos en las élites gobernantes aliadas con las económicas y denunciadas por C. Wright Mills.[4] Tampoco confiaban en los obreros, acusados de ser apoyos a la industrialización que criticaba la nueva izquierda tanto en el capitalismo como en la Unión Soviética. Rechazaban igualmente las viejas ideologías y cuestionaban a Marx sin haberlo leído, pues muchos de esos jóvenes eran también antintelectuales y más proclives al *movimientismo*. En Estados Unidos, a partir de la lucha por los derechos civiles (1960), surgieron organizaciones estudiantiles que se concebían a sí mismas como radicales y de izquierda. Su lucha era por los derechos de la población afroamericana y por una democracia participativa. Sin negar la importancia de estas demandas, es pertinente mencionar que en la agenda de esa izquierda no estaba incluida la exigencia de que los obreros controlaran los medios de producción, por ejemplo. El socialismo, para esta nueva izquierda estadunidense, no era un objetivo a alcanzar, no era tema de polémi-

---

[4] C. Wright Mills, *La élite del poder*, 1ª ed., México, Fondo de Cultura Económica, 1957. (Publicado en inglés en 1956.)

cas, salvo para pequeños grupos reunidos en torno de la revista *American Socialist* escindidos del *Socialist Workers Party* o de la *Labor Youth League* inserta en la revisión de viejos debates, como el de Stalin-Trotski-socialdemocracia.[5] Según Todd Gitlin, los activistas estudiantiles de Estados Unidos tomaron prestado el nombre de *nueva izquierda* de los intelectuales británicos que habían abandonado el Partido Comunista, entre ellos E. P. Thompson y Raymond Williams.[6] En Europa, la nueva izquierda era diferente a la estadunidense aunque ambas coincidieran en algunos aspectos. Una de las razones de esa diferencia era la tradición cultural y socialista, sobre todo de la Europa continental. Sin embargo, aun en Gran Bretaña donde el marxismo había sido siempre marginal y de baja influencia, los movimientos contra el armamento nuclear y a favor de la paz (1958) pronto adquirirían tintes políticos tanto marxistas como anarquistas y, por lo mismo, presentarían una mayor amplitud de demandas por la influencia de periódicos como *New Statesman* (semanario) o *Manchester Guardian* (ahora *The Guardian*) y revistas como *New Left Review* ya mencionada en el primer capítulo.

En la breve historia de *New Left Review*, escrita por Robin Blackburn,[7] se dice que la revista fue resultado de la fusión de *Universities and Left Review* y *The New Reasoner*, dos revistas que habían surgido de las repercusiones políticas de Suez y de Hungría en 1956, reflejando el rechazo a la ortodoxia "revisionista" dominante en el interior del Partido Laborista y al legado del stalinismo en el Partido Comunista de la Gran Bretaña. El enfoque político común que unió a estas dos corrientes fue proveído por la Campaña para el Desarme Nuclear (CND, por sus siglas en inglés), el primer movimiento antinuclear y por la paz en Inglaterra que después se dividiría al formarse el Comité de los Cien de orientación semianarquista (ac-

---

[5] Para mayor extensión sobre la *New Left*, véase Mari Jo Buhle, Paul Buhle y Dan Georgakas (eds.), *Encyclopeddia of the Amerrican left*, Urbana y Chicago, University of Illinois Press, 1992, pp. 516 y ss.; y especialmente Paul Buhle, *Marxism in the USA (remapping the History of the American left)*, Londres, Verso, 1987, capítulo 7.

[6] Todd Gitlin, "New left", Joel Krieger (ed.), *The Oxford companion to politics of the world*, 2ª. ed., Nueva York, Oxford University Press, 2001, p. 584.

[7] Robin Blackburn, "A brief history of *New Left Review*", <newleftreview.net/History.shtml>.

ción directa y desobediencia civil) con la fuerte influencia de
Bertrand Russell.[8] En las páginas de esas revistas —continúa
Blackburn— E. P. Thompson, Charles Taylor y Alastair Macintyre
debatieron sobre el humanismo marxista, ética y comunidad,
Raphael Samuel exploró el sentido de la ausencia de clases
(*classlessness*) e Isaac Deutscher analizó el deshielo del comunismo de
Jruschov. También fue muy importante la "carta a *New Left*" de C.
Wright Mills[9] que cuestionaba, proféticamente, la metafísica laboral
y que ayudaba a entender las preocupaciones de la nueva izquierda
norteamericana que estaba surgiendo.

Dada la dispersión del movimiento de la nueva izquierda, *New Left*
Review intentó presentar orientaciones políticas y culturales de la
izquierda socialista, no sólo británica sino también del resto de
Europa, pues como he mencionado en el primer capítulo, fue una
revista que no renunció al socialismo como aspiración aunque tratara
de adaptarse al nuevo lenguaje político de los jóvenes de la CND y de
otros movimientos que no eran precisamente socialistas. Esos jóvenes, como ahora en los movimientos en contra de la globalización y
el neoliberalismo, eran contrarios a los partidos, sin importar si éstos
eran de izquierda o de derecha; desconfiaban de las instituciones y
de la política tradicional. Veían, asimismo, que los obreros organizados en los sindicatos no sólo estaban sometidos a sus propias
burocracias sino a las del Partido Laborista y que, por lo tanto, lejos
de ser la alternativa revolucionaria del capitalismo, eran parte del
establishment como también la burguesía y la pequeña burguesía. En
este marco, no es casual el éxito y la influencia que tuvieron las
conferencias de Isaac Deutscher en la *London School of Economics,* a
principios de 1960, sobre la burocracia. En esas conferencias,
Deutscher se preguntaba por qué la burocracia dominaba políticamente a la sociedad y por qué "hasta el presente, ninguna revolución
ha logrado desarticular y acabar con el poder de la burocracia".[10] Lo
que estaba implicando Deutscher era una crítica a la izquierda partidaria tradicional y al poder, aunque éste surgiera de una revolución,

[8] Véase Massimo Teodori, tomo I, *op. cit.*, pp. 63 y ss.
[9] *New Left Review*, núm. 5, Londres, septiembre-octubre de 1960, pp. 18-23.
[10] Isaac Deutscher, *Las raíces de la burocracia*, Barcelona, Anagrama, 1969, p. 24.
(Versión abreviada de las conferencias, editada por Tamara Deutscher.)

y proponía la recuperación de la sociedad para sí misma pero sin clases sociales. En palabras de E. P. Thompson: "De la realidad del quietismo surge un nuevo humanismo rebelde: la política de la antipolítica."[11]

Antes de Deutscher, en 1956 y a partir de la revolución húngara, Cornelius Castoriadis escribió un artículo en *Socialisme ou barbarie* sobre la revolución proletaria contra la burocracia.[12] En este artículo, Castoriadis señalaba que los obreros húngaros tomaron las armas, formaron consejos y propusieron, antes de los elementos esenciales de un programa socialista, la limitación de la jerarquía, la supresión de las normas de trabajo, la gestión obrera en las fábricas y el papel dirigente de los consejos obreros en la vida social. Es decir, el socialismo y no lo que se presentaba como tal. La represión en Hungría dio argumentos a quienes, como en ese momento Castoriadis, defendían el socialismo sin burocracia, sin jerarquías, con libertades.

Con posiciones críticas como las de *Socialisme ou barbarie* se iniciaría en Europa continental la nueva izquierda, una izquierda en contra de la burocracia soviética y en contra de los intelectuales de derecha y de izquierda que justificaban ese régimen, las formas autoritarias y demagógicas del ejercicio del poder en los países capitalistas o la posición del gobierno francés contra el pueblo de Argelia —no muy diferente de la reacción del gobierno soviético contra las insurrecciones proletarias en Polonia y en Hungría, insurrecciones que no sólo se llevaron a cabo en contra del autoritarismo de la burocracia en los gobiernos de estos países sino también en contra de la URSS.[13] Todos los gobiernos eran iguales, parecían decir las críticas izquierdistas de esos momentos.

En Francia, como ocurriera en Gran Bretaña con las manifestaciones contra las bombas nucleares, el movimiento interno contra la guerra colonialista en Argelia comenzó al margen de las organizaciones existentes: entre los reservistas del ejército que iban

---

[11] Citado por Teodori, *op. cit.*, p. 77.

[12] La recopilación de esos artículos en Cornelius Castoriadis, *La société bureaucratique*, tomo 2, París, Union Générale d'Éditions, 1973, pp. 267 y ss.

[13] Al respecto, y también sobre los posteriores movimientos insurreccionales en Checoslovaquia y otra vez en Polonia, véase a Chris Harman, *Bureaucracy and revolution in Eastern Europe*, Gran Bretaña, Pluto Press, 1974.

a ser enviados al norte de África. Muchos de estos reservistas eran jóvenes y, en principio, su lucha sería en contra de las jerarquías militares y, por extensión, en contra de su propio gobierno. Al poco tiempo de estas manifestaciones espontáneas de rebeldía, se sumaron los obreros y la población pobre de Francia. Luego se agregaron grupos políticos de izquierda, incluso de los partidos Comunista y Socialista, pero sin lograr dirigir las protestas.

Los periódicos de un sector de la izquierda —de lo que ya entonces se llamaba "nueva izquierda", de carácter independiente e intelectual— fueron los primeros en poner en evidencia la naturaleza y los métodos de la "operación policial" que el ejército de los coroneles y de los [paracaidistas] estaba llevando a cabo en Argelia. Desde enero de 1955, François Mauriac venía denunciado en su sección de *L'Express* las torturas que se practicaban en Argelia, y lo mismo hacía Claude Bourdet en *France Observateur* durante aquellos mismos días.[14]

Otros intelectuales y revistas como *Les Temps Modernes*, dirigida por Jean-Paul Sartre, se sumarían a las protestas contra esa guerra desigual y colonialista y a la defensa de los derechos humanos y a la autodeterminación de los pueblos; pero según Lefort,[15] se sumaron tarde, después de haber elogiado la política del Partido Comunista en Francia, en 1952. Lefort, quien había sido trotskista, sería otro de los intelectuales críticos de los años 50 que se dirigía a los jóvenes, en quienes depositaba una gran confianza porque "frecuentemente [son] los más comprometidos en la lucha política". Él sería también crítico de la URSS y, por supuesto, de la burocracia, por lo mismo de los partidos políticos y de los sindicatos no democráticos. Sus escritos en *Socialisme ou barbarie* y en *Les Temps Modernes*, donde polemizó con Sartre, tuvieron también influencia en la nueva izquierda francesa.

La referencia a los intelectuales de izquierda, que para unos serían de ultraizquierda, no es gratuita. En la oposición a la guerra y al cada vez mayor autoritarismo del gobierno, en Francia, los partidos de masas así como los sindicatos obreros adscritos al Partido Comunista

[14] M. Teodori, tomo I, *op. cit.*, p. 95.
[15] Una colección de sus principales artículos se puede consultar en Claude Lefort, *¿Qué es la burocracia?*, Francia, Ruedo Ibérico, 1970.

o al Socialista, estuvieron al margen o perdieron la brújula apoyando a quienes hablaban de paz al mismo tiempo que hacían la guerra. Los socialistas, en las elecciones que llevaron a De Gaulle al poder, apoyaron el cambio a pesar de que todo mundo sabía que el general era un nacionalista de derecha y que sería un nuevo Bonaparte al frente del gobierno francés. No podía extrañar que hubiera divisiones en los grandes partidos de izquierda ni que surgieran organizaciones ilegales y clandestinas como la "red Jeanson", de respaldo directo, en Francia, al Frente de Liberación Argelino como una forma de apoyar la revolución que "podría provocar [...] otro movimiento revolucionario en Francia".[16]

De manera semejante a Gran Bretaña, en la Alemania de me= diados de los 50 surgiría un movimiento en contra de las armas, concretamente en oposición al rearme no sólo por lo que significaba después de una guerra sangrienta en la que el pueblo había sido el más afectado sino porque la formación de un ejército (la *Bundeswehr*) alejaba la posibilidad, en medio de la guerra fría, de la reunificación de Alemania. Pero a diferencia de Gran Bretaña, la oposición al armamentismo en la República Federal Alemana surgió primero de las filas del Partido Socialdemócrata, sólidamente apoyado por la mayor organización de trabajadores de ese país, la Federación Sindical (DGB, por sus siglas en alemán), y en contra de la política autocrática y conservadora del gobierno de Konrad Adenauer (líder de la Unión Democrática Cristiana, en esos años). Pero esa oposición era muy tímida o, si se prefiere, condicionada a que los aliados corrieran el mismo riesgo que los alemanes ante la posibilidad de un ataque soviético.[17]

Después de la Conferencia de Bad Godesberg, el SPD se volvió todavía más moderado y dejó de representar a la clase obrera para pasar a ser un partido "de todo el pueblo", equivalente a lo que en términos actuales sería "la sociedad civil", es decir, el abandono de la teoría de las clases sociales. Este cambio en el SPD provocó el distanciamiento de las juventudes socialdemócratas agrupadas en la SDS (*Sozialistischer Deutscher Studentenbund*), que a partir de 1961 serían una entidad aparte, a la izquierda del partido y enriquecida por

---

[16] M. Teodori, *op. cit.*, pp. 110 y ss.
[17] A. Ramos-Oliveira, tomo II, *op. cit.*, p. 215.

LA NUEVA IZQUIERDA

intelectuales expulsados de éste, como Abendroth, y por algunos ex militantes del Partido Comunista (KPD) disuelto formalmente en 1956 por la Corte Federal Constitucional que lo declaró ilegal por proponer la dictadura del proletariado que, en su interpretación, estaba en contra del orden democrático existente.[18] La SDS seguiría siendo un grupo estudiantil hasta 1964, un grupo que protestaba en contra del sistema universitario y por la posición de los países imperialistas frente al tercer mundo. Cuando a finales de 1964 el gobernante congoleño, Tshombé, acusado de haber asesinado a Patricio Lumumba, visitó Berlín, los estudiantes trascendieron la universidad e iniciaron una serie de acciones directas de más amplio contenido político ligándose a fracciones de oposición no estudiantil y enfrentándose a la policía. Para la izquierda no tradicional la visita oficial del gobernante congoleño revelaba la verdadera cara del capitalismo imperialista, de sus representantes gubernamentales y de su concepto de democracia. De aquí la creación de seminarios y de grupos de debate sobre aspectos tales como el significado del fascismo, del papel de Estados Unidos y de los medios para manipular la conciencia de la gente, el neocapitalismo y sus implicaciones a escala internacional y, por supuesto, el significado de la guerra de Vietnam.[19] Los bombardeos de las fuerzas armadas estadunidenses en territorio vietnamita provocaron mayor indignación en la nueva izquierda alemana y particularmente en los estudiantes de Berlín y otras universidades. Tanto las autoridades universitarias y la democracia cristiana como la representación institucional de los estudiantes se opusieron a las manifestaciones de los izquierdistas, por lo que obligaron a éstos a actuar al margen y en contra de la institución y de sus representantes tradicionales. Con su respuesta, las fuerzas conservadoras politizaron todavía más el movimiento estudiantil de izquierda.[20] A esta radicalización de los

[18] Stephen Padgett y Tony Burkett, *Political Parties and Elections in West Germany*, Londres, C. Hurst & Co., 1986, p. 144.
[19] Para mayor extensión, véase Bernd Rabehl, "Du mouvement antiautoritaire a l'opposition socialiste", Uwe Bergmann *et al.*, *La révolte des étudiants allemands*, París, Gallimard, 1968, pp. 337-346.
[20] Véase Rudi Dutschke, "Les étudiants antiautoritaires face aux contradictions présentes du capitalisme et face au Tiers monde", Uwe Bergmann *et al.*, *op. cit.*, pp. 146-147.

estudiantes socialistas el gobierno respondió con represión policíaca y acciones de espionaje e intimidación de la policía secreta.

Por otra parte, al término de la guerra de Argelia (1962), las organizaciones estudiantiles francesas en contra de las políticas neocapitalistas de la época tuvieron un breve periodo de crecimiento, pero muy pronto sufrieron divisiones que se habrían de traducir en decenas de grupúsculos seguidores de las diferentes organizaciones de la izquierda, toda vez que el fetiche de que sólo eran comunistas los que militaban en un partido comunista se había roto. Sin embargo, a raíz de que Estados Unidos decidiera intervenir directamente en Vietnam, las organizaciones de izquierda no tradicional y no pocos intelectuales encontraron en esta nueva guerra motivo de protesta y de nuevas organizaciones solidarias con el pueblo vietnamita. Esos grupúsculos (de diez países de Europa occidental) se dieron cita por primera vez en Lieja, en octubre de 1966, y meses después (marzo de 1967) participaron en la *Conferencia de Bruselas*, ya con principios y propósitos más definidos, entre éstos su apoyo al Frente Nacional de Liberación de Vietnam.[21] Pero pronto, comenzando con los estudiantes socialistas alemanes, los grupúsculos se convirtieron en nuevas organizaciones. La influencia de Marcuse, escribían Bensaïd y Weber, se extendió en Alemania y sus tesis,

...según las cuales el proletariado, integrado en la sociedad industrial, ha perdido su papel histórico en beneficio de las capas marginales "antiautoritarias", como lo son los estudiantes, [hallaron] [...] una resonancia comprensible. Mientras en Francia la clase obrera organizada por los sindicatos y el PC, sigue siendo una fuerza coherente y estructurada, la pulverización del proletariado alemán bajo el nazismo, el aplastamiento de sus organizaciones, la vida vegetativa del PC, que ha seguido siendo clandestino, abren la vía a todas las teorizaciones atrevidas de un estado de hecho.[22]

El antiautoritarismo se convertía en bandera de lucha de los jóvenes socialistas. La crítica a Lenin y sobre todo a Stalin se extendía a

---

[21] Sobre los grupos participantes en la Conferencia de Bruselas, véase Daniel Bensaïd y Henri Weber, *Mayo 68: un ensayo general*, México, Era, 1969, pp. 25 y ss.
[22] Ídem, p. 27.

los partidos de la izquierda tradicional, a la política tradicional, a la cultura tradicional, a las universidades tradicionales y, en consecuencia, al capitalismo, a lo que se presentaba como socialismo y al reformismo en todas sus formas y bases ideológicas. De Berkeley a Nueva York, de Londres a Berlín, París, Bruselas, Turín y Roma, de Japón y Corea a México y Brasil, el movimiento estudiantil, sin Internet entonces, se extendió con significados y propuestas de cambio semejantes y se enfrentó a formas también similares de reacción por parte de gobiernos incapaces de efectuar los cambios que demandaban, primero, los estudiantes y luego, éstos con amplios sectores populares. Tariq Ali, líder estudiantil en la universidad de Oxford, escribía años después que tres sectores en el mapa mundial fueron sacudidos en 1968: el capitalista avanzado, el encabezado por la Unión Soviética y el del tercer mundo; y añadía que por esa razón puede decirse que ese año fue único en los anales de la revolución mundial, año en el que el internacionalismo alcanzó un nuevo punto máximo en contra de la clase dominante en Occidente y de las burocracias del Este.[23]

Mandel interpretó la rebelión estudiantil como un movimiento espontáneo que fue definiéndose poco a poco a favor de nuevos valores de vigencia universal y que, por lo mismo, interesaban por igual a obreros e intelectuales, campesinos productores y profesores. Y añadió que "los éxitos necesariamente temporales serán una luz que iluminará el camino de la lucha de masas populares mucho más amplias", pues aunque se trató de un movimiento espontáneo, surgido de lo inmediato (como liberar a dirigentes estudiantiles arrestados por la policía), desembocó "en la noche de las barricadas; en la enorme manifestación obrera de solidaridad con los estudiantes, y después en la huelga general con ocupación de fábricas" en Francia.[24] En palabras de Touraine, "el movimiento de mayo combate el pasado y revela el porvenir".[25]

---

[23] Tariq Ali, *1968 and after (Inside the revolution)*, Londres, Blond & Briggs Ltd., 1978, pp. xxxiv-xxxv.

[24] Ernest Mandel, "La proletarización del trabajo intelectual y las crisis de la producción capitalista", Víctor Flores Olea *et al.*,* *La rebelión estudiantil y la sociedad contemporánea*, México, UNAM, 1973, pp. 35-38.

[25] Alain Touraine, *El movimiento de mayo o el comunismo utópico*, Buenos Aires, Signos, 1970, p. 32.

148 IZQUIERDAS E IZQUIERDISMO

Y ciertamente, los movimientos estudiantiles de 1968 rompieron muchos de los esquemas sobre la izquierda que se habían esbozado desde la Primera Internacional. Deliberadamente o no, el hecho fue que los estudiantes y los intelectuales que se interesaron en su movimiento, acompañándolo o interpretándolo, hicieron revisiones de las antiguas polémicas de Marx y Engels con Proudhon, Lassalle y Bakunin, de Kautsky con Bernstein, de Luxemburgo con ambos y con Lenin, de Lenin con los izquierdistas y con los socialdemócratas, de Trotski con Stalin, y otras más. Interpretaron la realidad de su momento, tanto en términos económicos como políticos, y discutieron las filosofías que apoyaban esa realidad tanto en el mundo capitalista como en el llamado socialista. Postularon el socialismo pero un socialismo humanista y libertario, no reformista, razón por la cual fueron calificados como izquierdistas muchos de sus dirigentes. Produjeron una nueva cultura que afectó desde la familia y la vida cotidiana hasta el ejercicio del poder estatal. No tomaron el poder, ni estaban en condiciones de hacerlo, pues aunque se creían una clase social, en realidad formaban una categoría social en el sentido explicado por Löwy;[26] y por no ser una clase social ni contar con una organización política que coordinara y dirigiera sus luchas, no pudieron cohesionarse ni imprimirle permanencia a su movimiento. Éste fue internacional sin que existiera una asociación internacional ni redes cibernéticas que, como ahora, los pusieran en contacto en tiempo real. Pero sus efectos, desde Praga hasta el resurgimiento de movimientos guerrilleros en México y otros países latinoamericanos, pasando por los cambios en Chile y en Portugal, se tradujeron en una importante revisión de posiciones en la izquierda tradicional (partidos comunistas y socialistas) y en aperturas democráticas en muchos países de tradición autoritaria. Surgieron o se fortalecieron nuevos partidos de izquierda, el movimiento feminista y las luchas por la despenalización del aborto, los ecologistas y otros movimientos contestatarios de nuevo tipo. Y aunque los partidos comunistas y socialistas regresaran a posiciones reformistas, vivieron un periodo, aunque muy breve, que bien pudiéramos llamar de

---

[26] Michael Löwy, *Para una sociología de los intelectuales revolucionarios*, México, Siglo XXI editores, 1978.

izquierdización relativa. Sólo en China los estudiantes hicieron las cosas al revés; es decir, en lugar de abrirse, se cerraron (sectarización) con la *Revolución Cultural* iniciada en 1966.[27] La nueva izquierda no formó una comunidad teórica, y dudo que lo haya intentado.

Más bien, y pienso que fue deliberado, formó una comunidad de acción, con diferentes corrientes ideológicas en general críticas a la izquierda tradicional y, desde luego, al entonces llamado neocapitalismo. Las direcciones de los movimientos del 68, cuando las hubo, fueron casi siempre colectivas, como en México, de tal forma que una persona o un grupo no pudieran dominar o hegemonizar a los demás. Esa nueva izquierda surgió heterogénea y esta característica la llevó a su fin en corto tiempo, como había ocurrido desde cien años antes con otras comunidades de acción. Empero, muchos de sus militantes, los que no fueron cooptados, se han mantenido hasta ahora en la izquierda, unos en organizaciones formales (partidos políticos) y otros en grupos políticos incluso armados (guerrilleros) o como intelectuales independientes.

Otra característica de aquella nueva izquierda fue que no se planteó la toma del poder como se lo propusieran los marxistas en sus diversas corrientes, sino terminar con el poder existente, en unos casos, o influir en ese poder existente para cambiar sus formas de manifestación en relación con "el pueblo" y en la orientación de la economía, en otros casos. Hubo intenciones de abolir el "poder", por ejemplo, en escuelas medias y superiores, como ocurrió en Estados Unidos según la versión de Harold Taylor (*Estudiantes sin profesores*)[28] o, como más tarde se intentó en México, bajo las formas de "cogo-

[27] Este movimiento fue dirigido, en primer lugar, contra profesores y funcionarios universitarios por no ser suficientemente comunistas aunque fueran expertos en su materia, y muy pronto se extendió al mismo Partido Comunista, particularmente contra Liu Shao Shi, hasta lograr su caída del gobierno y su encarcelamiento. La fuerza de los jóvenes en China no era desdeñable; piénsese que en ese año, alrededor de la mitad de la población era menor de 18 años. Estaríamos hablando de millones de jóvenes que se movilizaron supuestamente en contra de los reaccionarios y de los no comunistas, según el criterio de quienes formaban su dirección: estudiantes del Partido Comunista —aunque hubo divisiones entre ellos. Los horrores y las injusticias a nombre de la Revolución Cultural y del comunismo fueron pronto conocidos fuera de China.

[28] Harold Taylor, *Students without teachers*, Nueva York, Avon Books, 1969.

bierno" y "autogobierno" en varias universidades públicas; pero
también, a partir de la toma de universidades como "bases rojas",
para de ahí influir en otros sectores de población y en organizaciones
de izquierda hacia la toma del poder nacional y no sólo universitario,
como fue el caso de algunos grupos ultraizquierdistas en Inglaterra,
Francia y Alemania y por lo menos en tres universidades públicas en
México (Sinaloa, Guerrero y Puebla). Pero tanto los abolicionistas
como los que intentaban la toma del poder fueron grupúsculos
ultraizquierdistas (unos anarquistas y otros maoístas) que partían de
bases irreales sobre su propia condición y la que les rodeaba,
de donde no extrañó a nadie que fracasaran en muy poco tiempo
logrando, triste y lamentablemente, que sus "bases rojas" entraran en
crisis como centros educativos. Da la impresión de que pensaban que
estaban haciendo su *Revolución Cultural*, sin las condiciones de China,
o formando su *Comuna de París* sin haber tomando en cuenta las
razones de su fracaso 90 años antes.

6. LOS PARTIDOS COMUNISTAS Y SOCIALISTAS DESPUÉS DEL 68 O EL TRIUNFO DEL REFORMISMO

Después de la segunda guerra mundial y una vez disuelta la Tercera Internacional o Internacional Comunista, algunos partidos comunistas de Europa occidental tuvieron menor dependencia de la Unión Soviética y un sólido prestigio en sus países; fue el caso de los partidos comunistas italiano y francés, ambos por su reconocido papel en la resistencia contra el fascismo durante la guerra, y el primero, además, por la tradición teórica heredada de Gramsci, tradición con la que no contaban los otros partidos en su historia reciente. La *Kominform* volvió a imponer la disciplina de la IC, pero después del XX Congreso del PCUS resurgieron las diferencias, particularmente en el PC italiano —tendente a la descentralización política de los partidos respecto al Kremlin. Más adelante, con motivo de la invasión a Checoslovaquia, varios partidos comunistas, incluso fuera de Europa como fue el caso del mexicano, criticaron la política soviética en el Este europeo. Los primeros disentimientos con el PCUS fueron de estrategia, en función de los análisis de la realidad nacional de cada partido y del contexto internacional en que se desenvolvía cada país; posteriormente fueron de índole ideológica, de caracterización de la misma Unión Soviética y de la situación de los trabajadores en ese país, sometidos a instancias burocráticas y autoritarias que nada tenían que ver con el socialismo.

En cuestión de estrategia, los partidos comunistas de la Europa de la segunda posguerra se interesaron cada vez más en las elecciones. Conscientemente o no, la importancia de los partidos era establecida por sus éxitos electorales y éstos eran vistos como un asunto de legitimidad nacional y de fuerza de sus posiciones respecto a otros par-

tidos considerados también de izquierda, como los socialistas o socialdemócratas, los principales competidores de los comunistas. La
búsqueda de una mayor votación implicaba una heterogeneidad
cada vez mayor de votantes, por lo que las campañas electorales ten-
dían a reflejar esa heterogeneidad también en el discurso político. Y
más todavía si los PC establecían alianzas con otros partidos, como fue
el caso del italiano con la Democracia Cristiana en los tiempos del
"Compromiso histórico" (1973-1978).[1] La dinámica electoral, en síntesis, repercutió en la organización de los partidos, convirtiéndolos
en partidos más amplios y crecientemente menos comunistas por
cuanto a la caracterización de sus bases.

El Partido Comunista Italiano fue el primero de los partidos europeos surgidos de la Tercera Internacional que flexibilizara tanto sus
posiciones de clase (convirtiéndolas en pluralistas) como la selección
de su militancia. Recuérdese que Togliatti, desde 1944 (un año después de disolverse la IC), planteaba la unidad nacional y un régimen
democrático y progresista,[2] y a partir de 1956 reafirmaría su teoría
del policentrismo que, según algunos autores, sería el origen de un
proceso que culminaría con el llamado *eurocomunismo*.[3] Este fenómeno reviviría también a Gramsci, en especial su concepto de *bloque
histórico* que, para los eurocomunistas, estaría formado por otras fuerzas sociales además de la clase obrera: campesinos, trabajadores de la
cultura, pequeña burguesía, estudiantes, feministas, ecologistas, etc.
Y, en consecuencia, para ese conjunto de fuerzas sociales habría que
desarrollar un programa distinto al tradicional pensado por los
marxistas clásicos para la clase obrera. Aquí debe notarse que la crítica de Marx a Lassalle, a quien acusara de sectario por afirmar que
sólo los obreros eran revolucionarios, no tiene cabida como justificación de las posiciones de los eurocomunistas, pues el planteamiento
de Marx iba en el sentido de que todas aquellas fuerzas que coinci-

---

[1] Una crítica marxista al compromiso histórico del PC italiano con la DC, en Anna
Libera, *Italie: les fruits amers du compromis historique*, París, La Brèche, 1978.
[2] Véase Paolo Spriano, *Storia del partito comunista italiano*, tomo V, Turín, G. Einaudi
(ed.), 1975, capítulo 15, pp. 386 y ss.
[3] Entre esos autores, Giovanni Russo, "*Il compromesso storico*: the Italian Communist
Party from 1968 to 1978", Paolo Filo della Torre, Edward Mortimer y Jonathan
Story, *Eurocommunism: myth or reality?*, Gran Bretaña, Penguin Books, 1979, p. 71.

dieran con el programa socialista eran aliadas en la lucha de la clase obrera por su emancipación. Pero Marx jamás habría aceptado, como lo hizo el PC italiano, la alianza con la Democracia Cristiana corrupta y contraria a las fuerzas socialistas de ese país.[4] Una cosa era, como el mismo Lenin lo planteaba en relación con los *otzovistas*, aprovechar las instancias de la burguesía, como los parlamentos, y otra, la alianza con los enemigos de la clase obrera.

Otra característica que definiría a los partidos *eurocomunistas* sería la vía nacional al socialismo,[5] como una doble reacción a los anteriores dictados de la IC y de la *Kominform*, por un lado, y a los planteamientos y críticas de los movimientos del 68 a la Unión Soviética y al burocratismo, por otro lado.[6] El drama de los partidos comunistas de Europa, decía Santiago Carrillo, es que cuando nosotros hablamos de nuestra perspectiva socialista, de la sociedad que queremos crear en nuestros países, no podemos proponer el modelo de los países del llamado socialismo real. Éste es uno de nuestros dramas y una de las razones por las cuales es necesario enfrentarse de una manera crítica al socialismo existente; y al decir "enfrentarse de una manera crítica" no digo combatir, no digo luchar contra, digo estudiar críticamente el socialismo llamado real y realizar un análisis profundo de ese socialismo, no sólo para proponer otro tipo de sociedad socialista en nuestros países, sino para contribuir también con esta crítica a la superación del modelo socialista existente.[7]

---

[4] La posición de la Democracia Cristiana italiana respecto de los comunistas, que no era recíproca, puede verse en Martin Clark y David Hine, "The Italian communist party: between leninism and social democracy?", David Childs (ed.), *The changing face of western communism*, Londres, Croom Helm, 1980, pp. 122-125.

[5] Al respecto puede consultarse Mariangela Bosi y Huges Portelli (Inroducción y notas), *Les PC espagnol, francais, italien face au pouvoir*, París, Christian Bourgois, 1976.

[6] Giorgio Napolitano reconoció la importancia del movimiento estudiantil de 1967 y 1968, en Italia, y de las huelgas obreras de 1969 en los cambios del Partido Comunista Italiano, y admitió que al principio el PCI no entendió la magnitud de las demandas estudiantiles y el sentido de su lucha. Véase su libro *La alternativa eurocomunista*, basado en una entrevista de Eric J. Hobsbawm, Barcelona, Blume, 1977, pp. 58 y ss.

[7] Segunda conferencia de Santiago Carrillo (secretario general del Partido Comunista de España, en ese momento) en el Coloquio sobre el eurocomunismo, llevado a cabo en la Universidad Nacional Autónoma de México en 1979.

Para mí, no hay duda de que los movimientos de las nuevas izquierdas descritas en el capítulo anterior repercutieron favorablemente en la izquierda tradicional (principalmente europea), especialmente en los partidos comunistas de entonces. Si en los años 60 del siglo pasado los jóvenes, los estudiantes, eran considerados izquierdistas por los partidos comunistas, años más tarde éstos no pudieron ignorarlos, como tampoco sus demandas en contra del autoritarismo y de las burocracias capitalistas y "socialistas". Parecía necesario un *aggiornamento* de la izquierda tradicional, si quería mantener su influencia y la militancia de los jóvenes. El problema sería el costo político y si tal adecuación significaba realmente un avance hacia el socialismo. Recuérdese que en aquellos momentos la izquierda en general era socialista, independientemente de la estrategia que siguiera para lograrlo, pero recuérdese también que esa estrategia calificaba a unos y a otros de más o menos izquierdistas o de reformistas.

La adecuación de los partidos comunistas a la realidad, en esos momentos, habría de depender de la interpretación de esa realidad. Se partía de que el capitalismo estaba en crisis. En la Conferencia de los partidos comunistas y obreros de Europa (Berlín, junio de 1976) se hizo referencia a la crisis general del sistema capitalista que se expresaba en lo económico, lo social, lo político y lo moral, con modalidades distintas en cada país. Como esa crisis correspondía a la llamada "fase del capitalismo monopolista de Estado" (CME), es decir, a las condiciones de una economía dominada por los monopolios capitalistas, afectaba entonces no sólo a los obreros y a los campesinos sino también a amplios sectores de la pequeña y mediana burguesías en los países de capitalismo avanzado y en los denominados en la Conferencia como países "en vías de desarrollo".

En ese mismo sentido se pronunciaron Carrillo (España), Berlinguer (Italia) y Marchais (Francia) en el encuentro de Madrid, a principios de marzo de 1977. Y afirmaron que la crisis del sistema capitalista llamaba, con más fuerza que nunca, a desarrollar la democracia y a avanzar hacia el socialismo, lo que significaba luchar por una alternativa positiva a la crisis y derrotar a las orientaciones reaccionarias.[8] Para esto —decían—, era necesaria la presencia de los

___
[8] En esos momentos, los eurocomunistas sostenían que la crisis que atravesaban los países capitalistas avanzados podía resolverse de forma autoritaria e incluso dicta-

trabajadores y de sus partidos en la dirección de la vida política, esto es, desarrollar el socialismo en la democracia, ganando posiciones para los trabajadores y todas las fuerzas democráticas y antimonopolistas en los centros de decisión política y en las empresas nacionalizadas. Debilitar y derrotar los monopolios era la garantía para lograr un estadio de democracia avanzada como antesala al socialismo.

Democracia avanzada sin modificar las bases mismas del capitalismo y sin destruir el Estado burgués, de donde era necesario abandonar la "dictadura del proletariado" como fórmula dejada caer con el menor ruido posible, para usar una figura de Fernando Claudín.[9]

Como la crisis para los eurocomunistas no sólo era económica sino también política que se reflejaba en el interior del Estado, en su concepción muy particular se sugería que éste, el Estado, modificara su política económica respecto del capital monopolista, para lo cual era necesario incluir en sus órganos de representación política a fuerzas y personas democráticas y antimonopolistas. La intención era que las organizaciones obreras y populares fueran hegemónicas en el Estado y en la sociedad civil. Una mezcla *sui géneris* y contradictoria de Gramsci con Lassalle, un poquito de Bernstein y Kautsky y dos gotas de Engels en su multicitada introducción de 1895 a *Las luchas de clases en Francia* que, como hemos visto, ha servido para justificar muchas de las posiciones reformistas de la izquierda socialista a través de la historia del siglo XX.

Así, en la lógica eurocomunista y en contraparte del autoritarismo como fórmula monopolista para una nueva fase expansiva del capitalismo, fue como se vislumbraba, para salir de la crisis, la ampliación y la profundización de la democracia tanto económica como política. Tal democracia avanzada podría ser posible en los países de alto desarrollo capitalista, gracias a una lucha de gran envergadura de potentes movimientos de masas que, a su vez, movilizaran, en torno a la clase obrera, a la mayoría del pueblo. Estas movilizaciones, concebidas en el marco del sufragio universal —directo y proporcional—, bajo la existencia de instituciones plenamente representativas

torial y que, de no desviar esta opción, los más afectados serían los trabajadores y los jóvenes, las mujeres y los inmigrantes.
[9] Fernando Claudín, *Eurocomunismo y socialismo*, 5ª ed., México, Siglo XXI editores, 1978, p. 58.

de la soberanía popular, habrían de garantizar el acceso de las clases trabajadoras a la dirección del Estado.[10]

Al extenderse el eurocomunismo, primero a otros países avanzados, como Japón y Australia, y luego a países subdesarrollados, como México, los partidos comunistas de muchas naciones fueron adecuando sus posiciones al esquema de interpretación y a la estrategia que habían iniciado los PC de España, Italia y Francia.[11] El resultado práctico de tales adecuaciones, incluyendo el abandono (1978) del marxismo-leninismo como matriz ideológica (atribuido equivocadamente a Stalin), [12] fue lo que Mandel calificó con gran acierto como *socialdemocratización* gradual de los partidos comunistas que, como proceso, culminó precisamente con el eurocomunismo y que sólo se diferenció de la socialdemocracia al sostener vínculos específicos con la Unión Soviética, pese a sus críticas.[13]

Era claro que la opción del eurocomunismo se limitaba, en un marco de "democracia avanzada", a la participación electoral; gracias a ésta, a ocupar posiciones en los órganos de representación y de gobierno (nueva hegemonía), y desde estas posiciones, a modificar las políticas económica y social en contra de los monopolios y, obviamente —se decía—, a favor de los trabajadores y de los empresarios, víctimas también de la gran concentración de capital. En el plano ideológico el eurocomunismo significaba el abandono del leninismo, de la dictadura del proletariado como transición entre el capitalismo

[10] Véase la declaración conjunta del Partido Comunista Francés y del Partido Comunista Italiano, Roma, 15 de noviembre de 1975. (Bernardo Valli, *Los eurocomunistas (Historia, polémica y documentos)*, Barcelona, DOPESA, 1977, pp. 236-238.) Otras declaraciones conjuntas y conferencias de partidos comunistas se pueden consultar en este libro, y también en E. Suárez-Íñiguez, *Eurocomunismo*, México, El caballito, 1978, anexos.

[11] Sobre el eurocomunismo en México puede verse Octavio Rodríguez Araujo, "Izquierda, democracia y socialismo en México (crítica al eurocomunismo mexicano)", *Revista Mexicana de Sociología*, año XLIII, núm. 2, México, IIS-UNAM, abril-junio de 1981, pp. 667-678.

[12] Sobre el origen del concepto "marxismo-leninismo" puede consultarse el erudito libro de Roy Medvedev, *Leninism and western socialism*, Londres, Verso, 1981, capítulo 1.

[13] Véase Ernest Mandel, *Crítica del eurocomunismo*, Barcelona, Fontamara, 1978, p. 47. Una versión más amplia que la española fue la francesa, publicada por Maspero en París, el mismo año y con el mismo título.

y el socialismo, y de la lucha de clases. Y del marxismo sólo tomaba los aspectos que le eran útiles para su estrategia, como lo hiciera también la socialdemocracia desde el rompimiento con el ala izquierda de la Segunda Internacional. Empero, los eurocomunistas no sólo no aceptaban su viraje hacia posiciones socialdemócratas sino que se negaban a aliarse con los partidos socialistas porque éstos, según Santiago Carrillo, eran administradores del sistema mientras que los eurocomunistas tenían como meta transformarlo.[14] Jean Pierre Chevenement, en aquel entonces miembro del ala izquierda del Partido Socialista Francés,[15] explicaba las malas relaciones entre el Partido Comunista y su partido por el simple hecho de que los socialistas franceses planteaban desde hacía varios decenios lo que ahora el PC quería presentar como nuevo: la transición democrática hacia el socialismo. E ilustraba la situación entre ambos partidos con una metáfora: "Somos como dos abarroteros cuyas vitrinas estuviesen frente a frente y que vendiesen la misma mercancía a un mismo cliente."[16] (Competidores, con la diferencia de que los socialdemócratas vendían su mercancía desde el siglo anterior y el PC acababa de inaugurar su tienda.) Desde la izquierda, principalmente de orientación trotskista, también se hicieron severas críticas al CME y a la estrategia propuesta por los partidos eurocomunistas. Una de esas críticas, desde la perspectiva de la economía política marxista, fue la de Jacques Valier al Partido Comunista Francés, que fue el partido que más ampliamente teorizó sobre el CME, en el marco de la estrategia eurocomunista de "democracia avanzada" y de negación de la pers-

---

[14] En junio de 1972, en Francia, antes de que existiera el *eurocomunismo* como tal, el Partido Comunista y el Socialista habían firmado un "Programa común de gobierno", para las elecciones legislativas de 1973, especialmente para apoyar la candidatura común de Mitterrand en 1974. Pero en este año, aunque la alianza no se rompió, sí se debilitó considerablemente por diferencias entre Marchais y Mitterrand en torno a la crisis en Portugal y a las nacionalizaciones, entre otros temas.

[15] Una de las principales corrientes de izquierda dentro del Partido Socialista Francés, además del grupo de Rocard, era el CERES (*Centre d'Etudes de Recherches et d'Education Socialistes*), al que pertenecía destacadamente Chevenement, partidario de la autogestión como alternativa al comunismo soviético.

[16] Jean Pierre Chevenement, primera de sus conferencias en el "Coloquio sobre el eurocomunismo", llevado a cabo en la Universidad Nacional Autónoma de México, en 1979.

pectiva de la dictadura del proletariado como fórmula transitoria al socialismo.[17] Hubo también críticas desde el stalinismo como, por ejemplo, la de Enver Hoxha, del Partido Comunista de Albania, en su libro *Eurocomunismo es anticomunismo* (1980) en el que Carrillo y los demás dirigentes de los partidos comunistas de Europa occidental eran revisionistas y anticomunistas. Asimismo, hubo críticas desde pequeñas organizaciones izquierdistas, varias de ellas sectarias, que se reclamaban marxistas-leninistas, como fueron los casos de los PC (m-l) de España, Alemania, Grecia y Portugal, de orientación maoísta.

El drama de los eurocomunistas fue que en lugar de avanzar electoralmente, como sí lo hicieron los socialdemócratas que ganaron los gobiernos de Alemania, España, Grecia, Portugal, Francia y de otros países del norte de Europa, disminuyeron su votación o, en el mejor de los casos, la mantuvieron estancada —como ocurrió en México a pesar del cambio de nombres (y de línea política), primero a Partido Socialista Unificado de México (1981) y luego a Partido Mexicano Socialista (1987). El caso francés fue quizá donde el eurocomunismo sufrió su mayor golpe, pues en las elecciones de 1988 obtuvo una votación menor que el ultraderechista Frente Nacional que se había fundado unos pocos años antes de esos comicios, siendo que el PCF había sido la principal fuerza electoral en los primeros años de la IV República y un partido todavía muy influyente antes de las elecciones de 1981, año en que empezó su declive. Quizá los fracasos del PCF se debieron a que su democratización fue más discursiva que real, como también su distancia de la URSS (recuérdese, por ejemplo, que los comunistas franceses apoyaron la invasión soviética a Afganistán [1978], mientras que los italianos y los españoles la reprobaron).

Sin embargo, y pese a que estratégicamente los eurocomunistas no avanzaron en términos electorales, lograron revivir el debate en torno a cuestiones que antes parecían intocables, como "el papel del Estado-partido en la construcción política del socialismo o el Estado-plan como modelo de construcción económica centralizada", como

---

[17] Jacques Valier, *El partido comunista francés y el capitalismo monopolista de Estado*, México, Era, 1978.

LOS PARTIDOS COMUNISTAS Y SOCIALISTAS 159

bien lo señalara Christine Buci-Glucksmann.[18] Asimismo, se impuso una redefinición de la relación entre democracia y socialismo y los eurocomunistas le expropiaron a la burguesía, por decirlo así, los conceptos de libertades y de democracia pero presentándolos como resultado necesario de las luchas populares y no como mera formalidad o concesión de las clases dominantes para mantenerse como tales. Al cuestionarse el "socialismo" en la URSS, se abría también otro debate que podría sintetizarse de la siguiente manera: si bien era cierto que el socialismo no se había logrado por la vía electoral y parlamentaria, de manera gradualista como propusiera en su momento Bernstein, tampoco era cierto que por la vía revolucionaria se hubiera alcanzado. ¿Y entonces? Por otro lado, ¿cómo distinguir al eurocomunismo de la socialdemocracia, sin caer en el expediente simplista de que los primeros eran comunistas (expresión que daba idea de mayor radicalismo por su antecedente histórico: comunismo contra socialdemocracia, a partir de Lenin) y los segundos, reformistas o revisionistas y, por lo mismo, cómplices de *gattopardismo*?[19]

Así como la socialdemocracia tuvo su ala izquierda en diversos momentos de su desarrollo, el eurocomunismo también. A finales de los años 70 y principios de los 80 surgieron los eurocomunistas de izquierda, incluso así se llamaron algunos de ellos, como fue el caso de la misma Christine Buci-Glucksmann y de otros connotados intelectuales europeos como el sueco Göran Therborn,[20] los italianos Trentin e Ingrao, el argentino Laclau (radicado en Inglaterra) o el español Manuel Azcárate y otros "renovadores" —como también se llamaron en España, México y otros países.[21] Pero la cuestión estra-

---

[18] Véase Christine Buci-Glucksmann (Olivier Duhamel y Henri Weber, *Changer le* PC? *Débats sur le gallocommunisme*, París, Presses Universitaires de France, 1979, p. 127.)

[19] Se usa *gattopardismo* como una expresión extraída de la novela de Giuseppe Tomasi di Lampedusa, *Il gattopardo*, donde el personaje central, ante los cambios sociales inminentes en Sicilia, al pasar la dominación de los Borbones a los de la casa de Saboya, afirmaría: "hay que cambiar para que nada cambie".

[20] En el libro de ambos, titulado *Le défi social-démocrate*, París, Maspero, 1981, se señala que se identifican como "eurocomunistas de izquierda", p. 7.

[21] Varios de los "eurocomunistas de izquierda" eran partidarios de la democracia de masas y no precisamente de una transición estatista al socialismo, como se planteaba entre los eurocomunistas institucionales o entre los sectores hegemónicos en la socialdemocracia.

tégica hacia el socialismo (y el comunismo) no fue resuelta. Sin embargo, el debate se enriqueció como nunca se había dado en el seno de las diversas corrientes socialistas aunque también hubo expulsiones de los PC, como fue el caso de Azcárate en España (1981), después de 48 años de militancia, o del grupo *Il Manifesto* (Rossana Rossanda, Lucio Magri y otros) expulsado del PCI en 1970.[22] Se replanteó el problema del Estado, su caracterización y su papel, y se publicaron decenas de libros que intentaron interpretaciones a la inacabada teorización de Marx sobre el tema. Se concluyó, a mi juicio con razón, que a partir de la interpretación del Estado capitalista habría de derivarse la estrategia "correcta" hacia el socialismo, ya que el reformismo en sus diferentes versiones soslayaba este punto o tendía a hacer creer, como lo quiso Lassalle en su momento,[23] que para alcanzar el socialismo bastaba apoderarse de la máquina o aparato estatal y no, como insistiera Marx, que era menester destruir el Estado capitalista por la vía de la instauración de la dictadura del proletariado como fase de transición entre el capitalismo y el socialismo.

Los izquierdistas, en ese contexto, serían quienes defenderían la dictadura del proletariado (o algo similar) sin dejar de criticar que, en la URSS, ésta no había existido o se había tergiversado. Y esos izquierdistas serían quienes, sobre todo basándose en la "teoría derivacionista del Estado" (Salama, Mandel, Alvater y otros), reivindicaban la teoría de la revolución y la transición hacia el socialismo basada en el poder democrático de los trabajadores, para decirlo esquemáticamente. Se revivía a Luxemburgo, a Trotski, a Gramsci y al mismo Marx, criticándose el marxismo mecanicista, dogmático y superficial de no pocos de sus intérpretes que habían servido de apoyo al stalinismo y al *pensamiento único* de la izquierda tradicional por varios decenios. Al final, quedaron más preguntas que respuestas y el eurocomunismo se diluyó hasta el extremo de que muchos de los partidos comunistas desaparecieron o cambiaron de nombre para convertirse en partidos de nuevo tipo. Subsisten, sin embargo, algunos partidos comunistas con este nombre, por ejemplo, en Francia y

---

[22] De Manuel Azcárate puede verse su libro *Crisis del eurocomunismo*, Barcelona, Argos-Vergara, 1982, y sobre *Il Manifesto*, el libro con este título de Rossana Rossanda, México, Era, 1973. En ambos se habla de esas expulsiones.

[23] Véase *supra*, capítulo 2.

en Grecia o en Argentina y en Chile, pero representan un número muy reducido tanto en Europa como en América Latina, aunque algunos todavía son muy influyentes, como el francés.

Los socialistas (o socialdemócratas), por su lado, también sufrieron cambios, especialmente porque comenzó la ola de triunfos electorales para ellos. Con estos triunfos "los partidos socialdemócratas dejaron de ser partidos de 'la clase obrera' para adoptar las grandes cuestiones nacionales y, desde luego, las internacionales" y abandonar, al mismo tiempo, el keynesianismo.[24]

Cuando hablamos de partidos socialdemócratas o socialistas (afiliados a la Internacional Socialista) tenemos que tomar en cuenta que se trata de organizaciones políticas que, en general, han competido por el poder y en no pocas ocasiones lo han tenido solas o compartiéndolo. En Gran Bretaña, los laboristas gobernaron de 1964 a 1970, de 1974 a 1979 con Harold Wilson y, después de un largo periodo conservador (Calaghan, Thatcher y Major), en 1997 recuperaron el poder con una política llamada de tercera vía encabezada por Blair, que según todo indicio es no sólo funcional sino conveniente a la actual globalización en la lógica del neoliberalismo. En Francia, después de la dimisión de De Gaulle, continuó en el gobierno la derecha hasta 1981. En ese año asumió la presidencia Mitterrand, con base en una relativa alianza con los comunistas. En las elecciones legislativas de 1986, Mitterrand tuvo que gobernar con Chirac ("cohabitación", se le llamó).[25] En 1988, Miterrand se reeligió (sin haber mencionado la palabra "socialismo" durante su campaña)[26] y en 1993, con el triunfo de la derecha en las legislativas, hubo otro gobierno de "cohabitación" con Balladur como primer ministro. En 1995, Chirac ganó la presidencia y en 1997 le tocó el turno de

---

[24] Véase Sol Arguedas, *El mundo en que vivimos*, México, UNAM-El caballito, 1997, pp. 111-112.

[25] Se entiende por "cohabitación" la existencia simultánea de una mayoría presidencial y de una mayoría parlamentaria no sólo divergente sino antagónica. Debe recordarse que en Francia las elecciones de ambas instancias no son las mismas ni corresponden al mismo lapso.

[26] Si en 1981 la bolsa había bajado muy considerablemente después del triunfo de Mitterrand, al día siguiente de la elección del mismo Mitterrand en 1988, después de casi dos años de cohabitación con el derechista Chirac, la bolsa subió más que nunca desde 1958.

gobernar con un socialista: Jospin como primer ministro (quien obtuvo el triunfo en alianza con los comunistas y los verdes). En Italia, después de los gobiernos de Fanfani y Moro (en los que hubo apertura a los socialistas), se instaló la inestabilidad entre 1968 y 1972. Para restablecerla, se llevó a cabo el "compromiso histórico" en el que participaron los comunistas. En 1983, ganó Craxi por el Partido Socialista; en 1987, lo sucedió la Democracia Cristiana; en 1992, otra vez los socialistas, con Amato en gobierno de coalición; luego se dio otro periodo de inestabilidad y corrupción y los socialistas sólo participarían marginalmente. En España, después de los gobiernos de Suárez y Calvo Sotelo, en 1982 ganó el Partido Socialista Obrero Español (Felipe González) que gobernó hasta 1996. Lo sucedió Aznar, del Partido Popular (derecha). En Austria, los socialistas y los católicos alternaron el gobierno desde 1970 hasta la fecha. En Alemania, el SDP tuvo el gobierno de 1969 a 1982, primero con W. Brandt y luego con H. Schmidt. Posteriormente, a partir de 1982, gobernó la Democracia Cristiana, y en la actualidad, la socialdemocracia con su política llamada de "nuevo centro" que no es muy diferente a la tercera vía inglesa. En Portugal, después de la dictadura de Salazar y Caetano (1933-1974), tuvo lugar la llamada revolución de los claveles que condujo a un Consejo Nacional de la revolución, de orientación socialdemócrata. Bajo la presidencia de Eanes (1976-1986), los jefes de gobierno fueron de derecha y centro-derecha; con la excepción de Mario Soares (socialista), quien ocupara el gobierno dos veces. En 1986, Soares ganó la presidencia (siendo Cavaco Silva jefe de gobierno y dirigente del Partido Socialdemócrata)[27] para ser sustituido, en 1996, por otro socialista, Sampaio. En Grecia, después de la dictadura de "los coroneles", el partido Nueva Democracia (Karamanlís) gobernó desde 1974 hasta 1981. Este año, Andreas Papandreu, del PASOK (Movimiento Panhelénico Socialista), ganó las elecciones para primer ministro. En 1985 llegó a la presidencia otro socialista, Sartzetakis, y en 1989, las elecciones legislativas le dieron el triunfo a Nueva Democracia. El nuevo primer ministro sería Mitsotakis y Karamanlís volvería a la presidencia (1990), y de 1993 a las legislativas

---

[27] El Partido Socialista no es igual al Socialdemócrata. Éste es un partido de derechas de inspiración liberal.

de 1996, los socialistas ganaron mayoría, primero con Papandreu por segunda vez y luego con Simitis desde 1996.

Para decirlo con Kreisky, la Internacional Socialista, en este periodo, participó, directa o indirectamente, "en el gobierno de casi todos los estados de Europa".[28] Y este hecho llevó a los gobiernos socialdemócratas (o socialistas, según el caso) a optar por la cooperación en lugar del enfrentamiento con no pocos países del tercer mundo, en especial con algunos de América Latina[29] cuyos gobiernos, después del golpe de Estado a Allende en Chile, tuvieron serias reservas ante Estados Unidos, y más todavía por la presencia de dictaduras en la región, dictaduras que en buena medida se debían a la política exterior estadunidense en alianza con las fuerzas locales más conservadoras. Comenzaba, como bien se sabe, la competencia real entre una Europa unida y Estados Unidos y Japón, y América Latina significaba posibilidades de expansión de los países europeos como bloque económico.

La antigua propuesta socialista prácticamente ha desaparecido en los partidos de la IS, ni siquiera está presente en el marco de una estrategia gradualista. En el pasado, desde finales del siglo XIX, el planteamiento de los socialdemócratas reformistas y revisionistas era que, mediante elecciones, se podría llegar a tener mayoría parlamentaria y con ésta legislar con sentido socialista. Han tenido no sólo mayoría parlamentaria sino gobiernos y, sin embargo, no han podido diferenciarse claramente de sus oponentes burgueses: varias de las medidas sociales que han llevado a cabo, como el desarrollo público de vivienda de interés social, seguro de desempleo, pensiones a los jubilados, determinación de salarios mínimos, impuestos a la herencia, han sido impulsadas también por gobiernos conservadores, algunas de ellas desde Disraeli en Gran Bretaña y Bismarck en Alemania, como bien señalara Przeworski.[30] Cuando hicieron suyo el keynesianismo tampoco se acercaron al socialismo, entre otras razo-

---

[28] Citado por F. Williams, *op. cit.*, p. 241n.

[29] La Internacional Socialista, debe recordarse, apoyó al Frente Sandinista de Liberación Nacional cuando, después del triunfo revolucionario de 1979, llegó al poder en Nicaragua.

[30] Adam Przeworski, "Socialism and social democracy", Joel Krieger (ed.), *op. cit.*, p. 777.

nes porque esta teoría económica no fue socialista ni pretendió serlo (después de Bad Godesberg, menos). A finales de los años 70 y durante los 80, los gobiernos "socialistas" de Europa permitieron la pérdida relativa del poder adquisitivo de los trabajadores, el aumento del desempleo y de la productividad sin disminución de la jornada de trabajo y, al mismo tiempo, se aplicaron políticas de austeridad, aligeramiento de impuestos al capital, mayores libertades de gestión para los empresarios y licenciamiento de trabajadores. Y en la actualidad, con la "tercera vía" de Giddens, ni siquiera se propone alguna forma de anticapitalismo para lograr la justicia social y la solidaridad que este influyente autor dice defender.[31]

Giddens escribía que "después de 1989 no podemos pensar en la izquierda y en la derecha como muchos hacían antes".[32] Yo diría que desde muchos años atrás tampoco se podía pensar en la izquierda y en la derecha como se hacía antes de los años 60 del siglo pasado, y así podría seguir relativizando sobre diferentes momentos de los últimos 150 años. Pero si la izquierda se puede caracterizar por contraste con la derecha y la derecha es, por definición, defensora del *statu quo*, difícilmente podríamos decir que la socialdemocracia es de izquierda, aunque ciertamente exista una derecha (y hasta ultraderecha) más conservadora o incluso reaccionaria a su lado. Por comparación, la socialdemocracia en el gobierno puede proponernos un capitalismo más amable que la derecha o que un grupo de *halcones* militares, pero hoy por hoy los conceptos "socialdemocracia" o "socialista" le quedan grandes, no le corresponden, no coinciden con sus acciones ni con sus propósitos explícitos. Los socialdemócratas mismos se han encargado de vaciar de contenido su nombre y sus orígenes —aun reformistas como fueron. Przeworski, en otro texto,[33] expresaba sus dudas de que la socialdemocracia pudiera llevar "a sus sociedades hasta el socialismo". Y añadía: "Estoy seguro de que las

---

[31] Véase Anthony Giddens, *La tercera vía y sus críticos*, Madrid, Taurus, 2001, p. 39. Una crítica rigurosa de este libro de Giddens es de Alex Callinicos, "La teoría social ante la prueba de la política: Pierre Bourdieu y Anthony Giddens", *New Left Review* (en español), núm. 2, Madrid, Akal, mayo/junio de 2000, pp. 137-160.

[32] *Ídem*, p. 38.

[33] Adam Przeworski, *Capitalismo y socialdemocracia*, Madrid, Alianza editorial, 1988, p. 269.

reformas son posibles, pero eso no quiere decir que el reformismo
sea una estrategia viable de transición al socialismo." Por contraparte,
Paramio escribía que se podía ya afirmar

...con entera claridad que el futuro del socialismo no pasa por la abolición del mercado, como han sostenido los críticos izquierdistas de la
socialdemocracia, sino por el avance hacia la democracia económica,
con un creciente control social sobre el uso de los medios de producción (más allá de su titularidad), y en este terreno es fácil ver que se ha
avanzado más en los países democráticos que en las dictaduras de partido único imaginariamente descritas como países socialistas.[34]

Vale decir que Przeworski dista mucho de ser izquierdista o siquiera
crítico de la socialdemocracia pero aunque lo fuera, ¿en dónde existe o ha existido ese creciente control social sobre el uso de los medios de producción? Y, además, con la lógica de Paramio, ¿qué
posibilidades tienen los países subdesarrollados de avanzar en la
democracia económica? Una cosa es ratificar que el llamado socialismo soviético terminó en un fracaso y otra, usarlo como modelo de
comparación de socialismo contra capitalismo.

Aceptando que la izquierda de los últimos años no necesariamente
tiene que ser socialista o aspirar al socialismo, entonces, ¿a qué aspira? No es una cuestión trivial pero en muchos casos tampoco es fácil
la respuesta. El Ejército Zapatista de Liberación Nacional, por ejemplo, no ha dicho en ningún momento explícitamente que luche por
el socialismo. ¿Es de izquierda? Yo pienso que sí, y sus demandas de
la Primera Declaración de la Selva Lacandona (diciembre de 1993),
en conjunto, tienen mucho de socialistas aunque no se mencione la
expresión.[35] Como programa para un país como México (no para
Suecia, donde en muchos aspectos no tendría sentido), sólo podría
satisfacerse en un sistema socialista o mediante un milagro que de
golpe desarrollara al país y disminuyera considerablemente sus desigualdades sociales internas.

[34] L. Paramio, *op. cit.*, pp. 127-128.
[35] Estas demandas fueron: trabajo, tierra, techo, alimentación, salud, educación,
independencia, libertad, democracia, justicia y paz. *El Despertador Mexicano*, órgano
informativo del EZLN, núm. 1, México, diciembre de 1993.

¿Y en los países del Este de Europa? ¿No eran de izquierda quienes demandaban libertades, democracia, participación? Sí, pero no quienes, además, demandaron (y lo lograron) la vuelta al capitalismo. Al mismo tiempo que se desarrollaba Solidaridad, en Polonia, había grupos de izquierda que desde la clandestinidad luchaban en contra del autoritarismo pero siempre a favor del socialismo, de un socialismo con democracia y libertades. Uno de esos grupos, más bien cercano a la socialdemocracia —como ocurrió en otros países del Este— era el grupo KOR, dirigido entre otros por Kuron y Michnic. Se hablaba también de un socialismo con "rostro humano" (Dubček) que no necesariamente apuntaba al retorno al capitalismo sino simplemente a mayores libertades en una economía en crisis, particularmente en Checoslovaquia —que había sido el país más próspero de Europa oriental hasta 1963. Esa izquierda de Europa del Este, que se enfrentó a las burocracias gobernantes y de partido, fue perseguida y en muchos casos encarcelada y, al final, perdió la batalla cuando el capitalismo se impuso desde la URSS hasta Bulgaria.

Con el eurocomunismo (o el proceso de socialdemocratización gradual de los partidos comunistas) se dio entrada al pluralismo en las organizaciones que desde tiempos de Marx aspiraban a representar a la clase obrera y sus aliados en la lucha por el socialismo. Ese pluralismo tuvo, entre otras, la intención de mejorar la posición de esos partidos en el ámbito electoral, y en algunos casos se logró relativamente y por corto tiempo. Pero al final, sobre todo después de la caída del Muro de Berlín y de la desaparición de la Unión Soviética, tuvo un gran costo político: la pérdida de la perspectiva socialista y la conversión (o sustitución) de los partidos socialistas en partidos *catch all* con una ideología ambigua y con posiciones más defensivas que de alternativa al *statu quo*. La vieja idea del partido como comunidad teórica en el marco de la lucha de clases, se perdió a favor de una comunidad de acción (por su heterogeneidad social) por el poder, es decir, por ganar posiciones parlamentarias y gobiernos y para defender (supuestamente) desde estas posiciones los intereses del pueblo (incluidos los trabajadores, de quienes cada vez se habla menos). Se trata ahora del posibilismo, del millerandismo sin referencia al socialismo (recuérdese que Millerand se autodenominaba apóstol del *socialismo* reformista), del "pragmatismo democrático", de la lucha —en una palabra— por un capitalismo democrático, cualquier cosa que esto signifique para mil 300 millones de miserables sin futuro en el mundo y para otros dos mil 800 millones cuya subsistencia con menos de 60 dólares mensuales no tiene nada que ver con la dignidad humana ni con la democracia o la ausencia de ésta.

7. GUERRILLAS EN AMÉRICA LATINA: ¿ULTRAIZQUIERDISTAS?

Muchos años antes de la destrucción del Muro de Berlín (incluso antes de que éste fuera construido), en América Latina y en otros países del tercer mundo, surgieron movimientos revolucionarios, algunos de liberación nacional (esto es, en contra de las potencias colonialistas o imperialistas que los sojuzgaban) y otros en contra de regímenes autoritarios o dictatoriales con frecuencia aliados o subordinados a los intereses políticos y económicos de las grandes potencias. En esas condiciones podría decirse, sin temor a errores, que el reformismo de comunistas y socialdemócratas —que en los hechos aceptaban el capitalismo, al que sólo había que hacerle reformas— condujo, especialmente en América Latina, a posiciones izquierdistas, en muchos sentidos voluntaristas y de buena fe, y en varios casos a la organización de grupos al margen de las instituciones, ilegales y clandestinos armados, conocidos en general como grupos guerrilleros, ejércitos populares o ejércitos de liberación nacional.

En aquellos años, la izquierda sostenía dos suposiciones, casi axiomas: que en épocas de crisis la lucha de clases se agudizaría y que los pobres y miserables, por el solo hecho de tener esta condición, tenderían a presentar oposición —incluso revolucionaria. Ambas suposiciones no necesariamente se han constatado en la realidad. Algunos sectores populares y a veces pueblos enteros se han levantado en contra de sus opresores, pero igualmente otros no han hecho nada distinto a resistir o, peor aún, a resignarse. En momentos de crisis algunos sectores de población se han levantado incluso en armas, pero la mayoría de las veces se han replegado tratando de defender lo que hasta ese momento han logrado.

Se ha dicho también, en los ámbitos marxistas (especialmente leninistas), que los trabajadores, por el hecho de serlo, no necesariamente tienen conciencia de clase, y que una de las responsabilidades del partido revolucionario es precisamente darles esa conciencia mediante educación política. Conciencia igual a conocimiento. Partido igual a conciencia organizada de la clase obrera, igual a vanguardia de ésta. Para los anarquistas, por supuesto, esta condición no sólo no es necesaria sino que es o puede ser un obstáculo. Las masas no necesitan dirección ni conciencia de clase —suelen decir.

Todas las revoluciones sociales triunfantes en el siglo XX tuvieron dirección política, lo que no quiere decir que todos los movimientos revolucionarios con dirección política hayan triunfado. Asimismo, se ha constatado que los movimientos sociales espontáneos, no organizados y sin dirección política, aun habiendo tomado el poder, han fracasado, como ocurrió en el multicitado caso de la Comuna de París.

En el marco de la *guerra fría* y por las razones que ya hemos analizado, los partidos comunistas y socialistas o socialdemócratas no hicieron suya la estrategia revolucionaria, de aquí que, mediante escisiones o por la formación de organizaciones nuevas (principalmente de corte maoísta, trotskista o castrista), surgieran grupos izquierdistas convencidos de la necesidad de una estrategia revolucionaria, incluso armada. La pasividad, para decir lo menos, de los partidos comunistas "ortodoxos" (línea de Moscú) y de los socialdemócratas más interesados en posiciones de poder y en el gradualismo que en la organización de las masas para la revolución, debe haber influido para que miembros de esas organizaciones se pasaran al campo de los movimientos revolucionarios. Así ocurrió en Perú y Venezuela donde miembros del APRA[1] y de Acción Democrática (partidos reformistas de tipo populista o socialdemócrata) se escindieron para formar agrupaciones guerrilleras o integrarse a éstas. Igualmente ocurrió en casi todos los países de América Latina, desde México hasta Argentina, donde miembros de partidos comunistas hicieron lo mismo, sobre todo a partir de la revolución cubana, del conflicto chino-soviético y de los movimientos estudiantiles y populares del 68.

---

[1] Sobre el APRA véase Ricardo Nudelman, *Diccionario de política latinoamericana del siglo XX*, México, Océano, 2001.

Obviamente, quienes dejaron por el flanco izquierdo su militancia comunista o socialdemócrata fueron calificados por sus antiguos compañeros de izquierdistas o ultraizquierdistas, cuando no de aventureros. Sin embargo, los movimientos guerrilleros en América Latina no han sido pocos, pues la vía revolucionaria, después de la revolución cubana, era para muchos no sólo una posibilidad sino la única salida para los pueblos de la región. En 1997, Cécile Marin[2] presentó un cuadro de las guerrillas en América Latina en el pasado y en el presente. Su información no es exacta, especialmente del pasado, pero refleja con relativa claridad la situación de los movimientos guerrilleros al final del siglo xx, en la que señala que éstos son activos en México, Colombia y Perú, pero que existieron también en Guatemala, El Salvador, Honduras, Nicaragua, Venezuela, Surinam, Brasil, Ecuador, Bolivia, Chile, Uruguay y Argentina, además de los tres países ya señalados. Según el mapa de Marin, no ha habido guerrillas en Costa Rica, Panamá, Guyana, Guyana Francesa, Jamaica, Haití, República Dominicana y, extrañamente, en este grupo incluye a Cuba e incorrectamente a Paraguay donde, según Gott, hubo movimientos guerrilleros, aunque breves, en noviembre de 1959 y a principios de 1962.[3]

El origen de los movimientos guerrilleros señalados por Marin (después del triunfo de la revolución cubana no mencionada) se dio en algunos países en los años 60 y desde entonces, aunque en diferentes lugares, han surgido otros movimientos y grupos igualmente armados. Entre las guerrillas activas en 1997, Marin menciona las de tres países: México, Colombia y Perú. En México, el Ejército Zapatista de Liberación Nacional (EZLN, que estrictamente no es una guerrilla), el Ejército Popular Revolucionario (EPR) y el Ejército Revolucionario del Pueblo Insurgente (ERPI, que la autora llama incorrectamente *Armée révolutionnaire d'insurrection populaire*). En Colombia, se mencionan como guerrillas activas, el Ejército Popular de Liberación (EPL, de origen maoísta), el Ejército de Liberación Nacional (ELN, de inspiración castrista) y las Fuerzas Armadas Revolucionarias Colombianas (FARC, originalmente apoyadas por el Parti-

---

[2] Véase *Le Monde Diplomatique*, Francia <en.monde-diplomatique.fr/maps/guerilla> [febrero de 1997].

[3] Richard Gott, *op. cit.*, p. 9, n. 6.

172   IZQUIERDAS E IZQUIERDISMO

do Comunista). En Perú, Sendero Luminoso (SL, de origen maoísta y muy disminuido en la actualidad) y el Movimiento Revolucionario Tupac Amaru (MRTA, muy diferente y opuesto a SL porque éste le ha asesinado militantes y simpatizantes).

¿Por qué surgieron las guerrillas? Depende de la época a la que nos refiramos. La cubana, según Marta Harnecker, fue porque una vez agotados otros caminos, no hubo otro que el de la violencia revolucionaria, impuesta por el enemigo.[4] En Cuba, Fulgencio Batista había asumido el poder en la primera mitad de los años 30 del siglo pasado. En 1952, ratificó su poder mediante un autogolpe para enfrentar el riesgo de un fracaso electoral. Castro, quien se había presentado como candidato al Congreso, resolvió organizar un asalto armado al cuartel Moncada en 1953. Fue apresado. Al salir de la cárcel, se exilió en México donde organizó un pequeño grupo que en 1956 se dirigió al este de Cuba para, desde ahí, constituir un movimiento guerrillero en contra de la dictadura, el Movimiento 26 de julio. La guerrilla creció considerablemente, primero en el medio rural y luego en las ciudades. Triunfó en enero de 1959. Nadie imaginaba que a 140 kilómetros de Estados Unidos pudiera triunfar un movimiento guerrillero, que se formara un poder alternativo y que dos años después el nuevo gobierno se declarara socialista. Los comunistas cubanos, como ya se ha señalado, no estuvieron de acuerdo —al principio— con el movimiento castrista.

Como la cubana, hubo otras guerrillas que también surgieron por ausencia de voluntad política o por incapacidad de las instituciones de gobierno para atender y resolver, legal y democráticamente, problemas y carencias sociales. Pero, asimismo, hubo otras cuyo nacimiento se debió más a la formación de pequeños grupos decididos a promover la revolución a partir de "focos guerrilleros" en terrenos para ellos desconocidos y sin apoyos sociales significativos. El supuesto era que las condiciones revolucionarias estaban dadas, principalmente por la pobreza del campo ("condiciones objetivas") y que el grupo guerrillero ("condición subjetiva") lo único que tendría que hacer era prender la chispa que encendiera la pradera.

---

[4] Véase Marta Harnecker, "Los hitos que marcan a la izquierda latinoamericana desde la revolución cubana hasta hoy", *Rebelión* (periódico electrónico de información alternativa), <rebelion.org/> [3 de junio de 2000].

En general, los partidos comunistas pro soviéticos no apoyaron a las guerrillas en América Latina. Más bien fueron los partidos de tipo maoísta, escindidos en su mayoría de los "ortodoxos", los que apoyaron o formaron movimientos guerrilleros, además de algunas organizaciones trotskistas en Argentina, Guatemala y Perú, principalmente. De aquí que hubiera dos tipos de organización: la de tipo cubana, para la cual no debe haber distinción entre el mando militar y el político (posición compartida por los trotskistas), y la maoísta, que subordina la guerrilla al partido. Ambos tipos de guerrilla han intentado lo mismo: ganar población y territorios y de este modo formar un contrapoder y derribar al poder existente. Formados en el marxismo, estos grupos aspiraban a la toma del poder para desde ahí minar las bases del Estado capitalista e instaurar una dictadura del proletariado como transición al socialismo. A diferencia de los partidos comunistas y socialdemócratas cuyo planteamiento era ganar posiciones parlamentarias y el gobierno (sin destruir el Estado ni sus principales fundamentos), para desde ahí comenzar poco a poco la construcción del socialismo, los grupos guerrilleros reivindicaban como estrategia la experiencia bolchevique o, en su caso, la maoísta.

Uno de los problemas de los movimientos guerrilleros fue precisamente ese voluntarismo de sus dirigentes. Buena parte de los grupos guerrilleros fueron constituidos por jóvenes universitarios y urbanos (una de las excepciones fue Hugo Blanco, en Perú)[5] convencidos de que una vez conformado un grupo vanguardia los obreros y los campesinos los seguirían en la revolución emancipadora, independientemente de las condiciones políticas, sociales, económicas y culturales en cada país o región. Con frecuencia esos grupos no pudieron extenderse en el ámbito de los trabajadores y sus fuerzas y reclutamiento quedaron constreñidos al medio estudiantil. En general, han adoptado posiciones sectarias respecto de otros grupos o partidos, ya que se han asumido como los únicos revolucionarios y, por lo mismo, poseedores de cualidades especiales que los ubican en el privilegiado terreno de quienes están dispuestos a morir por su causa. "La diferenciación entre reformistas y revolucionarios pasaba

---

[5] Cf. Timothy P. Wickham-Crowley, *Guerrillas and revolution in Latin America (a comparative study of insurgents an regimes since 1956)*, New Jersey, Princeton University Press, 1992, especialmente los caps. 3 y 9.

por su definición a favor o en contra de la utilización inmediata de la lucha armada."[6] Los guerrilleros constituían "la izquierda revolucionaria", los demás eran reformistas o cómplices del poder burgués, salvo para muy pocos de esos grupos armados. Los programas mínimos no tenían espacio en su planteamiento, consistente éste en "el todo o nada", en el maximalismo que criticaran Marx, Engels y el mismo Lenin.

El *Che* Guevara señalaba que "mientras quedaran posibilidades legales era imposible e incorrecto tomar las armas",[7] pero ciertamente esas posibilidades eran muy limitadas en los tiempos en que surgió la mayoría de las guerrillas en América Latina. Los pueblos se enfrentaban entonces a dictaduras o regímenes autoritarios en casi todos los países al sur del río Bravo. Las matanzas de campesinos pobres y de obreros eran comunes. La represión selectiva de líderes de oposición era frecuente. El socialismo como opción, a pesar de que el triunfo de Allende en Chile fue democrático, legal y pacífico, era inaceptable para las oligarquías latinoamericanas, para las grandes empresas estadunidenses y para el gobierno de Washington. Los movimientos populares, las luchas en contra de la opresión al margen de las instituciones, se justificaban ampliamente al no existir canales legales de inconformidad ni, mucho menos, voluntad política para atender sus causas y solucionar problemas. Pero muchos de los movimientos guerrilleros no lograron convencer a los campesinos pobres o a los trabajadores urbanos a nombre de los cuales se habían organizado y, por lo tanto, no pudieron sobrevivir a la represión. El *Che* decía que la guerra de guerrillas no es, como a menudo se piensa, una guerra a pequeña escala, una guerra conducida por un grupo minoritario contra un poderoso ejército, sino una guerra de todo el pueblo, en una región o en un país, contra la opresión reinante.[8] Y algunos movimientos guerrilleros, además de los que triunfaron en su lucha por el poder, lograron un considerable apoyo popular que, hasta la fecha, les ha permitido sobrevivir y hasta negociar con el

---

[6] M. Harnecker, *op. cit.*

[7] Citado por E. Fernández Huidobro, *Historia de los Tupamaros*, 3 tomos, Uruguay, Tae editorial, 1994, p. 21.

[8] Ernesto *Che* Guevara, "¿What is a 'guerrilla'"', William J. Pomeroy (ed.), *Guerrilla warfare and marxism*, Londres, Lawrence & Wishart, 1969, pp. 288-289.

poder instituido o integrarse a la vida política sin perder su prestigio como fuerzas de izquierda revolucionaria. Otros fueron (o son) sólo pequeños grupos al parecer sin perspectiva de crecimiento. Eran y son, con las condiciones de antes y las de ahora, grupos u organizaciones de izquierda, en muchos sentidos de ultraizquierda y, en su mayoría, sectarios y poco realistas por cuanto al medio en que quisieran desenvolverse y al momento que vivieron o viven.

Muy pocos movimientos han triunfado en la región latinoamericana: en Cuba y en Nicaragua; otros, la mayor parte, han sido reprimidos y sus dirigentes muertos, desaparecidos, encarcelados o exiliados; y otros más, como han sido los casos de Guatemala, El Salvador, Nicaragua, Surinam y parcialmente en Colombia y en México, se han integrado a la vida política institucional o han llegado a acuerdos de paz con el poder instituido.

Los tiempos actuales son muy diferentes a los de hace 20 o 30 años. La perspectiva socialista, presente para muchos en los años 70 y anteriores y reavivada por el triunfo de la revolución sandinista (1979), ha perdido atractivo, entre otras razones por la desaparición de la Unión Soviética que, aunque nunca fuera socialista, fue un referente para quienes sí creyeron que era. Esa perspectiva ya estaba cambiando, de hecho, con la conquista sandinista del poder en Nicaragua. Recuérdese que el nuevo poder en este país centroamericano aludía al pluralismo social, permitía la existencia de otros partidos y proponía una senda económica basada en la coexistencia de la propiedad privada con la pública. Nada parecido al modelo seguido por los países llamados socialistas de Europa ni fuera de ésta. Pero quizá esos cambios en Nicaragua, además de la escisión del ala derecha del gobierno y de la organización de la *contra* financiada por Estados Unidos (entre otros factores), condujeron a la derrota del sandinismo en las elecciones de 1990.

Piénsese en el panorama de América Latina de principios de los años 90. Cuba en crisis económica a partir de la suspensión de la ayuda ordenada por Gorbachov; la brutal represión de los estudiantes (que pedían la liberalización del régimen) en la plaza de Tian'anmen por el gobierno de Deng Xiaoping; la derrota del sandinismo; el derrumbamiento del Muro de Berlín; la desaparición de la Unión Soviética y el retorno al capitalismo en ese país y en sus satélites en Europa central y oriental; el fin de las dictaduras militares en la región latinoamericana (incluso en Paraguay) y las supuestas transiciones democráticas (más formales que reales); y, por si no fuera suficiente, el supuesto fin de la historia o el llamado triunfo del capitalismo (globalizado y neoliberal). En paralelo, se dio la transformación de la mayoría de los partidos comunistas en otras organizaciones o bien, desaparecieron; disminuyeron los votos (o fueron derrotados) los partidos socialdemócratas en Europa (incluso en Escandinavia) y triunfaron los partidos conservadores que, a su turno, se convirtieron en defensores del neoliberalismo una vez en el poder (la *nueva derecha*, de la que escribió King).[9] En América Latina los cambios se dieron en el mismo sentido, incluso en México donde el viejo Partido Revolucionario Institucional (PRI) abandonó sus posiciones enmarcadas en el nacionalismo revolucionario para sustituirlas por un franco neoliberalismo. Otro dato, a mi juicio nada despreciable, es el de la *individualización* de la sociedad a raíz de la larga crisis económica y el desempleo, al mismo tiempo que la disminución (en número y en fuerza) de las organizaciones de clase (trabajadores urbanos y rurales) y del aumento de organizaciones no gubernamentales (ONG) formadas principalmente por miembros de las clases medias (individuos) y proclives a la tercera vía, sin llamarla así.[10]

En las anteriores condiciones, no era de extrañar que las organizaciones que decían luchar por el socialismo, que se declaraban marxistas o marxistas-leninistas, que hablaban de revolución y de clases sociales y que se propusieran no sólo ganar el gobierno sino destruir el Estado burgués les parecieran a muchos intelectuales, líderes de opinión y jóvenes como "organizaciones obsoletas", reminiscencias de un pasado —según ellos— ya superado. Y si antes, en los tiempos de los partidos comunistas, los guerrilleros eran ultraizquierdistas, en los años 90 del siglo pasado serían, más que ultraizquierdistas, individuos u organizaciones fuera de la realidad y anclados en el pasado. Hablar de burguesía y proletariado, de clases

---

[9] Desmond S. King, *The new right (politics, markets and citizenship)*, Londres, Macmillan Education, 1987.

[10] Un mayor desarrollo de estos aspectos puede verse en O. Rodríguez Araujo, "Los partidos políticos y la sociedad civil", en E. Gutiérrez (coord. gral.) y F. Castañeda Sabido (coord. del tomo), *El debate nacional*, tomo 2: *Escenarios de la democratización*, México, Diana, 1998, pp. 203-225.

y lucha de clases, de explotación del trabajo, de plusvalor y demás conceptos que eran comunes en la conversación cotidiana y en los artículos de prensa, era equivalente a invitar a los jóvenes de hoy a una fiesta con música de Irving Berlin o María Grever. Todo esto estaba fuera de moda, se pensaba y se sigue pensando, aunque ahora con más cautela.

Sin embargo, en enero de 1994, el mismo día en que formalmente el gobierno ingresaba a México en el Tratado de Libre Comercio con Estados Unidos y Canadá, en el estado de Chiapas (predominantemente indígena) se daría a conocer el Ejército Zapatista de Liberación Nacional. Era éste (es todavía) un ejército indígena deficientemente armado, que no aspiraba al poder como todos los movimientos guerrilleros surgidos antes y después (recuérdese que después del EZLN se formaron, también en México, el Ejército Popular Revolucionario y el Ejército Revolucionario del Pueblo Insurgente y otras dos organizaciones del mismo tipo que, si existen, no han dado señales de vida recientemente). A diferencia, por ejemplo, de Sendero Luminoso en Perú, el EZLN nunca se propuso ser vanguardia de la izquierda, ni siquiera de todos los indios de México, mucho menos suplantar a las organizaciones existentes. Tampoco aspiró o aspira a tomar el poder para desde éste llevar a cabo su programa, sino a coadyuvar a la organización de la sociedad (indígena y no indígena) para que sea ésta, sin más armas que las que le son propias, la que luche por el programa del EZLN, que es el de los pobres de México y de muchos otros países. Y también, a diferencia de otros movimientos guerrilleros, el origen del EZLN fue de alguna manera al revés: al grupo de las Fuerzas de Liberación Nacional que entrenaba y vivía en la Selva Lacandona, varias de las comunidades de esa zona de Chiapas le pidieron que entrenara a algunos de sus miembros para levantarse en armas.[11] Y así se formó un modesto ejército de indígenas pertenecientes, como se supo a finales de 1994, a 38 de los 111 municipios en que estaba dividido el estado.

Lo más importante, para el propósito de este libro, fue la estrategia del EZLN. Además de no aspirar al poder, que se entendió como

---

[11] Tessa Brisac y Carmen Castillo, *La véridique legende du sous commandant Marcos*, La Sept-Arte y Anabase Productions, 1995. (Video.)

un planteamiento anarquista y de ninguna manera marxista en cualquiera de sus interpretaciones, el EZLN convocó a "la sociedad civil", y no a clases sociales específicas, a una gran convención que se llamó Nacional Democrática (CND).[12] En esa convención (agosto de 1994) se nombró una presidencia colectiva de la misma compuesta por cien personas: 36 intelectuales, líderes de opinión y dirigentes sociales y políticos (propuestos por la dirección del EZLN) y el resto, a razón de dos delegados por cada entidad de la federación. Este segundo grupo fue electo por los convencionistas correspondientes, en realidad por las organizaciones sociales, sobre todo campesinas. Ahí empezaron los problemas y las diferencias entre estas últimas y el EZLN.

En el seno de la presidencia colectiva, los representantes de las organizaciones sociales comenzaron a increpar a los intelectuales,[13] a cuestionar su representatividad. Lograron su propósito: los más dejaron de asistir a las reuniones. Se quiso imponer el antintelectualismo, muy común en las organizaciones políticas o guerrilleras de orientación maoísta (salvo para sus propios líderes, frecuentemente de origen profesional o intelectual, como el mismo Abimael Guzmán de Sendero Luminoso).[14] Posteriormente, dirigieron sus baterías contra los miembros activos de partidos políticos, principalmente del Partido de la Revolución Democrática (PRD), hasta hacerles imposible su presencia. (Se trataba, en este caso, de una competencia entre organizaciones: la única forma en que los dirigentes de organizaciones de trabajadores y campesinos pobres podían hegemonizar la CND era evitando que otra organización, en este caso partidaria, siguiera participando en su interior.) En ese mismo periodo, esos conven-

---

[12] Ante seis o siete mil delegados, el subcomandante insurgente *Marcos* explicó que se esperaba que la CND fuera una organización pacífica y legal de lucha por la democracia, la libertad y la justicia, así como un primer paso de muchos para tales propósitos y con madurez suficiente "para no convertir este espacio en un ajuste de cuentas, interno, estéril y castrante". *Aguascalientes*, Chiapas, 8 de agosto de 1994. Tal madurez no existió, como se pudo comprobar después.

[13] Una dirigente de un movimiento urbano-popular de la zona conurbada de la ciudad de México dijo con toda claridad que no aceptaba que hubiera intelectuales en la CND porque era difícil discutir con ellos, dadas las marcadas diferencias de conocimientos.

[14] Profesor universitario con doctorado, según los datos de Wickham-Crowley, *op. cit.*, p. 339.

cionistas llegaron a la conclusión de que el subcomandante *Marcos* era reformista, mientras ellos se presentaban como revolucionarios y clasistas.

La CND se dividió, con lo cual dejó de ser lo que el EZLN deseaba que fuera; y otros intentos, productos de la fértil imaginación de los estrategos zapatistas, tampoco prosperaron, por lo mismo: por la necedad de los ultraizquierdistas, en realidad sectarios (varios de ellos de orientación maoísta), que impidieron, por ejemplo, y después de haber perdido democráticamente sus posiciones, la formación del Movimiento para la Liberación Nacional (MLN) en el que habría de participar, junto con la dirección y las bases de la CND, Cuauhtémoc Cárdenas y la militancia cardenista de su partido (PRD) pero no el partido como tal. La no concreción del MLN, que debía, según el programa, fundarse en la ciudad de Querétaro el 5 de febrero de 1995, le facilitó al gobierno de Zedillo romper la tregua lanzando a la policía judicial y al ejército nacional a la caza de los dirigentes principales del EZLN o de quienes el gobierno creía que eran sus dirigentes. La guerra de contrainsurgencia comenzó en Chiapas el 9 de febrero de ese año, *coincidentemente* cuatro días después de que los sectarios impidieron la formación de un gran frente de la sociedad civil que, sin duda, hubiera crecido mucho más de lo que después fue el Frente Zapatista de Liberación Nacional (organización civil de apoyo al EZLN). Vale decir que algunos de los convencionistas, que eran dirigentes de esas organizaciones sectarias y que calificaban a *Marcos* de reformista, ocuparon posteriormente cargos de elección en la Cámara de Diputados y puestos en el gobierno de la ciudad de México.

Estas diferencias de estrategia, entre un ejército rebelde hostigado por las fuerzas armadas del Estado mexicano y los dirigentes de organizaciones de trabajadores urbanos y rurales que, dicho sea de paso, actuaban bajo el manto de la legalidad, revelan el peculiar papel que en un momento dado pueden jugar los grupos ultraizquierdistas —que prefiero llamar sectarios— en la formación de una conciencia política generalizada entre el pueblo.

Pero la división de la CND no condujo, del otro lado, a un movimiento fuerte, principalmente porque la llamada sociedad civil no supo responder a las exigencias de una organización. Esa "sociedad civil", compuesta de individuos de clase media, de intelectuales, de dirigentes de ONG, de estudiantes, de personas, en fin, con muy diferentes antecedentes y experiencias en las luchas sociales y con diversas ideologías (desde el marxismo al anarquismo, pasando por defensores de la ecología y los derechos humanos); esa sociedad civil, repito, no pudo (o no supo) reorganizar la CND o conformar una organización alternativa a la que habían hecho imposible los sectarios. Éstos, los sectarios, eran dirigentes de diversos niveles en organizaciones constituidas y, hasta donde se pudo observar, con una sólida disciplina (y por lo mismo, con poca o ninguna democracia interna); los otros eran individuos o miembros de pequeñas agrupaciones que, en general, sólo podían participar cuando sus ocupaciones cotidianas (trabajo, estudios, responsabilidades con la familia, etc.) se lo permitían. El resultado fue obvio: al dividirse la CND, quienes pertenecían o dirigían organizaciones de trabajadores y campesinos pobres regresaron a su ámbito y más o menos se mantuvieron unidos, los miembros de la "sociedad civil" regresaron a sus ocupaciones para terminar como entusiastas activistas cada vez que se convocaba a una marcha u otro tipo de manifestación de apoyo a los zapatistas o en contra de las medidas gubernamentales. De aquí que, cuando se formara el Frente Zapatista de Liberación Nacional, la nueva organización no pudiera crecer, entre otras razones por dos principales: sus miembros, muchos de ellos pertenecientes a las siempre *amorfas* clases medias, no aceptaban orden, disciplina y dirección (salvo la dirección moral del EZLN) y, en segundo lugar, porque la idea del Frente no tomó en cuenta que cuando unos de sus miembros estaban preocupados, por ejemplo, por sus problemas en el barrio, otros estaban preocupados, digamos, por la transformación del sistema capitalista en otro mejor o en discutir los problemas que planteaba la globalización —para decirlo esquemáticamente.

Después del fracaso de los partidos comunistas y socialdemócratas en muchos países del mundo y particularmente en América Latina; después del fracaso de decenas de grupos guerrilleros, con unas cuantas excepciones; después del fracaso de los partidos que diciéndose socialistas llegaron al poder y terminaron por administrar la crisis del capitalismo para finalmente robustecerlo; después, en fin, de tantos intentos por alcanzar el poder para desde éste —en el marco de la teoría marxista— construir el socialismo, un movimiento de indígenas paupérrimos se planteó una nueva forma de lucha, original en muchos sentidos y con apoyos organizados (inimaginables a principios de 1994) en más de 40 países. No ha triunfado ni podía triunfar más allá de los logros que ya obtuvo y puede obtener todavía para los indígenas de México, pues militarmente, estrictamente hablando, el EZLN puede ser fácilmente derrotado. Pero no puede negarse que ha sembrado una semilla y ha desarrollado un nuevo lenguaje que quizá pertenezca al esquema ideológico de una nueva izquierda que está creciendo desde finales del siglo pasado.

8. EL POSMARXISMO.
LAS NUEVAS IZQUIERDAS Y PORTO ALEGRE

La nueva izquierda no es igual a la de los años 60 del siglo pasado, pese a algunas semejanzas. González Casanova ha considerado que la nueva izquierda de entonces "se enriqueció en los 90" gracias a las contribuciones, entre otras, del subcomandante *Marcos* y de los zapatistas.[1] Aunque coincido con lo anterior, y en general con las siete características de la nueva izquierda que en este artículo menciona González Casanova, mi intención es destacar, como característica común a ambas, en relación con las izquierdas tradicionales y sus cambios (que es el enfoque que me interesa en este libro), el eclecticismo tanto en el discurso como en la orientación ideológico-política. Decir que el eclecticismo es común a la nueva izquierda de ahora y a la de hace 40 años, no significa que los componentes doctrinarios de ambos momentos sean los mismos. También en el eclecticismo de ahora hay elementos enriquecedores. Aun así, habría que analizar si este eclecticismo es esclarecedor o no, en términos políticos y estratégicos, hacia el socialismo o lo que haya de plantearse como alternativa al capitalismo.

Si bien al principio los movimientos de las nuevas izquierdas se iniciaron con un mayor eclecticismo, como si hubieran estado tratando de encontrar un camino en principio distinto al que recorrieron las izquierdas durante más de un siglo, en la actualidad parece que hubiera una mayor definición y, a la vez, mayor tolerancia mutua que en el pasado.

---

[1] Pablo González Casanova, "La nueva izquierda", *La Jornada*, México, 9 de marzo de 2000.

En el eclecticismo ideológico y político de las nuevas izquierdas se han mezclado ingredientes de anarquismo con marxismo y "derivados",[2] con cierto predominio del anarquismo, especialmente en los movimientos mayoritariamente juveniles. Este eclecticismo se ha dado, en la práctica, por dos fenómenos sobresalientes: por un lado, el *movimientismo* o *activismo* (pertenecientes más a los modos anarquistas de hacer política que a los marxistas) y, por otro lado, el *posmarxismo* de moda que, en sus orígenes, mucho tuvo de revisionismo, de un nuevo revisionismo contagiado de una nueva corriente de la izquierda conocida como *democracia radical*[3] que, como se ha aceptado en general, requiere de pluralidad, multiplicidad y conflicto/consenso como fundamentos de su existencia política. Esta democracia radical, en los hechos, conjuga o tiende a conjugar la democracia representativa con la directa, de abajo hacia arriba, del barrio a lo municipal, a lo estatal, a lo nacional y hasta lo mundial. Me referiré primero al posmarxismo.

EL POSMARXISMO

La nueva izquierda, adecuándose a la moda de los *pos*modernismos, *pos*ocialismos, de la llamada sociedad *pos*ideológica, etc., fue calificada al principio (esto es, cada vez menos en los últimos dos años) de *posmarxista* (aunque a veces no se haya reconocido como tal). Hay, desde luego, otra "nueva izquierda", derivada de la socialdemocracia moderna (también posmarxista, pero por negación del marxismo)

---

[2] Entre estos "derivados" han predominado el reformismo y el gradualismo, quizá por el desprestigio de las revoluciones hechas gobierno.

[3] Una síntesis del significado de la democracia radical, útil para este texto, es la siguiente: "Los sectores auténticamente comprometidos con la vocación democrática de las izquierdas han venido formulando posturas políticas que le conceden primacía al desarrollo cada vez más amplio de las reivindicaciones democráticas por medio de luchas heterogéneas y parciales, irreducibles a la hegemonía de un sector específico, que se anteponen a cualquier estrategia autoritaria de toma total del poder. De hecho, desde esta perspectiva la gestión de un Estado nacional no es requisito para impulsar un programa democrático radical, pues la autogestión política se basa en la creación de espacios de democracia en las prácticas sociales mismas, incluyendo la transformación de la naturaleza del Estado en sí, más que su control." Cf. <geocities.com/CapitolHill/Senate/1229/>.

que se inscribe en la llamada "tercera vía", pero esta nueva izquierda
ya fue comentada con anterioridad.

El posmarxismo, ubicado como moda en la nueva izquierda, se ha
referido de manera reiterada a los conceptos de sociedad civil, pluralidad (identidad y diferencia) y a las distintas formas de opresión
existentes al margen de las que se dan entre la capacidad coactiva del
Estado sobre el ciudadano y entre el patrón y el trabajador que, como
bien sabemos, son inherentes a la sociedad capitalista.

Amplios sectores de esta nueva izquierda no sólo se han apodera-
do de los medios intelectuales y académicos, argumentando una especie de *aggiornamento* como explicación (y por lo tanto, calificando
de obsoletos a quienes se mantienen en las posiciones marxistas),
sino que en su pretendida actualización y adecuación al "presente"
omiten la mención al capitalismo, al Estado, a las clases sociales,
al imperialismo y categorías semejantes. Y, por lo mismo, su crítica al
capitalismo es, en general, en términos de sus desviaciones del modelo liberal ("porque neoliberalismo no es lo mismo que liberalismo") y de la democracia sustentada en este modelo, de manera
semejante a como lo hicieron los eurocomunistas (con el CME) y, más
que éstos, los socialdemócratas.

El uso del concepto de sociedad civil, al margen de intenciones
estratégicas como la del EZLN,[4] ha resultado muy cómodo para los
posmarxistas ya que vela las diferencias existentes como consecuencia de las relaciones sociales características del capitalismo y el papel
del Estado sobre los destinos de la sociedad en su conjunto. El
posmarxismo critica al marxismo por un supuesto reduccionismo
económico al privilegiar las relaciones de explotación y dominación
en la sociedad y al plantear la lucha de clases como consecuencia
de esas relaciones, argumentando en cambio que hay otras formas de
dominación (no económicas) que no tienen nada que ver con las
clases sociales y, en consecuencia, que no suponen la organización de
la sociedad por clases sociales para identificarse y defenderse en la
misma sociedad y ante el Estado. Identificarse y defenderse en
la sociedad supone, para los marxistas, lo que nadie se atrevería a

---

[4] Interesa hacer notar que el concepto "sociedad civil" usado por los zapatistas se
refiere a la población no indígena, como si los indígenas no formaran parte de la
sociedad civil.

negar: que hay segmentos sociales, grupos e individuos que dominan
la economía nacional o internacional; y ante el Estado, porque éste
cumple un papel también innegable: garantizar la reproducción del
capital en beneficio, principalmente, de quienes dominan la economía. Las identidades no clasistas de la sociedad son ciertamente identidades existentes, pero se tendrá que reconocer que como tales y por
su composición plural (en términos clasistas y a veces también políticos), no cuestionan las bases de la economía capitalista, sus leyes
internas ni sus consecuencias fundamentales y no superficiales (ni
parciales) sobre la sociedad y particularmente sobre quienes menos
privilegios tienen en ésta. Por otro lado, las identidades no clasistas
de la sociedad no anulan, necesariamente, las desigualdades de la
sociedad, ni las clasistas ni las no clasistas. Piénsese en la identidad
étnica-indígena, por ejemplo; ésta no significa que dejen de existir
relaciones de desigualdad y dominación entre caciques y quienes no
lo son aunque pertenezcan al mismo grupo étnico.

La no diferenciación y la fragmentación por identidades implícitas
en el concepto actual de sociedad civil suponen una sociedad plural
e identidades sociales al margen de las clases sociales. Cierto es que
la sociedad es plural y que hay identidades al margen de las clases
sociales, pero ni una, la pluralidad, ni esas "otras" identidades son
características del capitalismo solamente ni, por lo mismo, cuestionan la iniquidad social propia de la acumulación y de la explotación
capitalistas. El concepto de sociedad civil, entonces, junto con la
referencia a la pluralidad y a las identidades sociales no clasistas,
escamotean *la lógica totalizante del capitalismo* de que hablara Marx y
afirman, aun sin querer, es decir, implícitamente, su inmutabilidad
como sistema económico proponiendo, a lo más, limar algunas de
sus asperezas y evitar desviaciones de lo que sería el modelo liberal
(éste más como modelo que como realidad fáctica).

Los posmarxistas no se plantean como discusión la creciente concentración de capital y la necesaria (para el capital) marginación de
amplios sectores de población que no están en condiciones de producir ni de consumir, entre otras razones por la explotación anterior
a que fueron sometidos. Pasan por alto, asimismo, que la sociedad
civil, plural y diferenciada en identidades *no clasistas*, incluye a pueblos enteros que no interesan en la lógica capitalista y que, precisamente por esta lógica, están en vías de extinción o sin ninguna

esperanza ni futuro promisorios. Las desigualdades en el mundo, aumentadas vertiginosamente (y probablemente de manera irreversible) en los últimos 20 años, tienden a crecer y no a disminuir. Esto es reconocido no sólo por economistas de izquierda sino también por el Programa de Naciones Unidas para el Desarrollo (PNUD), la Organización Internacional del Trabajo (OIT) y hasta la Organización de Cooperación y Desarrollo Económicos (OCDE). Otro elemento que oculta el "nuevo" concepto de sociedad civil es el papel del Estado en la sociedad capitalista. Al soslayar el análisis sobre el Estado, incluso su mención o, en todo caso, su confusión con régimen político y con gobierno, los posmarxistas le otorgan a la sociedad civil misma, a segmentos de ésta vinculados con posiciones de poder, una relación de dominación de unos sobre otros apoyada por el Estado (le llaman sociedad política) pero sin que éste esté presente de manera clara. La dominación, como la quieren ver los posmarxistas de la nueva izquierda, es por violaciones a los derechos humanos, a las libertades civiles, al derecho de asociación, de expresión y de manifestación y no por condiciones económicas que se imponen en los niveles de vida de la mayoría de los trabajadores productores de la riqueza que unos cuantos se apropian. De esta manera, los posmarxistas sugieren la organización de la sociedad por identidades de objeto de lucha y con base en la pluralidad no clasista. Estas formas de organización, al no ser atentatorias directamente de los fundamentos del capital sino sólo de algunas de sus manifestaciones superficiales y visibles, pueden agrupar a miembros de la sociedad en tanto individuos despojados de su posición en las relaciones de producción. Muchas de las organizaciones no gubernamentales por los derechos humanos, por la democracia electoral, contra la corrupción, por la defensa de la ecología, etc., se componen de miembros de clase media que se arrogan el derecho a hablar a nombre de toda la sociedad sin preguntarle, por ejemplo, si entre sus prioridades tienen el mismo peso votar cada tres años que tener empleo, un salario digno y decoroso, educación y una dieta sana y suficiente. Mientras estos segmentos de la sociedad civil se organizan en ONG y se congratulan de los recursos financieros que reciben de fundaciones del primer mundo, los sindicatos y las agrupaciones de campesinos pobres son golpeados por el capital y por los gobiernos con claras intenciones, ambos, de desaparecerlos para evitar que las respuestas a las ofensivas del capital pongan en riesgo la expansión de éste y las ganancias de sus dueños. No es casual que, a tono con las nuevas izquierdas, la AFL-CIO (*American Federation of Labor-Congress of International Organizations*, que nunca ha sido de izquierda) declarara que no se oponen a la globalización, "esa es una realidad, pero deseamos una globalización *justa* que proteja los derechos laborales de la misma manera que desean proteger los derechos de la propiedad".[5]

La nueva izquierda magnifica la importancia de las diferencias en la pluralidad propia de la sociedad civil, pero no podría magnificar por igual las diferencias de clases sociales. No podría hacer esto porque, a pesar de sus prejuicios, sus intelectuales no son tan ignorantes como para no saber que las diferencias de clase son las únicas que no son admisibles en un concepto social y económico de democracia, ni para no entender que la asociación por identidades de clase es precisamente lo que menos conviene al capital, como se demuestra por el empeño que éste ha puesto en destruir las formas de organización de clase. Las diferencias y, por lo tanto, las identidades en la pluralidad de la sociedad civil, para los posmarxistas, son de género, de sexualidad, étnicas, culturales, religiosas, raciales, etc. Y argumentarán que es deseable que existan estas diferencias-identidades tanto en el capitalismo como en un posible sistema socialista; pero no se les ocurre (¿será?) que mientras la democracia liberal justifica estas diferencias al esgrimir el argumento de la igualdad *de los ciudadanos*, el capital, que se ampara en la democracia liberal, se beneficia de tales diferencias-identidades, salvo de una: la diferencia de clases y la no pertinencia de que se dé como identidad, pues es la única identidad que puede atentar contra los intereses del capital.

Meiksins Wood explica que el fin de cualquiera de las diferencias que defienden los posmarxistas no afecta sustancial y directamente al capital; sin embargo —añade—, el fin de las diferencias de clases supone, indudablemente, el fin del capitalismo. El capitalismo acepta, en última instancia, la igualdad entre el hombre y la mujer, la igualdad racial pero no aceptará nunca otro tipo de igualdades, la de

---

[5] Declaración de John Sweeney, presidente de la central obrera AFL-CIO, *La Jornada*, 5 de febrero de 2002. (Las cursivas son mías.)

clases en primer lugar. *La desaparición de las desigualdades es por definición incompatible con el capitalismo.*[6] Que se acepte la desaparición de algunas desigualdades no quiere decir que se acepten todas. El capital no sólo genera desigualdad, sino que ésta le conviene siempre, como también la diferencia, la pluralidad y, por lo mismo, conceptos tales como sociedad civil sin diferenciación de clases sociales y de intereses contrapuestos.

"Si hay algo que une a los diversos 'nuevos revisionismos' —escribe Meiksins Wood—, desde las teorías 'posmodernistas' y 'posmarxistas' más absurdas hasta los activismos de los 'nuevos movimientos sociales', es su hincapié en la diversidad, la 'diferencia', el pluralismo."[7] En el Segundo Foro Social Mundial (2002), los movimientos sociales ahí reunidos emitieron una declaración en la que dijeron: "Somos diversos" y más adelante añadieron: "La diversidad es nuestra fuerza y su expresión es la base de nuestra unidad. Somos un movimiento de solidaridad global, unido en nuestra determinación para luchar *contra la concentración de la riqueza, la proliferación de la pobreza* y la destrucción de nuestro planeta."[8]

No es descabellado aventurar la hipótesis de que el posmarxismo encuentra sus raíces en las rebeliones del Este europeo. Quienes reclamaron libertades y democracia, una vez satisfechas sus necesidades básicas, estaban demostrando inconformidad más que económica, política. Los privilegios en los países llamados socialistas no eran parte de la imaginación colectiva. Existían y los tenían precisamente quienes estaban ligados directa o indirectamente al Estado-partido y éste era, desde decenios atrás, la instancia que inhibía las libertades y la democracia. Un gran disidente de Alemania del Este, Rudolf Bahro, escribió que "la emancipación general es [...] la liberación de los individuos de todas las barreras socialmente condicionadas que se

---

⁶ Ellen Meiksins Wood, *Democracia contra capitalismo*, México, Siglo XXI editores-CIICH-UNAM, 2000, pp. 300-301.

⁷ *Ídem*, p. 298.

⁸ Unidad en la diversidad-Comunidad WEB de movimientos sociales, *Declaración de los movimientos sociales reunidos en el* FSM, <movimientos.org/show_text.php3?key=908> [6 de febrero de 2002]. (Las cursivas son mías para destacar que no luchan contra el capitalismo ni contra la pobreza, sino contra los grandes capitales y para que la pobreza no continúe multiplicándose.)

oponen a su desarrollo, de todas las barreras que han de tener como consecuencia su exclusión de la codecisión acerca de los asuntos generales, de la determinación consciente de las transformaciones sociales". Y más adelante señalaba que "las condiciones de la emancipación general exceden con mucho a la mera disposición de los medios materiales en sentido estricto".[9] ¿Y cuál es una de las barreras socialmente condicionadas? Obviamente, el Estado y, por extensión, el partido y el gobierno o los tres en uno. "Lo que falta —decía Bahro— es sólo una nueva formación del poder político, un poder político que tuviera voluntad y que fuera capaz de crear el consenso ideológico y el marco organizativo para la revolución cultural" (que para el autor es fundamental para cambiar la conciencia de la población).[10]

Muchos autores, no necesariamente defensores del liberalismo y de corrientes derivadas, han coincidido en que durante los tiempos del intervencionismo estatal (desde posiciones keynesianas hasta supuestamente socialistas), la sociedad fue limitada como tal y que su escasa participación —como sociedad— estuvo muchas veces condicionada al hecho de que el Estado, mediante políticas y decisiones gubernamentales, pensaba por y resolvía para la sociedad. Por populismos bien o mal entendidos, que con frecuencia fueron acompañados de actitudes paternalistas por parte de los gobiernos de la época, el estatismo o intervencionismo de Estado permitió lo que se ha denominado la *expropiación política* de la sociedad. En los países llamados socialistas esta expropiación fue todavía mayor, al extremo de que la individualidad con frecuencia estuvo subordinada a la mirada indiscreta y autoritaria del *big brother*. Debe recordarse que, además del ámbito de la economía, el estatismo tuvo su mayor expresión fáctica precisamente en los países llamados socialistas.

De lo anterior se sigue que la izquierda (y también segmentos de la derecha) que en los países del Este inició su protesta contra el Estado, veía en éste un enemigo y un obstáculo para su realización personal, individual. De aquí que el *individuo* comenzara, a su vez, a tomar forma ideal, de algo a alcanzar una vez que el Estado dejara de

[9] Rudolf Bahro, *La alternativa. Crítica del socialismo realmente existente*, Barcelona, Materiales, 1979, pp. 295-296. (Originalmente publicado en 1977.)
[10] *Ídem*, p. 314.

ser un obstáculo. No parece casual que, a semejanza de la nueva izquierda de los años 60, Bahro recuperara en su libro al "joven Marx" para destacar al individuo, el individuo en la sociedad y la sociedad para la realización del individuo. No se propone el regreso al individualismo sino al reconocimiento del individuo en la sociedad y de la sociedad como un conjunto de individuos libres, no alienados. El hombre-masa (que por cierto no existía en la esfera de los privilegios) pugnaba por ser hombre en la masa, en la sociedad. Distinguirse o, mejor, tener la posibilidad de distinguirse —no para ser diferente a los demás sino uno mismo—, más allá de la productividad como elemento de distinción reconocida por el partido o por el administrador de la fábrica (que eran lo mismo), era sin duda una exigencia generalizada. Diversidad, entonces, sería otra demanda en el "socialismo realmente existente" como se le ha querido llamar. Y si se hablaba del reconocimiento de la diversidad para las personas, ¿por qué no también para el sistema de partidos y la posibilidad de que diversas identidades pudieran expresarse a través de su propio partido? Pluralismo político, sería otra demanda. Y como se suponía que no había clases sociales, pues se trataba de un sistema socialista, entonces la pugna no era de una clase contra otra sino de la sociedad contra el Estado, de una *sociedad civil* contra una *sociedad política* que no sólo estaba representada en el Estado sino en su partido. El concepto de sociedad civil, entonces, cobraría una gran importancia, así como el de diferencias-identidades y el de pluralidad; además, obviamente, de los conceptos de libertad y de democracia. Socialismo con rostro humano, el mismo que se intentara antes en Checoslovaquia y fuera reprimido por las fuerzas militares del Pacto de Varsovia, a nombre del socialismo. Más todavía, la *política anti-política* que para Havel era posible y que la expresaba de la siguiente manera: "Política 'desde abajo'. Política de gente, no de aparatos. Política que crezca desde los corazones, no de una tesis."[11] (Una cierta dosis de anarquismo proudhoniano, como puede verse.)

Como ya señalé en el segundo capítulo, quizá Bakunin no estaba en un error al suponer que una dictadura del proletariado terminaría por ser una dictadura contra el mismo proletariado. Las rebelio-

11 Václav Havel, "Anti-political politics", John Keane (ed.), *Civil society and the State (new European perspectives)*, Londres, Verso, 1988, p. 398.

nes del Este, con o sin Bakunin como fuente de inspiración, se dieron, entre otras razones, porque la dictadura del proletariado fue groseramente tergiversada, es decir, convertida en una dictadura de partido, de la *nomenclatura* sobre la que escribiera Voslensky.[12] Me he referido a las sociedades *no* capitalistas para intentar una hipótesis sobre los orígenes inintencionales del posmarxismo, orígenes que a mi juicio influyeron en intelectuales de Europa occidental, como el mismo Keane, en su libro *Democracy and civil society*, cuyo subtítulo es, precisamente, *On the predicaments of European socialism, the prospects for democracy, and the problem of controlling social and political power*.[13] El problema, como he querido demostrar antes, es que la misma propuesta, ahora sí intencional, se hizo para las sociedades capitalistas, especialmente desarrolladas, donde principalmente los jóvenes (como en los años 60) la hicieron suya después de ver, quizá con cierta indiferencia, el derrumbe del llamado socialismo en los países de Europa.

Con la caída del Muro de Berlín y de la URSS y la asociación (teóricamente incorrecta) de *marxismo = socialismo realmente existente*, se mezclaron los cables provocando un cortocircuito explosivo en el terreno de las ideas, de la política y de la estrategia para quienes se han asumido como críticos del capitalismo moderno conocido con el binomio globalización-neoliberalismo. Cambios en el Este y cambios en el Oeste provocaron, una vez más, el "fin de las ideologías" y su contraparte viable: una nueva ideología consistente en el eclecticismo que tanto se criticaba, desde la izquierda, antes de los movimientos del 68.

Si se observa con cuidado se encontrará en el discurso de las nuevas izquierdas una cierta dosis de anarquismo. Es parte del eclecticismo en la orientación política-ideológica derivada de la oposición en el Este, pero también podría ser parte del antimarxismo consustancial al anarquismo desde los tiempos de Proudhon y Bakunin. En la antinomia sociedad civil-sociedad política se presenta a la primera como la parte sana y a la segunda como la perversa, una suerte de quiliaísmo en el que el género humano está compuesto por indivi-

---

[12] Michael Voslensky, *La nomenklatura (les privilégiés en URSS)*, París, Pierre Belfond, 1980.
[13] Londres, Verso, 1988.

duos libres que, para Proudhon y Bakunin, trabajan sin constricciones y en asociación voluntaria en donde nadie domina sobre los demás. De este modo, la política es automáticamente descalificada y junto con ella todo lo que forma parte de su esfera, incluidos los partidos políticos, obviamente. El Estado queda como una abstracción tal (no en el sentido de Salama: abstracción real)[14] que ni siquiera vale la pena tomarlo en cuenta para destruirlo/sustituirlo, puesto que la sociedad civil no lo necesita y puede prescindir de él. Para Bakunin, como para los anarquistas en general, según hemos visto antes, el Estado tiene vida propia, tiene intereses y moral propios. "El Estado es la negación de la humanidad." Y Bakunin también decía, como hemos citado en el capítulo 2, que "mientras el poder político exista habrá gobernantes y gobernados, amos y esclavos, explotadores y explotados. Una vez suprimido, el poder político debería ser sustituido por la organización de las fuerzas productivas y el servicio económico."[15]

Es evidente que Bakunin nunca imaginó que muchos de sus puntos de vista (más que teorizaciones) serían reivindicados, sin darle crédito, más de cien años después de su muerte.

LOS MOVIMIENTOS SOCIALES

En los últimos seis años los protagonistas de las luchas contra la globalización y el neoliberalismo no han sido los partidos sino los movimientos sociales, como ocurrió también en los años 60 del siglo pasado contra el neocapitalismo. Han sido movimientos de protesta más que de propuesta. Verano de 1996, el Encuentro Intercontinental por la Humanidad y Contra el Neoliberalismo, en Chiapas. Unos días antes, en Lyon, Francia, la Contra Cumbre del Grupo de los Siete.[16] Luego, tres años después, Seattle, en noviembre de 1999, contra el encuentro ministerial de la Organización Mundial de Co-

---

[14] Gilberto Mathias y Pierre Salama, *El Estado sobredesarrollado*, México, Era, 1986.
[15] M. Bakunin, "Socialismo sin...", *op. cit.* La crítica a la segunda parte del texto de Bakunin citado ya fue presentada en el capítulo 2.
[16] El Grupo de los Siete (G-7) está formado por Estados Unidos, Japón, Alemania, Francia, Reino Unido, Italia y Canadá. En junio de 1997, el G-7 sumó oficialmente a Rusia, convirtiéndose en el Grupo de los Ocho (G-8), salvo en cuestiones económicas y financieras.

mercio (OMC). Siguieron Bangkok, en febrero de 2000, contra la 10ª Conferencia de Naciones Unidas sobre Comercio y Desarrollo y Washington, en abril de ese mismo año, en la Asamblea de Primavera del Banco Mundial y del Fondo Monetario Internacional. En junio, contra la Cumbre de Naciones Unidas sobre Desarrollo Social, en Ginebra. Un mes después, contra la Cumbre del G-7, en Okinawa. En Praga contra la reunión anual del BM y el FMI. En Bruselas, Nueva York y Washington, en octubre, la Marcha Mundial de las Mujeres. En Seúl, también en octubre, contra la 3ª Conferencia Asia-Europa. A finales de noviembre y principios de diciembre, en París, el encuentro internacional "Por una construcción ciudadana del mundo" en el que participaron alrededor de 1 500 personas de 60 países. Unos días después, en Niza, en contra de la Cumbre de la Unión Europea. También en diciembre, en Dakar, la reunión "De la resistencia a las alternativas". En Porto Alegre, finales de enero y principios de febrero de 2001, el Foro Social Mundial en el que estuvieron representados 117 países. En Cancún, Buenos Aires, Quebec, Göteborg y la gran concentración en Génova (julio de 2001) contra el Grupo de los Ocho, y otras más; hubo también expresiones de protestas cada vez menos ignoradas. Lo más reciente, el Segundo Foro Social Mundial de Porto Alegre en 2002, con mucho mayor participación que el primero y más o menos la misma heterogeneidad.

Todas las anteriores expresiones sociales han sido antineoliberales y de oposición a los mundialmente dominantes grupos empresariales y a los gobiernos que los protegen o facilitan su expansión. Si las izquierdas sociales son *anti*, ¿qué proponen? Entre la larga lista citada de expresiones antineoliberales (*globalifóbicas*, como se les ha llamado en México), en dos hubo el propósito explícito de analizar la situación del mundo en la actualidad y de *proponer formas alternativas a lo existente*. Se trató de dos foros mundiales, el de París y el de Porto Alegre 2001.[17] Sin embargo, en ninguna de ambas reuniones se pudieron obtener, por consenso, posiciones articuladas y más o menos precisas que pudieran constituir un programa de acción alternativo y para los próximos años. Un militante mexicano del

---

[17] En el Segundo Foro de Porto Alegre se soslayó la idea de obtener propuestas alternativas como resultado de la reunión. El énfasis se puso más bien en el análisis de las experiencias democráticas existentes, entre éstas la de Porto Alegre.

Frente Zapatista de Liberación Nacional, en París, declaró en París a la revista *Proceso* que "conforme mayor es la definición, menor resulta la capacidad de aglutinar las luchas";[18] y quizá tiene razón, pues una característica de la sociedad civil, tanto nacional como transnacional y opositora al neoliberalismo, es su heterogeneidad social, ideológica, política y cultural.

Pero la gran pregunta es: ¿cómo lograr consensos en una "torre de Babel" y cómo llegar a propuestas alternativas si sólo existen posiciones y movimientos contrarios al *statu quo* (comunidades de acción) mientras que los defensores de éste saben muy bien lo que han estado haciendo y hacia dónde van?

Durante más de un siglo la izquierda era una corriente que luchaba por el socialismo; es decir, por un sistema alternativo al capitalismo. Ahora la izquierda es la que protesta, la que se opone a la globalización económica y al neoliberalismo y la que nos habla de humanización del capitalismo y de la construcción ciudadana del mundo. Es una izquierda que está más interesada en crear situaciones de ruptura, como dijera Albertani,[19] que en definir objetivos. Y aquí, a mi juicio, hay un gran problema: la incertidumbre de una utopía sin propuesta. Oponerse a lo existente no es igual que construir otra cosa, y una actitud así puede ser conservadora o, peor aún, regresiva, como ocurrió, por lo pronto, en Europa oriental.

En París se llevó a cabo un encuentro internacional precisamente titulado "Por una construcción ciudadana del mundo". Once asociaciones (*Actuel Marx, Espaces Marx, Témoignage Chrétien* y otras) convocaron a este encuentro para discutir lo que podría ser el contorno de otro destino común para los seres humanos y para los pueblos, según se lee en el periódico del Partido Comunista Francés.[20] Con muy pocas excepciones, como las de Alexandru Florian, Michael Löwy o Catherine Samary, la mayoría de las intervenciones le dieron la vuelta a la perspectiva socialista o se concretaron a hacer análisis del socialismo, del movimiento obrero, del internacionalismo o de la lucha de clases en el siglo XX que estaba por terminar, pero no hacia

[18] Entrevista de Anne Marie Mergier a Sergio Rodríguez Lascano, *Proceso*, México, 17 de diciembre de 2000.
[19] Claudio Albertani, "Paint it black. Blocchi Neri, Tute Bianche e Zapatisti nel movimento antiglobalizzazione",<//anarkid.interfree.it/paint.html>.
[20] *L'Humanité*, París, 4 de diciembre de 2000.

el futuro. Hacia el futuro el tema de la sesión de clausura fue "¿Cuál construcción ciudadana del mundo?"[21] El énfasis fue puesto, como lo dice la misma nota de *L'Humanité* citado, en los seres humanos (así, en general y sin distinción de clase social) y en los pueblos. Se habló de radicalización de la democracia (democracia radical), de la mundialización de las solidaridades y, desde luego, de la construcción ciudadana del mundo. Esta abstracción (la de hablar de ciudadanos y no de clases sociales) pretendió justificarse en el hecho de que hay nuevos "actores" (como está de moda decir) que configuran el "movimiento social" y que tales actores son parte de la sociedad (así, en abstracto también) organizados en ONG, asociaciones humanitarias, sindicatos (cada vez menos) y otras, que se distinguen de los partidos políticos "en crisis como lo está la política misma", según se dijo en el encuentro, aunque nadie se preocupara por demostrarlo.

No pocas intervenciones, por cierto, descalificaron a los partidos políticos y su aspiración a tomar el poder, entre otras razones porque la transformación indispensable (no definida) no vendrá, según se dijo, de las instituciones estatales ni políticas sino de la sociedad, lo cual parece más que razonable así planteado. Pero contra este argumento no se escuchó la necesidad de transformar a los partidos políticos, de hacerlos "más sociales" (es decir, menos burocráticos y menos de élites separadas de sus bases) para darles dirección política a los movimientos y organizaciones civiles que, ciertamente, actúan y ganan la nota en los noticiarios de vez en cuando, pero se quedan en la protesta sin proponer alternativa viable y no utópica.

En muchos países, la izquierda es también un concepto escurridizo, a veces asociado a partidos; otras veces, a movimientos guerrilleros o semejantes; otras, a los movimientos que rompen las vidrieras de McDonald's. Y como no se sabe bien a bien qué es la izquierda (ahora) se incluyen en el concepto desde los anarquistas hasta los socialistas, pasando por los vigilantes de la honestidad (de asociaciones anticorrupción), los democráticos, los amigos de los pobres, los defensores de los derechos humanos y de la ecología, los que plan-

---

[21] Este tema ya se había discutido en la Conferencia Internacional de Saint-Denis (mayo de 2000), titulada *Por un droit de cité (Vers une nouvelle citoyenneté)*.

tean la reivindicación de Keynes o de la regulación de la economía, etcétera.

En la primera reunión de Porto Alegre, en la que estuvieron algunos de los participantes de París, se percibió un lenguaje semejante, pero al parecer menos impreciso que el de Niza, el mismo París, Praga o Seattle. Se volvió a hablar de sociedad civil, de pluralidad, de identidades sociales no clasistas y de ciudadanos. Pero en este Foro Social Mundial se agregaron algunos elementos y aunque un ponente fue abucheado al recordar que, pese a que se hablara de sociedad civil, ésta seguía dividida en clases sociales, no dejó de señalarse la necesidad de pasar de una posición antineoliberal a una propuesta alternativa anticapitalista. Por lo mismo, una pregunta que estuvo en el ambiente del foro fue cómo definir con rigor un programa de lucha con una composición social y política heterogénea, formada por campesinos, indígenas, obreros, jóvenes urbanos, feministas militantes, homosexuales y lesbianas, marxistas ortodoxos de diversos tonos, guerrilleros y ex guerrilleros, anarquistas del todo o nada y antintelectuales, gradualistas de diversas ideologías, nacionalistas e internacionalistas, políticos en el poder, empresarios con ideas sociales, cristianos progresistas, revolucionarios y, por supuesto (porque también está de moda), los antipartido que, paradójicamente, alternaban con representantes de partidos políticos de varios países y, desde luego, del Partido de los Trabajadores de Brasil (que gobierna el estado y el municipio en donde se llevó a cabo el foro).

No hubo respuesta porque la definición de un riguroso programa de lucha alternativo (comunidad teórica) excluiría a amplios sectores que, si bien han estado y están actuando en contra de la globalización económica y del neoliberalismo, no dejan de ser compatibles, para usar la expresión de Anderson, "con los hábitos de la acumulación".[22] En una palabra, lo que las nuevas izquierdas sociales privilegiaban en ese momento eran los movimientos de la sociedad civil, heterogénea como es, contra el neoliberalismo como ideología y contra la globalización como expresión económica de un capitalismo que no todos los *globalifóbicos* combaten radicalmente. Es decir, *el movimientismo* (comunidad de acción), no las propuestas alternativas

---

[22] Perry Anderson, *op.cit.*, p. 13.

reales y posibles que, de definirse, pudieran abortar o dividir los movimientos que estamos viendo. Curiosa coincidencia con Bernstein, cuando éste decía: "En mi concepto, lo que se llama fin último del socialismo no es nada, pues lo importante es el movimiento."[23] Y así, ¿cómo organizar un contrapoder cuando se apela a la autogestión social sin programa y espontánea, como si de verdad los intereses de todos fueran los mismos y como si el enemigo a vencer estuviera improvisando? ¿Cómo pensar en opciones políticas si "lo político fue duramente cuestionado"?[24]

Es probable que a nadie, como a los zapatistas mexicanos, le interese la toma del poder entre esta nueva izquierda sino influir en él, obligar a los gobiernos a cambiar sus políticas mediante la presión social, llevarlos al "mandar obedeciendo" que, finalmente, es una de las condiciones de la democracia tanto en las relaciones del Estado con la sociedad como en el interior de ésta. Sin embargo, como se ha visto de la experiencia histórica, la ausencia de dirección política en los movimientos sociales los ha llevado, si no al fracaso, por lo menos a su debilitamiento e incluso a su desaparición. Sabemos, por lo que hemos analizado, que esos movimientos sociales, desde la Comuna de París hasta los de la nueva izquierda de hace 40 años, han dejado huella, motivos de reflexión, nuevas hipótesis y hasta teorizaciones políticas y estratégicas y, con todo esto, han prohijado avances nada desdeñables en las luchas de los pueblos. Es seguro que las nuevas izquierdas del siglo XXI también dejarán enseñanzas. Ya se tejen nuevas hipótesis; y el movimiento internacional que han logrado, además de no tener antecedente, es motivo de atención cuidadosa, de estudio y de crítica.

Por otro lado, los partidos políticos también han cambiado considerablemente. No estoy muy seguro de que estén en crisis como tales pero es evidente que la *forma partido*, que tuvo vigencia por más de un siglo, ha perdido credibilidad, está en crisis, ésta sí. Los partidos son diferentes y serán diferentes si quieren sobrevivir, pero difícilmente podríamos imaginar una sociedad moderna —y compleja como es— sin partidos, aunque no pocos en las nuevas izquierdas apuestan a su

---

[23] Véase cita de Bernstein en el capítulo 2.
[24] Ernesto Herrera, "Después del éxito, los mismos dilemas", *Carpeta Izquierda*, núm. 1, Convergencia Socialista, México, 2001.

desaparición, por innecesarios —dicen. De hecho, las nuevas izquierdas no sólo están en contra de los partidos sino de los dirigentes. Cito a Raúl Zibechi, del *Semanario Brecha*, de Uruguay:

El domingo 13 de enero, se realizó en el Parque Centenario de Buenos Aires el primer encuentro de asambleas barriales. Asistieron unas mil personas que representaban a 25 asambleas, aunque seguramente existen muchas más. Discutieron durante horas al aire libre, sin una "mesa" que dirigiera los debates, sin "orden del día" ni estrados. *O sea, sin dirigentes.* Sin embargo, se escucharon todos, todos pudieron decir lo que querían, hasta que la lluvia disolvió a los asistentes, que se autoconvocaron para el próximo domingo.

Vale la pena echar una mirada a este movimiento. *Más que el qué, importa el cómo. Más que las conclusiones o resoluciones, el camino que recorrieron, los pasos que van dando.* Lo primero, constatar que nadie los convocó. Se autoconvocaron mediante el "boca a boca", un modo popular de comunicación que exige un cuerpo a cuerpo al que nuestras sociedades están desacostumbradas.[25]

El texto anterior es verdaderamente elocuente, sobre todo viniendo de una persona formada en el marxismo. La mención de que no hubo dirigentes, así como lo ha dicho Zibechi, es un elogio a las asambleas barriales y a la espontaneidad. No necesitaron quién los convocara ni un orden del día ni un moderador siquiera. No les interesaba obtener conclusiones ni resoluciones de esta primera reunión (y seguramente tampoco de las siguientes) sino hablar del camino recorrido, de los pasos que están dando. El *qué* (y probablemente, el *para qué*) no importa, sino el *cómo*. Las grandes manifestaciones populares en Argentina llevaron a la renuncia de dos presidentes en una semana, es decir, a dos cambios de gobierno. No es común. Se puede decir, sin ambages, que el pueblo ha tirado a sus gobernantes. Lo que no se puede decir es que ese mismo pueblo eligiera al actual presidente de Argentina, al sucesor de los dos gobernantes defenestrados. Aun así, no deja de ser importante que el pueblo argentino haya aprendido que movilizándose, sin dirigentes

---

[25] Raúl Zibechi, "Argentina: Un mes de ebullición. La creatividad colectiva", *Alaiamlatina*, Montevideo, Internet [19 de enero de 2002]. (Las cursivas son mías.)

y sin que importara el *qué* (¿será?), pudo derrumbar un gobierno. La gran pregunta es si esas mismas personas podrán mantenerse unidas después de que la emoción del movimiento haya pasado y una vez que las actividades cotidianas les absorban su tiempo, incluso los domingos.

Se desdeña la organización y, por lo mismo, la existencia de dirigentes. Se les dice *no* a las jerarquías (incluso a un moderador) y a un orden del día, es decir, a un orden de temas o puntos a tratar. Pareciera que el *orden* fuera negativo y el *desorden* lo positivo. ¿Anarquía? Y, al mismo tiempo, en otra nota, se dice que los jóvenes y adolescentes son "los protagonistas de la revuelta popular".[26] Los jóvenes y los adolescentes para los cuales en México, en Inglaterra y en Argentina "la lista de los nombres de Bebel, Bernstein, Luxemburgo, Kautsky, Jaurès, Lukács, Lenin, Trotski, Gramsci les resulta hoy tan remota como una lista de obispos arrianos".[27] Por otro lado, ¿no fue la clase media, que protesta con cacerolas vacías pero el refrigerador lleno y la que no se mezcla con los morenos de los barrios marginales, la que votó por Menem dos veces, la misma que ahora es "pueblo" protestando porque les pusieron límites a sus retiros de dinero? No debe pasarse por alto que la principal demanda de las clases medias ha sido y es el "levantamiento del *corralito*", como le llaman en Argentina a la restricción al uso de recursos bancarios. Ahora tienen de qué hablar pero ¿qué ocurrirá dentro de un mes o tres meses o cuando levanten el *corralito* sin un programa, sin un qué y sin una organización? ¿Nadie intentará hegemonizar el movimiento? ¿Lucharán por algo más que oponerse a los bancos y derribar a un gobierno?

Quizá un ejemplo ilustre sobre los riesgos de que un movimiento amplio sea hegemonizado por minorías y también sobre la actitud de la "sociedad civil" una vez que pasa el tiempo o se le da "algo".

Hace no mucho, en 1990 y 2000, hubo un movimiento estudiantil en la Universidad Nacional Autónoma de México, es decir, de jóvenes y adolescentes. Comenzó muy bien. Terminó muy mal.[28]

---

[26] Dafne Sabanes Plou, "Argentina: el activismo social continúa fuerte", *Alaiamlatina*, Argentina, Internet [15 de enero de 2002.]
[27] P. Anderson, *op. cit.*, p. 15.
[28] Un amplio estudio de ese movimiento se puede leer en Octavio Rodríguez Araujo (coord.), *El conflicto en la UNAM (1999-2000)*, México, El caballito, 2000.

En marzo de 1999, ante las intenciones de las autoridades de la
UNAM de subir las cuotas de inscripción y colegiatura de los estudiantes, éstos iniciaron un movimiento de protesta, dentro y al margen de
los órganos de representación universitaria. Esta protesta ganó sim-
patías de amplios sectores de profesores, investigadores, trabajadores
administrativos y, obviamente, de estudiantes.

Las autoridades no pudieron o no quisieron entender el movimiento que se estaba generando, y con actitudes cerradas lo hicieron
crecer y, peor aún, lo obligaron a actuar al margen de los canales
institucionales, provocando una huelga que cerró la Universidad por
diez meses. El rector de la Universidad tuvo que renunciar y su sucesor, por cierto, no fue elegido por la comunidad universitaria pues lo
nombra una junta de gobierno de 15 "notables".

Originalmente, el movimiento era muy amplio y plural, y en cada
escuela, facultad e instituto se llevaron a cabo asambleas para elegir
representantes. Con base en experiencias del pasado, como por
ejemplo del mismo movimiento estudiantil mexicano de 1968, se
intentó formar una dirección plural, representativa, colectiva y
rotatoria para que ninguno de los grupos existentes pudiera tener
hegemonía sobre otros. Sin embargo, las asambleas fueron utilizadas
por grupos autodenominados "ultras" que, como dijera Madison,[29]
aprovecharon "la pasión para arrebatarle el cetro a la razón convir-
tiendo las asambleas en verdaderas turbamultas". Esos grupos, mediante insultos y ataques, incluso físicos, lograron excluir a los
"moderados", es decir, al grueso de los estudiantes; impidieron el
ingreso de los profesores a sus asambleas; se negaron a que hubiera
dirigentes y órdenes del día (para que así las reuniones ocuparan
mucho tiempo y se fueran quienes tenían otra cosa que hacer); cerraron dependencias universitarias en contra del consenso de sus comunidades; dedujeron que los libros que se hacían en la Universidad,
productos de investigaciones científicas, eran "para ricos" y preten-
dieron determinar qué es lo que debía investigarse en la casa de
estudios, como lo hicieron los jóvenes de la antigua *revolución cultural*

---

[29] Madison, en *El Federalista*, decía que "en todas las asambleas muy numerosas,
cualquiera que sea la índole de su composición, la pasión siempre arrebata su cetro
a la razón. Aunque cada ciudadano ateniense hubiese sido un Sócrates, sus asambleas
habrían seguido siendo turbamultas." (Tomado de Internet.)

en China, de 1966 a 1976. El resultado fue que poco a poco se fueron aislando y terminaron solos, como un pequeño grupo que usa la intimidación para expresar sus posiciones *anti*, sin proponer nada concreto ni viable. No importaba el *qué*, sino el *cómo*.

Los "ultras" de la UNAM fueron contrarios a las autoridades (obviamente); a los partidos, independientemente de su orientación; a los profesores incluso de izquierda; a la mayoría de los estudiantes y a sus propios compañeros, con los que se inició el movimiento. Usaron las asambleas como máxima autoridad para la toma de decisiones y en esas reuniones impidieron expresarse a quienes no coincidían con sus puntos de vista. En suma, actuaron como sectarios, más que como izquierdistas, pusieron en peligro la principal universidad del país y, hasta la fecha, ya muy disminuidos en número, no han logrado nada salvo la antipatía del resto de la comunidad universitaria que, en el caso de la UNAM, dista mucho de ser pequeña (trabajan y estudian en ella alrededor de 400 mil personas). El problema fue que los otros participantes, los miembros —valga la figura— de la "sociedad civil" de la Universidad, es decir, los grupos heterogéneos, sin organización, sin objetivos comunes de la llamada comunidad universitaria (que sólo es comunidad porque está en la Universidad), no pudieron rearticularse ni contrarrestar el activismo organizado de la minoría de *ultras* y terminaron dejando en manos de las autoridades universitarias el futuro de la casa de estudios (una vez más). Era obvio que, en una huelga de tan larga duración, sólo los activistas profesionales permanecerían encargados de ella, con sus barricadas y sus territorios tomados, mientras que los demás, en su mayoría, se inscribirían en otras universidades, se irían de vacaciones o simplemente esperarían el regreso de la normalidad. Cuando, por medio de la fuerza policíaca, la Universidad fue reabierta, esa "sociedad civil", que originalmente había participado en el movimiento, regresó a sus cursos como si nada hubiera pasado.

Si la nueva izquierda de finales del siglo XX y principios del XXI es izquierdista en comparación con la izquierda tradicional (y más por comparación con lo que devino esa izquierda tradicional), debe reconocerse que todavía hay grupos más a su izquierda, los ultraizquierdistas o quizá los deberíamos llamar, simplemente, *ultras*, pues podrían no ser de izquierda pese a las apariencias. Es tan confuso en estos momentos distinguir a las izquierdas y a las ultraizquierdas, por las modalidades que han adoptado las luchas recientes y por el *desprestigio del pasado*, que a veces se tiene la impresión de que no vale la pena hacer diferencias. Igualmente confuso es distinguir, en el mar de eclecticismo ideológico de moda, el manto ideológico y político que envuelve a los movimientos sociales que hemos vivido recientemente. Se oponen al orden existente y hablan de pueblo, pero no podemos olvidar que muchos movimientos de derecha hicieron lo mismo, entre ellos, para poner un ejemplo extremo, el nacional socialismo en Alemania contra la república de Weimar. En términos de las grandes corrientes de pensamiento para la acción, la ideología que parece prevalecer es una especie de anarquismo híbrido, y no deja de ser curioso que este ascenso del anarquismo ocurra precisamente cuando las clases dominantes y sus ideólogos hablan de (neo) liberalismo y del papel del individuo en la sociedad al mismo tiempo que combaten por todos los medios a las organizaciones de trabajadores y a toda forma de cohesión y solidaridad sociales basada en identidades de clase (con la complicidad, por cierto, de los partidos políticos, ahora *catch all*).

Como dije antes, en el capítulo 1, no parece casual que a finales del siglo XX y principios del XXI, el liberalismo y el anarquismo cobren de nuevo importancia. Ambas corrientes de pensamiento se basan en el indeterminismo, en el individualismo y en la libertad del individuo, en el *fin de la historia* y también, sobre todo para los pensadores que se dicen *posmodernos*, en el fin de las utopías y hasta de las ideologías. Vuelvo a recuperar a Mannheim (ya citado antes también): "La mentalidad socialista [en cambio] representa, en un sentido mucho más fundamental que la idea liberal, una redefinición de la utopía en términos de realidad." No podemos pensar que las clases dominantes y los gobiernos que les sirven de apoyo en cada país y en el mundo estén improvisando, actuando al azar y sin organización. Por lo tanto, si se quisiera construir un contrapoder, éste tendría que estar organizado, tener objetivos claros (redefinir la utopía en términos de realidad) y trazar una estrategia de lucha que permita ir más allá de los momentos heroicos de las luchas espontáneas y coyunturales (muchas veces inmediatistas) de la heterogénea sociedad civil.

En el SegundoForo Social Mundial de Porto Alegre, las posiciones de las nuevas izquierdas sobre la estrategia a seguir no han variado mucho en relación con sus primeros momentos, que hemos analizado. Se trata de movimientos y organizaciones que no aceptan ninguna clase de hegemonías, mucho menos minoritarias, sino que, a lo más, aceptarían alguna forma de coordinación internacional (o en otra escala, según sea el caso), como fue la intención de las Primera y Segunda Internacionales, según hemos visto anteriormente.[30]

A diferencia de las dos primeras Internacionales, en las que los marxistas y los anarquistas se excluían mutuamente, en la actualidad las diversas corrientes han aceptado participar juntas en aquellos aspectos en que sus demandas son comunes, como es el caso de las de tipo social y las que rechazan cualquier tipo de discriminación o de violación de los derechos humanos. Asimismo, y sobre todo para quienes son partidarios de la democracia radical, se aceptan como comunes con los anarquistas postulados tales como la solidaridad, la democracia directa (que para los de democracia radical, y no para los anarquistas, sería complemento de la democracia representativa) y, obviamente, el rechazo al neoliberalismo. Al parecer todos, explícita o implícitamente, coinciden en la necesidad de democracia en las organizaciones sociales existentes y, en esta misma lógica, se oponen a la reedición de los partidos centralizados y de tipo vanguardista del pasado. Los anarquistas, es claro, rechazan la política y la esfera política, comenzando por los partidos y las formas de representación derivadas del liberalismo aunque éstas adopten formas peculiares y democráticas —como es el caso de los gobiernos del Partido de los Trabajadores, en Brasil. En el lado de los marxistas y posmarxistas hay también diferencias al respecto, pero en principio no están en contra de la política, de la representación y el gobierno ni de los partidos y, al promover la democracia participativa (que antes llamaban democracia directa), están sugiriendo —como los zapatistas— el famoso "mandar obedeciendo", tanto en las organizaciones como en la esfera estatal.

Inmanuel Wallerstein, en su intervención en el Segundo Foro de Porto Alegre (publicada unos días después),[31] nos ha brindado un análisis de éste, con el que básicamente coincido.

---

[30] Vale recordar que las corrientes de las dos primeras Internacionales se identificaban mucho con líderes o personalidades, incluso los anarquistas. En cambio, ahora se rechazan identificaciones de este tipo.

[31] *La Jornada*, 10 de febrero de 2002.

... Porto Alegre —dijo Wallerstein— es una muy flexible coalición de movimientos trasnacionales, nacionales y locales, con múltiples prioridades unidas primordialmente en su oposición al orden mundial neoliberal. Y estos movimientos, en su mayoría, no están buscando el poder del Estado, y si lo están buscando, lo hacen partiendo de que ésta es sólo una táctica entre otras, pero no la más importante. [Sin embargo,] la falta de centralización puede hacer difícil coordinar tácticas para las batallas más duras que quedan por delante. Y tendremos que ver también qué tan grande es la tolerancia hacia todos los intereses que se representan, la tolerancia hacia las prioridades de unos y otros. Y si lograr el poder desde la estructura del Estado ya no es el objetivo primordial, ¿entonces qué lo es? Hasta ahora las fuerzas de Porto Alegre han luchado, sobre todo, batallas defensivas: impedir a las fuerzas de Davos llevar a cabo su agenda. Esto es importante, útil, y ha sido más exitoso de lo que muchos hubieran predicho hace algunos años. Pero tendrá que adoptarse una agenda seria y positiva. El impuesto Tobin (para combatir la especulación en los flujos de capital), eliminar la fórmula del impuesto sobre la vivienda, cancelar la deuda de los países del tercer mundo son todas propuestas útiles, pero ninguna es suficiente para cambiar la estructura fundamental del sistema-mundo.

Y, finalmente, Wallerstein señaló que "en cierto sentido, el mundo está nuevamente donde estaba a mediados del siglo XIX, pero tiene una ventaja: cuenta con la experiencia y el aprendizaje a partir de los errores de los pasados 150 años". La cuestión, añado, es asimilar esa experiencia y entender esos errores, conocer ese pasado.

Luiz Inacio *Lula* da Silva, principal dirigente del Partido de los Trabajadores de Brasil, señaló también en Porto Alegre que, aunque no desdeñaba las grandes movilizaciones plurales, con gran diversidad de opiniones, lo importante era ponerse de acuerdo, y dio a entender que esto no sería fácil. Y, en efecto, no parece que será fácil.

Quizá por esta misma razón Samir Amin se mostró preocupado por el rumbo que debía tomar el foro para convertirse en una fuerza real de cambio. Y sostuvo que "la formación de una nueva izquierda a la altura del desafío pasa por la construcción de un frente internacional de las clases dominadas y de los pueblos del Norte y del Sur". Pero de inmediato añadió que "la fragmentación de los movimientos y las luchas sociales, las insuficiencias de su necesaria politización, el desarrollo ideológico constituyen a corto plazo las fuerzas de los poderes actuales en servicio del capital dominante",[32] lo que significaría que el camino por andar es todavía muy largo, pues no es suficiente la coincidencia de organizaciones e individuos en movimientos contra el neoliberalismo. Coincidir no es construir, aunque sea un muy buen principio. Decía Marx que

> La comunidad de acción que hizo nacer a la Asociación Internacional de los Trabajadores, el intercambio de ideas mediante los diferentes organismos de las secciones en todos los países y, finalmente, las discusiones directas en los congresos generales, también crearán gradualmente el programa teórico común del movimiento obrero general.[33]

Quisiera compartir este optimismo y ojalá que así ocurra: que el movimiento social analizado, los posmarxistas y los socialistas que todavía existen, incluso organizados en partidos, puedan juntos crear un programa teórico común, en este caso no sólo del "movimiento obrero general" sino también de quienes expresan claramente su oposición al mundo que nos ha impuesto el capital.

---

[32] Nota de Luis Hernández Navarro, *La Jornada*, 4 de febrero de 2002.
[33] Carta de C. Marx a F. Engels (5 de marzo de 1869), citada anteriormente en el capítulo 2.

FUENTES CITADAS

Abbagnano, Nicola, *Diccionario de Filosofía*, México, Fondo de Cultura Económica, 1980.

Abendroth, Wolfgang, *Historia social del movimiento obrero europeo*, Barcelona, Editorial Laia, 1978.

Albertani, Claudio, "Paint it black. Blocchi Neri, Tute Bianche e Zapatisti nel movimento antiglobalizazione", <http://anarkid. interfree.it/paint.html>.

Ali, Tariq, *1968 and after (Inside the Revolution)*, Londres, Blond & Briggs Ltd., 1978.

Anderson, Perry, "Renovaciones", *New Left Review* (en español), Madrid, Ediciones Akal, número 2, mayo/junio de 2000.

Anguiano, Arturo, *Entre el pasado y el futuro. La izquierda en México, 1969-1995*, México, Universidad Autónoma Metropolitana-Unidad Xochimilco, 1997.

Arguedas, Sol, *El mundo en que vivimos*, México, UNAM-Ediciones El Caballito, 1997.

Azcárate, Manuel, *Crisis del Eurocomunismo*, Barcelona, Argos-Vergara, 1982.

Bahro, Rudolf, *La alternativa. Crítica del socialismo realmente existente*, Barcelona, Editorial Materiales, 1979.

Bakunin, M., "El principio del Estado", *Anarchist Archives; Marxists Internet Archive (MIA)*, 1999. En español, *MIA*, 2000.

Bakunin, M., "Socialismo sin estado: anarquismo", en"*Anarchist Archives; Marxists Internet Archive (MIA)*, 1999. En español, *MIA*, 2001.

Basso, Lelio, *Socialismo y revolución*, México, Siglo XXI Editores, 1983.

Beer, Max, *Historia general del socialismo y de las luchas sociales*, 2 tomos, Méjico, A. P. Márquez Editor, 1940.

Bensaïd, Daniel y Henri Weber, *Mayo 68: un ensayo general*, México, Ediciones Era, 1969.

Bergmann, Uwe *et al, La révolte des étudiants allemands*, París, Gallimard, 1968.

Bernstein, Eduard, *Socialismo evolucionista. (Las premisas del socialismo y la tareas de la socialdemocracia)*, Barcelona, Editorial Fontamara, [s.f.e.].

Blackburn, Robin, "A brief history of *New Left Review*", <http://www.newleftreview.net/History.shtml>

Bobbio, Norberto, Nicola Matteucci y Gianfranco Pasquino, *Diccionario de Política*, México, Siglo XXI Editores, (12ª ed.), 2000.

Bosi, Mariangela y Huges Portelli (Introduction et notes de...), *Les PC espagnol, francais, italien face au pouvoir*, París, Christian Bourgois, 1976.

Braunthal, Gerard, *Parties and Politics in Modern Germany*, EUA, Westview Press, 1996.

Breitman, George, "La route cahoteuse des années trente", *Quatrième Internationale*, París, Núm. 29-30, agosto-diciembre de 1988.

Bricianer, Serge, *Anton Pannekoek y los consejos obreros*, Barcelona, Anagrama, 1976.

Brisac, Tessa y Carmen Castillo, *La véridique legende du Sous Commandant Marcos*, La Sept-Arte y Anabase Productions, 1995 (Video).

Broué, Pierre y Émile Témime, *La revolución y la guerra de España*, 2 Tomos, México, Fondo de Cultura Económica, 1962.

Broué, Pierre, *Révolution en Allemagne (1917-1923)*, París, Editions de Minuit, 1971.

Buci-Glucksmann, Christine y Göran Therborn, *Le défi social-démocrate*, París, Maspero, 1981.

Buhle, Mari Jo, Paul Buhle and Dan Georgakas (editors), *Encyclopedia of the American Left*, Urbana & Chicago, University of Illinois Press, 1992.

Buhle, Paul, *Marxism in the USA (Remapping the History of the American Left)*, Londres, Verso, 1987.

Callinicos, Alex, "La teoría social ante la prueba de la política: Pierre Bourdieu y Anthony Giddens", en"*New Left Review*" (en español), Madrid, Ediciones Akal, número 2, mayo/junio de 2000.

Carr, Barry, *La izquierda mexicana a través del siglo XX*, México, Ediciones Era, 1996.

Carrillo, Santiago, "Coloquio sobre el Eurocomunismo" (Conferencias), México, Universidad Nacional Autónoma de México, 1979 (trascripción inédita).

Carroll, Lewis, *Alicia en el país de las maravillas*, Madrid, Alianza Editorial, 1972.

Castoriadis, Cornelius, *La société bureaucratique*, 2 tomos, París, Union Générale d'Éditions, 1973.

Cerrito, Gino *et al, Antología anarquista*, México, Ediciones El Caballito, 1980.

Chejarin, E., *El sistema político soviético en la etapa del socialismo desarrollado*, Moscú, Editorial Progreso, 1975.

Chevenement, Jean Pierre, "Coloquio sobre el Eurocomunismo" (conferencias), México, Universidad Nacional Autónoma de México, 1979 (trascripción inédita).

Childs, David (editor), *The Changing Face of Western Communism*, Londres, Croom Helm, 1980.

Clark, Martin y David Hine, "The Italian Communist Party: Between Leninism and Social Democracy?", en David Childs (editor), *The Changing Face of Western Communism*, Londres, Croom Helm, 1980.

Claudín, Fernando, *Eurocomunismo y socialismo*, México, Siglo XXI Editores, (5ª edición), 1978.

Claudín, Fernando, *La crisis del movimiento comunista*, 2 Tomos, Francia, Ediciones Ruedo Ibérico, 1970.

Cohn-Bendit, Daniel y Gabriel, *Le gauchisme, remède à la maladie sénile du communisme*, París, Seuil, 1968.

Cole, G.D.H., *Historia del pensamiento socialista*, 7 tomos, México, Fondo de Cultura Económica, (2ª ed.), 1963.

Dávalos, Pablo (de ICCI), "La Globalización: génesis de un discurso", en"*Rebelión* Internet, 4/8/01.

Del Rosal, Amaro, *Los congresos obreros del siglo XX, de 1920 a 1950*, México, Grijalbo, 1963.

Democracia radical, <http://www.geocities.com/CapitolHill/Senate/1229/>

Deutscher, Isaac, *Las raíces de la burocracia*, Barcelona, Editorial Anagrama, 1969.

Donneur, André, *L'Internacionale socialiste*, Paris, Presses Universitaires de France (PUF), 1983.

Droz, Jacques, *Historia del Socialismo (El socialismo democrático)*, Barcelona, Editorial Laia, 1977.

Duhamel, Olivier y Henri Weber, *Changer le PC? Débats sur le gallocommunisme*, París, Presses Universitaires de France, 1979.

Dutschke, Rudi, "Les étudiants antiautoritaires face aux contradictions présentes du capitalisme et face au Tiers monde", Uwe Bergmann *et al*, en Uwe Bergmann *et al*, *La révolte des étudiants allemands*, París, Gallimard, 1968.

El despertador mexicano, órgano informativo del EZLN, México, núm. 1, diciembre de 1993.

Engels, F., "Introducción" (1895) a C. Marx, *Las luchas de clases en Francia de 1848 a 1850*, en C. Marx y F. Engels, *Obras escogidas en dos tomos*.

Federalist Papers The, Internet.

Fejtö, Francois, *Historia de las democracias populares (1953-1979)*, 2 tomos, Barcelona, Ediciones Martínez Roca, 1971.

Fernández Christlieb, P. y O. Rodríguez Araujo, *En el sexenio de Tlatelolco (1964-1970)*, México, ISS-UNAM/Siglo XXI, 1985 (T. 13 de *La clase obrera en la historia de México*, colección coordinada por P. González Casanova).

Fernández Huidobro, E., *Historia de los Tupamaros*, 3 tomos, [Uruguay], Tae editorial, 1994.

Fetscher, Iring, *El marxismo, su historia en documentos*, Bilbao, Zero, S. A., (Biblioteca Promoción del Pueblo, Serie P, Núm. 35), 1976.

Filo della Torre, Paolo, Edward Mortimer y Jonathan Story, *Eurocommunism: Myth or Reality?*, Gran Bretaña, Penguin Books, 1979.

Flores Olea, Víctor *et al*, *La rebelión estudiantil y la sociedad contemporánea*, México, Universidad Nacional Autónoma de México, 1973.

Frank, Pierre, *Histoire de l'Internationale communiste (1919-1943)*, 2 Tomos, Paris, La Brèche, 1979.

Frank, Pierre, *La quatrième internationale*, París, Maspero, 1969.

Frankel, Dave, "La historia de la Oposición de Izquierda (1923-33)" en George Novack y Dave Frankel, *Las tres primeras internacionales*, Barcelona, Editorial Fontamara, 1978.

Geras, Norman, *Actualidad del pensamiento de Rosa Luxemburgo*, México, Ediciones Era, 1976.

Giddens, Anthony, *La tercera vía y sus críticos*, Madrid, Taurus, 2001.

Gitlin, Todd, "New left", en Joel Krieger (Editor), *The Oxford companion to Politics of the World* (2a. ed.), Nueva York, Oxford University Press, 2001.

Golikov, G., *et al*, *Historia de la gran revolución socialista de octubre*, Madrid, Manuel Castellote Editor, 1976.

González Casanova, Pablo, "La nueva izquierda", *La Jornada*, México, 9 de marzo de 2000.

Gott, Richard, *Guerrilla Movements in Latin America*, EUA, Doubleday Anchor Book, 1971.

Guevara, Ernesto *Che*, "¿What is a Guerrilla'", en William J. Pomeroy (editor), *Guerrilla Warfare and Marxism*, Londres, Lawrence and Wishart, 1969.

Günsche, Karl-Ludwig y Klaus Lantermann, *Historia de la Internacional Socialista*, México, Nueva Sociedad-Nueva Imagen, 1979.

Gustafsson, Bo, *Marxismo y revisionismo (La crítica bernsteiniana del marxismo y sus premisas histórico-ideológicas)*, Barcelona, Ediciones Grijalbo, 1975.

Hájek, Miloa, *Historia de la Tercera Internacional*, Barcelona, Editorial Crítica (Grijalbo), 1984.

Harman, Chris, *Bureaucracy and Revolution in Eastern Europe*, Gran Bretaña, Pluto Press, 1974.

Harnecker, Marta, "Los hitos que marcan a la izquierda latinoamericana desde la revolución cubana hasta hoy", *Rebelión* (Periódico electrónico de información alternativa), <http://www.rebelion. org/>, 3 de junio de 2000.

Havel, Václav, "Anti-Political Politics", en John Keane (editor), *Civil Society and the State (New European Perspectives)*, Londres, Verso, 1988.

Hernández Navarro, Luis (nota), *La Jornada*, 4 de febrero de 2002.

Hernández, Salvador, "Notas sobre Bakunin" en Gino Cerrito"*et al*, *Antología anarquista*, México, Ediciones El Caballito, 1980.

Herrera, Ernesto, "Después del éxito, los mismos dilemas", *Carpeta Izquierda*, número 1 sobre el Foro Social Mundial, publicado por Convergencia Socialista, México, 2001.

Hutt, Allen, *British Trade Unionism (An outline History)*, Londres, Lawrence & Wishart Ltd., 1941.

Instituto de Marxismo-leninismo anexo al CC del PCUS, *La Internacional Comunista (Ensayo histórico sucinto)*, Moscú, Editorial Progreso, [s.f.].

Joll, James, *Los anarquistas*, Barcelona, Grijalbo, 1968.

Kautsky, Karl, *El camino del poder*, Barcelona, Editorial Fontamara, 1979.

Kautsky, Karl, *La doctrina socialista. Bernstein y la socialdemocracia alemana*, Barcelona, 1975.

Keane, John (editor), *Civil Society and the State (New European Perspectives)*, Londres, Verso, 1988.

Keane, John, *Democracy and Civil Society*, Londres, Verso, 1988.

Kergoat, Jacques, *Le parti socialiste (De la Commune à nos jours)*, París, Le Sycomore, 1983.

King, Desmond S., *The New Right (Politics, Markets and Citizenship)*, Londres, Macmillan Education, 1987.

Kitching, Gavin, *Rethinking Socialism. A theory for a better practice*, Londres y Nueva Cork, Methuen, 1983

Knei-Paz, Baruch, *The Social and Political Thought of Leon Trotsky*, U. K., Oxford University Press (Clarendon Press), 1978.

Kolakowski, Leszek, "The Concept of the Left", en Carl Oglesby (editor), *The New Left Reader*, Nueva York, Grove Press, Inc., 1969.

Kriegel, Annie, *Las internacionales obreras*, Barcelona, Martínez Roca, 1968.

Krieger, Joel (Editor), *The Oxford companion to Politics of the World* (2a. ed.), Nueva York, Oxford University Press, 2001

L'Humanité, París, 4 de diciembre de 2000.

La Jornada, México, 19 de agosto de 1990.

La Jornada, 10 de febrero de 2002.

Lazitch, Branko, *Los partidos comunistas de Europa (1919-1955)*, Madrid, Instituto de Estudios Políticos, 1961.

Lefort, Claude, *¿Qué es la burocracia?*, Francia, Ruedo Ibérico, 1970.

Lenin, V. I., "Testamento de Lenin", Nueva York, Merit Publishers, 1965 (y en español en la Colección "Arsenal de teoría y práctica" dirigida por César Nicolás Molina (México), también en 1965).

Lenin, V. I., "Anarquismo y socialismo", en"*Obras completas*, Argentina, Editorial Cartago, 1969, Tomo V.

Lenin, V. I., "La plataforma de la socialdemocracia revolucionaria", *Obras completas*, Argentina, Editorial Cartago, 1969, Tomo XII.

Lenin, V. I., "Las tareas del proletariado en la presente revolución" en *Obras Escogidas*, Tomo 2, Moscú, Ediciones en Lenguas Extranjeras, [1960].

Lenin, V. I., *La enfermedad infantil del "izquierdismo" en el comunismo*, (1920), en *Obras escogidas*, Moscú, Editorial Progreso, 1966, Tomo 3.

Lenin, Vladímir I., *¿Qué hacer? Teoría y práctica del bolchevismo*, Edición a cargo de Vittorio Strada, México, Era, 1977.

Lewit, Théodore en «The Globalization of Markets», *Harvard Business Review*, citado por Pablo Dávalos (de ICCI), "La Globalización: génesis de un discurso", en"*Rebelión* Internet, 4/8/01.

Libera, Anna; *Italie: les fruits amers du compromis historique*, París, Editions La Brèche, 1978.

Liebknecht, Karl, "¿Qué quiere la Liga Espartaco?" (23 de diciembre de 1918), en *Antología de escritos*, (edición de L. Lalucat y J. Vehil), Barcelona, Icaria Editorial, 1977.

Lissagaray, H. P. O., *Historia de la Comuna de 1871*, Madrid, Artiach editorial, 1970.

Löwy, Michael, *Para una sociología de los intelectuales revolucionarios*, México, Siglo XXI Editores, 1978.

Luxemburg, Rosa, *Escritos políticos*, Barcelona, 1977 (Colección Instrumentos 10).

Maitán, Livio, "1943-1968: bilan d'un combat", *Quatrième Internationale*, París, Núm. 29-30, agosto-diciembre de 1988.

Mandel, Ernest, *Alienación y emancipación del proletariado*, Barcelona, Editorial Fontamara, 1978.

Mandel, Ernest, "La proletarización del trabajo intelectual y las crisis de la producción capitalista", en Víctor Flores Olea *et al*, *La rebelión estudiantil y la sociedad contemporánea*, México, Universidad Nacional Autónoma de México, 1973.

Mandel, Ernest, *Crítica del Eurocomunismo*, Barcelona, Editorial Fontamara, 1978.

Mandel, Ernest, *La formación del pensamiento económico de Marx. De 1843 a la redacción de El capital: estudio genético*, México, Siglo XXI Editores, 1968.

Mannheim, Kart, *Ideología y utopía. Introducción a la sociología del conocimiento*, Madrid, Aguilar, 1966.

Marcou, Lilly, *El movimiento comunista internacional desde 1945*, Madrid, Siglo XXI de España, 1981.

Marcou, Lilly, *La Kominform*, Madrid, Editorial Villalar, 1978.

Marin, Cécile, *Le Monde diplomatique*, Francia, febrero de 1997. <http://www.en.monde-diplomatique.fr/maps/guerilla>.

Márquez Fuentes, Manuel y Octavio Rodríguez Araujo, *El Partido Comunista Mexicano (en el periodo de la Internacional Comunista: 1919-1943)*, México, Ediciones El Caballito, 1973.

Marx, C. y F. Engels,'*Correspondencia*, Buenos Aires, Editorial Cartago, 1973.

Marx, C., *Crítica del programa de Gotha*, en C. Marx y F. Engels, *Obras escogidas*...

Marx, Carlos y Federico Engels, *Manifiesto del Partido Comunista*, en *Obras Escogidas en dos tomos*, Tomo I, Moscú, Ediciones en Lenguas Extranjeras, [s.f.]

Mathias, Gilberto y Pierre Salama, *El Estado sobredesarrollado*, México, Editorial Era, 1986.

Mathiez, Albert, "El bolchevismo y el jacobinismo" (originalmente publicado en 1920), *Revista Mexicana de Ciencias Políticas y Sociales*, México, Facultad de Ciencias Políticas y Sociales, UNAM, año XXXVI, octubre-diciembre de 1990, número 142.

Medvedev, Roy, *Leninism and Western Socialism*, Londres, Verso Editions, 1981.

Mehring, Franz, *Carlos Marx y los primeros tiempos de la Internacional*, México, Grijalbo, 1968.

Meiksins Wood, Ellen, *Democracia contra capitalismo*, México, Siglo XXI Editores-CIICH (UNAM), 2000.

Michels, Robert, *Los partidos políticos (Un estudio sociológico de las tendencias oligárquicas de la democracia moderna)*, 2 T. Buenos Aires, Amorrortu, [1969].

Miliband, David (editor), *Reinventing the Left*, Cambridge, Polity Press, 1995.

Napolitano, Giorgio, *La alternativa eurocomunista*, (entrevista de Eric. J. Hobsbawm), Barcelona, Editorial Blume, 1977.

New Left Review, Stuart Hall (Editor), Londres, núm. 1, enero-febrero, 1960.

Novack, George y David Frankel, *Las tres primeras internacionales*, Barcelona, Editorial Fontamara, 1978.

Nudelman, Ricardo, *Diccionario de política latinoamericana del siglo XX*, México, Editorial Océano, 2001.

Olcina Aya, Emilio, "Presentación" a Karl Kautsky,"*El camino del poder*, Barcelona, Editorial Fontamara, 1979.

Padgett, Stephen y Tony Burkett, *Political Parties an Elections in West Germany*, Londres, C. Hurst & Co., 1986.

Paramio, Ludolfo, *Tras el diluvio. La izquierda ante el fin de siglo*, México, Siglo XXI Editores, 1989.

Pomeroy, William J. (editor), *Guerrilla Warfare and Marxism*, Londres, Lawrence and Wishart, 1969.

Preobrazhenski, Evgueni, *Anarquismo y comunismo*, Barcelona, Editorial Fontamara, 1976

Przeworski, Adam, "Socialism and Social Democracy", en Joel Krieger (Editor), *The Oxford companion to Politics of the World* (2a. ed.), Nueva York, Oxford University Press, 2001.

Przeworski, Adam, *Capitalismo y socialdemocracia*, Madrid, Alianza Editorial, 1988.

Rabehl, Bernd, "Du mouvement antiautoritaire a l'opposition socialiste", en Uwe Bergmann *et al*, *La révolte des étudiants allemands*, París, Gallimard, 1968.

Ramos-Oliveira, Antonio, *Historia social y política de Alemania*, Dos tomos, México, Fondo de Cultura Económica (Colección Breviarios, número 71), 2ª. Edición, 1964.

Ríos, Alfonso, "XL aniversario de la IV Internacional", *La IV Internacional* (revista teórica del Partido Revolucionario de los Trabajadores), México, Núm. 7, enero-febrero de 1978.

Rodríguez Araujo, Octavio (coordinador), *El conflicto en la UNAM (1999-2000)*, México, Ediciones El Caballito, 2000.

Rodríguez Araujo, Octavio, «Antecedentes y consecuencias del socialismo yugoslavo», *Cuadernos Americanos*, México, Núm. 2, abril-junio de 1968.

Rodríguez Araujo, Octavio, "Izquierda, democracia y socialismo en México (crítica al eurocomunismo mexicano)", *Revista Mexicana de Sociología*, México, IIS-UNAM, año XLIII, número 2, abril-junio de 1981.

Rodríguez Araujo, Octavio, "Los partidos políticos y la sociedad civil", en E. Gutiérrez (coordinadora general) y F. Castañeda Sabido (coordinador del tomo), *El debate nacional*, Tomo 2: *Escenarios de la democratización*, México, Diana, 1998.

Rodríguez Lascano, Sergio, entrevista de Anne Marie Mergier, *Proceso*, México, 17 de diciembre de 2000.

Rossanda, Rossana, *Il Manifesto*, México, Ediciones Era, 1973.

Roux, Rhina, *Marx y el problema del Estado (1864-1875)*, Tesis de Maestría en Ciencia Política, México, UNAM, 1991.

Russo, Giovanni, "Il compromesso storico: The Italian Communist Party from 1968 to 1978", en Paolo Filo della Torre, Edward Mortimer y Jonathan Story, *Eurocommunism: Myth or Reality?*, Gran Bretaña, Penguin Books, 1979.

Sabanes Plou, Dafne, "Argentina: el activismo social continúa fuerte", *Alai-amlatina*, 15 de enero de 2002, Argentina, Internet.

Spriano, Paolo, *Storia del Partito comunista italiano*, 5 tomos, Turín, G. Einaudi editore, 1975.

Stalin, J. V., "Discurso de apertura de la I Conferencia de toda Rusia de funcionarios responsables de la inspección obrera y campesina", 15 de octubre de 1920, en *Obras*, tomo 4, Moscú, Ediciones en Lenguas Extranjeras, 1953.

Suárez-Iñiguez, E., *Eurocomunismo*, México, Ediciones El Caballito, 1978.

Sweeney, John, declaraciones en *La Jornada*, 5 de febrero de 2002.

Taylor, Harold, *Students without Teachers*, Nueva York, Avon Books, 1969.

Teodori, Massimo, *Las nuevas izquierdas europeas (1956-1976)*, Tres tomos, Barcelona, Editorial Blume, 1978

Touchard, Jean, *Historia de las ideas políticas*, Madrid, Tecnós, 1961.

Touraine, Alain, *El movimiento de mayo o el comunismo utópico*, Buenos Aires, Ediciones Signos, 1970.

Trotsky, León, *Historia de la revolución rusa*, (Volumen I, historia de febrero), en León

Trotsky, *Obras*, México, Juan Pablos Editor, 1972, Tomo 7.

Trotsky, León, *La revolución traicionada*, en León Trotsky, *Obras*, México, Juan Pablos Editor, 1972, Tomo 5.

Trotsky, León, *Las lecciones de la Comuna*, febrero de 1921, en Archivo francés del Marxists Internet Archive, 2001.

Trotsky, Leon, *Political Profiles: Karl Kautsky*, en <http://csf.colorado.edu/mirrors/marxists.org/archive/trotsky/works/1940/profiles/kautsky.htm>.

Trotsky, León, *Programa de transición*, Barcelona, Editorial Fontamara, 1977.

Ulam, Adam B., *The Bolcheviks (The Intellectual and Political History of the Triumph of Communism in Russia)*, Nueva York, The Macmillan Company, 1965.

Unidad en la diversidad-Comunidad WEB de movimientos sociales, *Declaración de los movimientos sociales reunidos en el FSM*, 6 de febrero de 2002. <http://movimientos.org/show_text.php3?key=908>.

216 IZQUIERDAS E IZQUIERDISMO

Valier, Jacques, *El partido comunista francés y el capitalismo monopolista de Estado*, México, Ediciones Era (Serie popular), 1978.

Valli, Bernardo, *Los eurocomunistas* (Historia, polémica y documentos), Barcelona, DOPESA, 1977.

Villagrán Kramer, Francisco y Mario Monteforte Toledo, *Izquierdas y derechas en Latinoamérica. Sus conflictos internos*, Buenos Aires, Editorial Pleamar, 1968.

Voslensky, Michael, *La Nomenklatura (Les privilégiés en URSS)*, París, Pierre Belfond, 1980.

Wickham-Crowley, Timothy P., *Guerrillas and Revolution in Latin America (A comparative study of insurgents an regimes since 1956)*, New Jersey, Princeton University Press, 1992.

Williams, Felicity, *La Internacional Socialista y América Latina (una visión crítica)*, México, Universidad Autónoma Metropolitana-Azcapotzalco, 1984.

Wright Mills, C., "Letter to *New Left*", *New Left Review*, Londres, septiembre-octubre de 1960, núm. 5.

Wright Mills, C., *La elite del poder*, México, Fondo de Cultura Económica, [1ª ed.], 1957, publicado en inglés en 1956.

Zibechi, Raúl, "Argentina: Un mes de ebullición. La creatividad colectiva", ALAI-AMLAT, 19 de enero de 2002, Montevideo. Internet.

ÍNDICE DE NOMBRES

impreso en serviciofototipográfico, s.a.
francisco landino 44
col. miguel hidalgo
13200 méxico, d.f.
dos mil ejemplares y sobrantes
11 de mayo de 2002